AF275153

Disfrute gratuitamente **DURANTE UN AÑO** del eBook de esta obra

- ⊗ Acceda a la página web de la editorial **www.colex.es**

- ⊗ Identifíquese con su usuario y contraseña. En caso de no disponer de una cuenta regístrese.

- ⊗ Acceda en el menú de usuario a la pestaña «Mis códigos» e introduzca el que aparece a continuación:

RASCAR PARA VISUALIZAR EL CÓDIGO

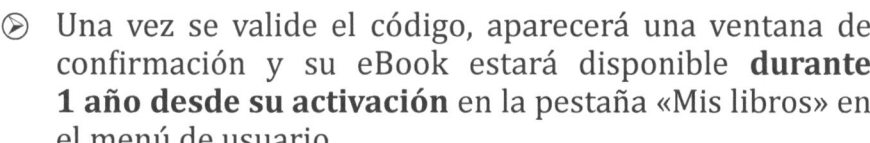

- ⊗ Una vez se valide el código, aparecerá una ventana de confirmación y su eBook estará disponible **durante 1 año desde su activación** en la pestaña «Mis libros» en el menú de usuario

No se admitirá la devolución si el código promocional ha sido manipulado y/o utilizado.

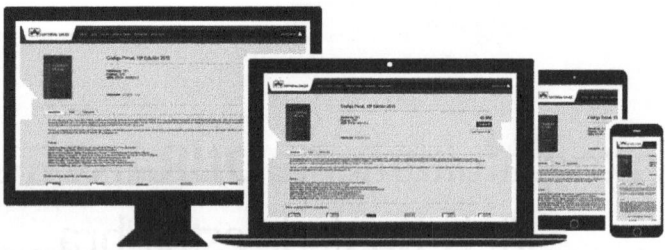

¡Gracias por confiar en Colex!

La obra que acaba de adquirir incluye de forma gratuita la versión electrónica. Acceda a nuestra página web para aprovechar todas las funcionalidades de las que dispone en nuestro lector.

Funcionalidades eBook

Acceso desde cualquier dispositivo

Idéntica visualización a la edición de papel

Navegación intuitiva

Tamaño del texto adaptable

 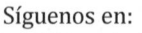

EL LAUDO ARBITRAL

EL LAUDO ARBITRAL

Análisis de los laudos arbitrales:
naturaleza, contenido, ejecución,
anulación, reconocimiento y revisión

2.ª EDICIÓN 2024

**Obra realizada por el Departamento
de Documentación de Iberley**

COLEX 2024

© Editorial Colex, S.L.
Calle Costa Rica, número 5, 3.º B (local comercial)
A Coruña, 15004, A Coruña (Galicia)
info@colex.es
www.colex.es

I.S.B.N.: 978-84-1194-479-3
Depósito legal: C 726-2024

SUMARIO

ANEXO I.
CASOS PRÁCTICOS

ANEXO II.
FORMULARIOS

1.
EL ARBITRAJE

El arbitraje es un procedimiento extrajudicial de resolución de conflictos que podemos definir, siguiendo el Diccionario Jurídico de la RAE como «Sistema extrajudicial de resolución de los conflictos intersubjetivos sobre cuestiones de libre disposición».

La Audiencia Provincial de Badajoz en el **auto n.º 98/2023, de 5 de abril, ECLI:ES:APCS:2023:421** define el arbitraje, conforme a lo señalado por el Tribunal Supremo, en los siguientes términos:

> «Como es bien sabido, la institución jurídica del arbitraje se justifica doctrinalmente como medio de solución de conflictos mediante el que el Estado, al conceder a los particulares libertad para disponer de la suerte de sus intereses materiales, les permite que la resolución de sus litigios civiles, en los que no se halle implícito un interés público de tal naturaleza que lo haga imposible, se entregue por ellos para su resolución, no a los tribunales de justicia estatales, sino a un organismo especial y privado que se encargue de tutelarlos a través de la institución de referencia, bien sea en la variante del llamado arbitraje de derecho, en el que los árbitros deben fallar con arreglo al mismo, o bien en la del arbitraje de equidad, en el que la resolución del conflicto interindividual de intereses se alcanza por los árbitros con arreglo a su leal saber y entender, sin necesidad de proceder a la aplicación de las normas jurídicas estatales que regulan la materia en la que se ha suscitado la discrepancia (STS 10/4/90, RJ 1990\2711). Se trata de que, mediante el arbitraje, como decía el art. 1 de la ya derogada Ley 36/88, las personas naturales o jurídicas pueden someter, previo convenio, a la decisión de uno o varios árbitros las cuestiones litigiosas, surgidas o que puedan surgir, en materias de su libre disposición. Es, por tanto, el arbitraje un medio para la solución de conflictos basado en la autonomía de la voluntad de las partes y supone una renuncia a la jurisdicción estatal por la del árbitro o árbitros».

Normativa aplicable y materias objeto de arbitraje

El arbitraje se encuentra regulado en la Ley 60/2003, de 23 de diciembre, de Arbitraje. Esta norma delimita su ámbito de aplicación en el art. 1 señalando que la misma se aplicará a los arbitrajes cuyo lugar se halle dentro del territorio español, sean de carácter interno o internacional, sin perjuicio de lo establecido en tratados de los que España sea parte o en leyes que contengan disposiciones especiales sobre arbitraje. Así mismo, la Ley de Arbitraje será de aplicación supletoria a los arbitrajes previstos en otras leyes.

> **A TENER EN CUENTA.** Quedan fuera del ámbito de aplicación de esta norma los arbitrajes laborales.

El apartado 2 del art.1 de la Ley de Arbitraje señala que «Las normas contenidas en los apartados 3, 4 y 6 del artículo 8, en el artículo 9, excepto el apartado 2, en los artículos 11 y 23 y en los títulos VIII y IX de esta ley se aplicarán aun cuando el lugar del arbitraje se encuentre fuera de España».

Las materias que son susceptibles de ser sometidas a arbitraje son aquellas de libre disposición conforme a derecho.

En caso de que el arbitraje sea internacional y una de las partes sea un estado o una sociedad, organización o empresa controlada por un estado, esa parte no podrá invocar las prerrogativas de su propio derecho para sustraerse a las obligaciones dimanantes del convenio arbitral.

> **CUESTIÓN**
>
> **¿Cuándo se entiende que el arbitraje tiene carácter internacional?**
>
> El arbitraje tendrá carácter internacional cuando concurran alguna de las siguientes circunstancias:
>
> – En el momento del convenio arbitral las partes tengan sus domicilios en estados diferentes.
>
> – El lugar del arbitraje, de cumplimiento de una parte sustancial de las obligaciones de la relación jurídica de la que dimane la controversia o el lugar con el que ésta tenga una relación más estrecha, esté situado fuera del estado en que las partes tengan sus domicilios.
>
> – La relación jurídica de la que dimane la controversia afecte a intereses del comercio internacional.

1.1. Los árbitros

Requisitos para ser árbitro

La Ley 60/2003, de 23 de diciembre, de Arbitraje, dedica el título III a la regulación de los árbitros. En primer lugar, es necesario determinar quién puede ser árbitro, para ello debemos acudir a lo dispuesto en el art. 13 de la Ley de Arbitraje:

> «Pueden ser árbitros las personas naturales que se hallen en el pleno ejercicio de sus derechos civiles, siempre que no se lo impida la legislación a la que puedan estar sometidos en el ejercicio de su profesión. Salvo acuerdo en contrario de las partes, la nacionalidad de una persona no será obstáculo para que actúe como árbitro».

De este precepto se deduce que los requisitos para ser árbitro son:

- Personas naturales: ello supone que el árbitro debe ser una persona física que posee derechos y obligaciones.

- En pleno ejercicio de sus derechos civiles: se entiende que el pleno ejercicio se adquiere con la mayoría de edad conforme a lo establecido en el art. 246 del CC. Sin embargo, pueden darse situaciones en las que la capacidad de obrar se vea limitada y en consecuencia sea un impedimento para ser nombrado árbitro.

- No se lo impida la legislación a la que puedan estar sometidos en el ejercicio de su profesión. Esto supone que en el momento del nombramiento debe comprobarse que la profesión que ejerce no le impida actuar como árbitro. En cuanto a esta condición son varias las profesiones relacionadas con la función jurisdiccional que no pueden actuar como árbitros, así podemos referirnos a:

  • Jueces y magistrados (art. 389.1 de la LOPJ).

  • Miembros del Tribunal Constitucional (art. 159.4 de la CE).

  • Fiscales (art. 57.2 del Estatuto Orgánico del Ministerio Fiscal).

  • Letrados de la Administración de Justicia (art. 140.1 del Real Decreto 1608/2005, de 30 de diciembre).

> **A TENER EN CUENTA.** Para ser árbitro no se requiere la nacionalidad española, ya que el art. 13 de la Ley de Arbitraje señala que la nacionalidad de una persona no será obstáculo para que actúe como árbitro.

Como puede observarse el precepto referenciado no establece ninguna condición profesional para ser árbitro. Sin embargo, ha de tenerse presente lo dispuesto en el art. 15.1 de la Ley de Arbitraje que señala:

> «Salvo acuerdo en contrario de las partes, en los arbitrajes que no deban decidirse en equidad, cuando el arbitraje se haya de resolver por árbitro único se requerirá la condición de jurista al árbitro que actúe como tal.
>
> Cuando el arbitraje se haya de resolver por tres o más árbitros, se requerirá que al menos uno de ellos tenga la condición de jurista».

Este precepto supone que en aquellos casos en los que el conflicto no deba resolverse en equidad y se nombre un único árbitro se requiere que el mismo tenga la condición de jurista, salvo que las partes hayan acordado otra cosa. A *sensu contrario* se deduce que en aquellos casos en los que deba resolverse en equidad, no se requiere la condición de jurista en el árbitro.

> **CUESTIONES**
>
> **1. Cuando el arbitraje deba resolverse por tres o más árbitros, ¿deben tener todos la condición de juristas?**
>
> No, en este caso tan solo se requiere que uno de ellos tenga la condición de jurista.

2. ¿Qué se entiende por jurista?

Según lo dispuesto por el Diccionario del Español Jurídico un jurista es una persona que ejerce una profesión relacionada con el estudio o la aplicación del derecho o con su enseñanza.

El art. 14 de la Ley de Arbitraje señala que las partes pueden encomendar la administración del arbitraje y la designación de los árbitros a:

– Corporaciones de Derecho público y Entidades públicas que puedan desempeñar funciones arbitrales, según sus normas reguladoras.

– Asociaciones y entidades sin ánimo de lucro en cuyos estatutos se prevean funciones arbitrales.

En este caso estamos ante un arbitraje institucional. Estas instituciones arbitrales tendrán reglamentos propios conforme a los cuales ejercerán sus funciones y deben velar por el cumplimiento de las condiciones de capacidad de los árbitros y por la transparencia en su designación, así como su independencia.

Nombramiento de árbitros

La Ley de Arbitraje faculta a las partes para fijar libremente el número de árbitros, bajo la única condición de que el número sea impar. En caso de que las partes no lleguen a acuerdo se designará un solo árbitro.

El art. 15.2 de la Ley de Arbitraje se refiere al procedimiento de designación de los árbitros estableciendo en primer lugar que las partes pueden acordar libremente el procedimiento para la designación de los árbitros, siempre y cuando se respete el principio de igualdad. A falta de acuerdo:

– Arbitraje con un solo árbitro: será nombrado por el tribunal competente a petición de cualquiera de las partes.

– Arbitraje con tres árbitros: cada parte nombrará uno y los dos árbitros así designados nombrarán al tercero, quien actuará como presidente del colegio arbitral. Si una parte no nombra al árbitro dentro de los 30 días siguientes a la recepción del requerimiento de la otra para que lo haga, la designación del árbitro se hará por el tribunal competente, a petición de cualquiera de las partes. Lo mismo se aplicará cuando los árbitros designados no consigan ponerse de acuerdo sobre el tercer árbitro dentro de los 30 días contados desde la última aceptación.

> **A TENER EN CUENTA.** En el arbitraje con tres árbitros en caso de pluralidad de demandantes o de demandados, éstos nombrarán un árbitro y aquéllos otro. Si los demandantes o los demandados no se pusieran de acuerdo sobre el árbitro que les corresponde nombrar, todos los árbitros serán designados por el tribunal competente a petición de cualquiera de las partes.

– Arbitraje con más de tres árbitros: todos serán nombrados por el tribunal competente a petición de cualquiera de las partes.

El nombramiento por el juzgado de los árbitros se sustanciará por los cauces del juicio verbal. Si en el caso procede la designación de árbitros, el tribunal confeccionará una lista con tres nombres por cada árbitro que debe ser nombrado. Al confeccionar la lista debe tener en cuenta los requisitos que las partes hayan podido establecer para el árbitro y tomará las medidas necesarias para garantizar su independencia e imparcialidad. El tribunal, para los casos de nombramiento de un sólo árbitro o de tres, tendrá en cuenta también la conveniencia de nombrar un árbitro de nacionalidad distinta a las de las partes y, en su caso, a la de los árbitros ya designados.

El nombramiento de los árbitros se hará mediante sorteo.

CUESTIÓN

¿El tribunal puede rechazar la petición de nombramiento de árbitro?

Sí, pero únicamente cuando aprecie que, de los documentos aportados, no resulta la existencia de un convenio arbitral (art. 15.5 de la Ley de Arbitraje).

Contra las resoluciones definitivas que decidan sobre el nombramiento de árbitro no cabrá recurso alguno.

Una vez se realice el nombramiento del árbitro, ya sea por las partes o por el juzgado, dentro del plazo de 15 días a contar desde el siguiente a la comunicación del nombramiento, deberá comunicar su aceptación a quien lo designó. Si en el plazo establecido no comunica la aceptación, se entenderá que no acepta el nombramiento.

Recusación y remoción

En el proceso arbitral existen dos formas de separar del cargo de árbitro a quien haya sido nombrado: la recusación —falta de imparcialidad o independencia— y la remoción —falta o imposibilidad de ejercicio de las funciones—.

RESOLUCIÓN RELEVANTE

STSJ de Andalucía n.º 1/2021, de 19 de enero, ECLI:ES:TSJAND:2021:3301

«La parcialidad del árbitro, anterior o sobrevenida a su designación en la cláusula de sumisión a arbitraje, no es causa de remoción, sino causa de recusación. Tal afirmación es el resultado de una interpretación natural de los artículos 17, 18 y 19 de la Ley de Arbitraje: si en los dos primeros se regula de manera expresa la parcialidad del árbitro como causa de apartamiento del mismo, y se señala un procedimiento específico para conseguirlo, ha de concluirse que la expresión "impedimento de derecho" que se emplea en el artículo 19 como causa de remoción ha de venir referida a otros supuestos diferentes, pues no es dable presumir que el legislador prevea dos procedimientos diferentes para obtener lo mismo (exclusión del árbitro) por una misma circunstancia (la parcialidad). Puede también llegarse a esta misma conclusión de otro modo complementario: la aplicación del principio de especialidad en la selección de la norma aplicable (lex specialis derogat generalis): en efecto, aunque se considerase por vía interpretativa que la parcialidad del árbitro es un "impedimento de derecho" para ejercer las funciones de árbitro, y se entendiera genéricamente subsumible en el artículo 19.1 de la Ley de Arbitraje como causa de remoción, nos encontraríamos con dos normas que regularían el mismo supuesto (los arts. 17 y 18, por un lado, y el art. 19 de la Ley de Arbitraje por otro), dándole un tratamiento diferente, lo que

obligaría a aplicar la norma que regula de manera más específica el supuesto, habida cuenta de que la ley no prevé lo que sería excepcional: la compatibilidad de acciones. La norma especial, obviamente, sería la que contempla la recusación y le asigna un procedimiento concreto, es decir, los arts. 17 y 18, y no el artículo 19. Ello comporta, indefectiblemente, que en Derecho español, la parcialidad del árbitro sólo puede ser llevada a los tribunales a través del procedimiento establecido en el artículo 18 LA, por vía de nulidad del laudo dictado, tras haber planteado la recusación dentro de la controversia arbitral, que deja la decisión inicial (y provisional) en manos del propio árbitro. La remoción por impedimentos de derecho para ejercitar el cargo de árbitro (norma general), en consecuencia, quedaría reservada para otros supuestos diferentes a la parcialidad (incapacitación, inhabilitación como abogado en casos en que el árbitro deba tener tal condición, y otros casos que puedan imaginarse)».

‖ Recusación

Todo árbitro debe ser y permanecer durante el arbitraje independiente e imparcial, esto supone que no podrá mantener con las partes relación personal, profesional o comercial.

La persona que sea propuesta como árbitro debe revelar todas las circunstancias que puedan generar dudas justificadas sobre su imparcialidad e independencia, así mismo, una vez que haya sido nombrado debe dar a conocer a las partes cualquier circunstancia sobrevenida.

CUESTIÓN

En un supuesto de arbitraje institucional, ¿tiene la institución arbitral la obligación de revelar circunstancias que puedan dar lugar a dudas justificadas sobre su propia imparcialidad o independencia?

Sí, la institución arbitral también está sometida a la obligación que establece el art. 17.2 de la Ley de Arbitraje y así lo ha reconocido el TSJ de Galicia en la **sentencia n.º 8/2020, de 5 de junio, ECLI:ES:TSJGAL:2020:2654**, en la cual establece:

«(...) Determinantemente resulta por añadidura que el deber de revelación que el artículo 17.2 LA contempla en relación a los árbitros, es igualmente aplicable de las instituciones arbitrales pues como bien enseña la doctrina de referencia la finalidad directa de dicho precepto, a modo de garantía institucional, "busca preservar el riesgo de que el procedimiento arbitral se desarrolle sin las debidas garantías y/o con menoscabo del derecho de las partes a elegir con verdadera libertad a los árbitros y a las Instituciones llamadas a administrar el arbitraje: la norma, trasunto casi literal del artículo 12.1 de la Ley Modelo Uncitral, se ordena a la salvaguarda de la transparencia en el procedimiento arbitral y a que, resultas de ella, impere la libertad de las partes (...)"».

A TENER EN CUENTA. En cualquier momento las partes podrán pedir a los árbitros la aclaración de sus relaciones con alguna de las otras partes.

Las partes tienen la facultad de recusar al árbitro, pero únicamente si concurren en él circunstancias que den lugar a dudas justificadas sobre su imparcialidad o independencia, o si no posee las cualificaciones convenidas por las partes. La parte solo podrá recusar al árbitro que ella haya nombrado, o en cuyo nombramiento haya participado, por causas de las que haya tenido conocimiento después de su designación.

CUESTIÓN

¿Puede ser nombrado árbitro quien haya intervenido como mediador en el mismo conflicto?

No, salvo acuerdo en contrario de las partes tal y como recoge el art. 17.4 de la Ley de Arbitraje.

El procedimiento para la recusación del árbitro podrá acordarse libremente por las partes.

A falta de acuerdo, la parte que recuse debe exponer los motivos en que base la recusación dentro de los quince días siguientes a aquel en que tenga conocimiento de la aceptación o de cualquiera de las circunstancias que puedan dar lugar a dudas justificadas sobre su imparcialidad o independencia.

La decisión sobre la recusación les corresponde a los árbitros, salvo que el árbitro recusado renuncie a su cargo o que la otra parte acepte la recusación.

Para el caso de que la recusación no prospere la parte recusante podrá, en su caso, hacer valer la recusación al impugnar el laudo.

RESOLUCIÓN RELEVANTE

STSJ de Asturias n.º 3/2022, de 17 de mayo, ECLI:ES:TSJAS:2022:1419

«(...) a la vista del desarrollo de las sesiones de práctica de prueba hubiese advertido la parcialidad del árbitro, como le parece evidente ahora, debería de haber hecho uso de la facultad de recusación que se contempla en el artículo 17 de la Ley de Arbitraje, con la posibilidad que le otorga el número 3 del artículo 18 de la referida Ley de que en caso de no prosperar la recusación, hacerla valer al impugnar el laudo, en definitiva desde el momento en que la demandante pudo tener conocimiento de la falta de imparcialidad podría haber formulado la recusación del árbitro y sin embargo no lo hizo apareciendo la denuncia de parcialidad una vez dictado el laudo que no es conforme a sus legítimos intereses. En consecuencia el motivo de falta de imparcialidad del árbitro con sus intervenciones asumiendo funciones de parte que se alega debe de ser desestimado».

‖ Remoción

La figura de la remoción del árbitro se encuentra prevista para los supuestos en los que el árbitro se vea impedido de hecho o de derecho para ejercer sus funciones, o cuando por cualquier motivo no la ejerza dentro de un plazo razonable. Son las partes las que, en estos supuestos, salvo que el árbitro renuncie, deben acordar su remoción.

En caso de que exista desacuerdo sobre la remoción y las partes no hayan estipulado un procedimiento para salvar dicho desacuerdo, se aplicarán las siguientes reglas:

- La pretensión se sustanciará por los trámites del juicio verbal. A la pretensión de remoción puede acumularse la solicitud de nombramiento de árbitros en los términos del art. 15 de la Ley de Arbitraje.

- En el arbitraje con pluralidad de árbitros serán los otros árbitros quienes resuelvan la cuestión. En caso de que éstos no alcanzaran una decisión se aplicará lo señalado en el apartado anterior.

El apartado 2 del art. 19 de la Ley de Arbitraje establece que la renuncia por parte del árbitro o la aceptación por una de las partes de su cese no se considerará como un reconocimiento de que en el árbitro concurren las causas de recusación o de remoción.

Por su parte el art. 20 de la Ley de Arbitraje dispone que cualquiera que sea la causa por la que haya que designar un nuevo árbitro se hará siguiendo las normas reguladoras del procedimiento de designación del sustituto. Una vez se haya nombrado al sustituto, los árbitros, previa audiencia de las partes, decidirán si es necesario repetir actuaciones que ya se hubiesen realizado.

Responsabilidad del árbitro y provisión de fondos

La aceptación del nombramiento obliga a los árbitros y, en su caso, a la institución arbitral, a cumplir fielmente el encargo. En caso de incumplimiento de las obligaciones incurrirán en responsabilidad por los daños y perjuicios que causaren por mala fe, temeridad o dolo.

A TENER EN CUENTA. Si el arbitraje se ha encargado a una institución, el perjudicado tendrá acción directa contra la misma, con independencia de las acciones de resarcimiento que asistan a aquélla contra los árbitros.

La Ley de Arbitraje limita la responsabilidad a los daños que se han causado de mala fe, por temeridad o dolo, ya que, considera que solo cuando media alguna de estas causas pueden determinar su exigencia sin amenazar la autonomía necesaria para el ejercicio de la facultad de resolución de conflictos que se le atribuye por voluntad de las partes al árbitro.

CUESTIÓN

¿Cuándo se entiende que el árbitro actúa con temeridad?

El Tribunal Supremo ha definido la temeridad respecto a la posible responsabilidad del árbitro en la **sentencia n.º 102/2017, de 15 de febrero, ECLI:ES:TS:2017:362,** en la que señala:

«La temeridad no se identifica con la intención de perjudicar, o con lo que la sentencia de 26 a abril de 1999 califica de «antijuridicidad dañina intencional», en el marco de una responsabilidad basada exclusivamente en el dolo y la culpa, en el que la temeridad no tiene que ser intencional, especialmente tras la sentencia de 22 de junio de 2009 . La temeridad se identifica con una negligencia inexcusable, con un error manifiesto y grave, carente de justificación, que no se anuda a la anulación del laudo, sino a una acción arriesgada por parte de quienes conocen su oficio y debieron aplicarlo en interés de quienes les encomendaron llevar a buen fin el arbitraje. A una conducta de quien ignora con arreglo a una mínima pauta de razonabilidad los derechos de quienes encargaron el arbitraje y las atribuciones propias de los árbitros, desnaturalizando en suma el curso arbitral sin posibilidad de que pudiera salir adelante el laudo correctamente emitido, como así fue, con el consiguiente daño. A una conducta, en definitiva, insólita o insospechada que está al margen del buen juicio de cualquiera».

JURISPRUDENCIA

Sentencia del Tribunal Supremo n.° 493/2018, de 14 de septiembre, ECLI:ES:TS:2018:3142

«Pero es que, además, resulta contrario a la lógica y al derecho que estando restringida la responsabilidad de los árbitros y, en su caso, de la institución arbitral, conforme al artículo 21 de la Ley Arbitral, que es el marco de referencia, a "los daños y perjuicios que causaren de mala fe, temeridad o dolo", por considerar que solo los daños causados intencionalmente o mediando grave negligencia pueden determinar la responsabilidad a los árbitros sin amenazar la autonomía de actuación necesaria para el ejercicio de resolución heterónoma de conflictos que se les reconoce de acuerdo con la voluntad de las partes (sentencia 102/2017, de 15 de febrero), se impute a esta otra demandada responsabilidad por algo de lo que no responde el árbitro.

Ahora, bien, aun admitiendo que no todas las responsabilidades son comunes a los árbitros y a las instituciones arbitrales, y que una cosa son los motivos de anulación del laudo y otra distinta los requisitos que el artículo 21 establece para la exigencia de responsabilidad, lo cierto es que las conclusiones a las que ha llegado la sentencia recurrida la excluyen, no solo porque no ha quedado acreditada una falta de cumplimiento fiel del encargo por parte de la demandada, sino porque la denegación de la prueba es un acto propio del tribunal arbitral sin intervención alguna del Consejo, que en el momento en que se tramita el procedimiento arbitral tenía únicamente funciones de administración del arbitraje. Conclusiones que se mantienen y que son suficientes para dar respuesta a las genéricas imputaciones formuladas por la recurrente en el único motivo que formula y en el que ninguna norma legal, reglamentaria o estatutaria, que la sentencia tuvo en cuenta, se menciona para permitir entrar en la valoración de las infracciones que se dicen cometidas por este codemandado sobre imparcialidad del árbitro y denegación de la prueba, de las que se derive una actuación temeraria o dolosa, no concurrente en el árbitro».

El segundo párrafo del art. 21.1 de la Ley de Arbitraje establece la exigencia de que los árbitros e instituciones arbitrales dispongan de un seguro de responsabilidad civil:

> «Se exigirá a los árbitros o a las instituciones arbitrales en su nombre la contratación de un seguro de responsabilidad civil o garantía equivalente, en la cuantía que reglamentariamente se establezca. Se exceptúan de la contratación de este seguro o garantía equivalente a las Entidades públicas y a los sistemas arbitrales integrados o dependientes de las Administraciones públicas».

El art. 21.2 de la Ley de Arbitraje establece la posibilidad de exigir una provisión de fondos, salvo que las partes hayan acordado otra cosa. Esta provisión de fondos puede ser exigida tanto por los árbitros como por la institución arbitral con el fin de atender a los honorarios y gastos de los árbitros y a los que puedan producirse en la administración del arbitraje.

En caso de que, una vez solicitada la provisión de fondos, las partes no la hagan, los árbitros podrán suspender o dar por concluidas las actuaciones arbitrales. Si dentro del plazo alguna de las partes no hubiere realizado su provisión, los árbitros, antes de acordar la conclusión o suspensión de las actuaciones, lo comunicarán a las demás partes, por si tuvieren interés en suplirla dentro del plazo que les fijaren.

Potestades de los árbitros

En el título IV de la Ley de Arbitraje se recogen las potestades de los árbitros en el procedimiento, pudiendo distinguir:

– Potestad de los árbitros para decidir sobre su competencia.

– Potestad de los árbitros de adoptar medidas cautelares.

|| Potestad sobre su competencia

El art. 22 de la Ley de Arbitraje faculta a los árbitros para decidir sobre su propia competencia, incluso sobre las excepciones relativas a la existencia o a la validez del convenio arbitral o cualesquiera otras cuya estimación impida entrar en el fondo de la controversia.

> **CUESTIÓN**
>
> **Si el convenio arbitral se establece como parte del contrato por medio de una cláusula, ¿la declaración de nulidad del contrato supone necesariamente la nulidad del convenio arbitral?**
>
> No, el convenio arbitral que forme parte de un contrato se considerará como un acuerdo independiente de las demás estipulaciones del mismo. Esto supone que, la decisión de los árbitros por la que se declare la nulidad del contrato no entrañará por sí sola la nulidad del convenio arbitral.

Tal y como ha señalado el TSJ de Madrid en la **sentencia n.º 11/2023, de 28 de marzo, ECLI:ES:TSJM:2023:3403**, con referencia a la exposición de motivos de la Ley de Arbitraje, el art. 22 de la mentada ley establece la regla bautizada con la expresión alemana «Kompetenz-Kompetenz». Esta regla abarca la separabilidad del convenio arbitral respecto al contrato principal y que los árbitros tienen competencia para juzgar incluso sobre la validez del convenio arbitral.

Bajo el término genérico de competencia han de entenderse incluidas no solo las cuestiones que estrictamente son tales, sino cualesquiera cuestiones que puedan obstar a un pronunciamiento de fondo sobre la controversia, salvo aquellas relativas a las personas de los árbitros, que tienen su propio tratamiento.

Las excepciones relativas a la existencia o a la validez del convenio arbitral o cualquier otra que impida entrar en el fondo de la controversia, deberán oponerse a más tardar en el momento de presentar la contestación, sin que el hecho de haber designado o participado en el nombramiento de los árbitros impida oponerlas.

La excepción consistente en que los árbitros se excedan del ámbito de su competencia deberá oponerse tan pronto como se plantee, durante las actuaciones arbitrales, la materia que exceda de dicho ámbito.

Los árbitros solo podrán admitir que se opongan con posterioridad a los momentos antes señalados, cuando la demora resulte justificada.

La decisión de estas excepciones puede hacerse con carácter previo o junto con las demás cuestiones sometidas a decisión relativas al fondo del asunto.

CUESTIÓN

¿Puede impugnarse la decisión de los árbitros sobre las excepciones?

Sí, mediante la acción de anulación del laudo en el que se haya adoptado, tal y como dispone el art. 22.3 de la Ley de Arbitraje. Debe tenerse en cuenta que si la decisión se adopta con carácter previo el ejercicio de la acción no suspenderá el procedimiento arbitral.

|| Potestad de los árbitros para adoptar medidas cautelares

Los árbitros a instancia de cualquiera de las partes podrán adoptar las medidas cautelares que estimen necesarias respecto del objeto del litigio. En caso de que una de las partes solicite que se adopten, el árbitro podrá exigirle que preste caución suficiente.

La potestad para adoptar medidas cautelares puede ser excluida por las partes, bien por un acuerdo de las mismas o bien por remisión a un reglamento arbitral, pero en caso de que no hagan ninguna referencia a esta exclusión se considera que aceptan la potestad.

Dentro de la actividad cautelar cabe distinguir la vertiente declarativa, atribuida a los árbitros, y la vertiente ejecutiva que le corresponde a la autoridad judicial ya que los árbitros carecen de potestad ejecutiva. Es por ello que el art. 23.2 de la Ley de Arbitraje señala: «A las decisiones arbitrales sobre medidas cautelares, cualquiera que sea la forma que revistan, les serán de aplicación las normas sobre anulación y ejecución forzosa de laudos».

RESOLUCIÓN RELEVANTE

Auto del TSJ de la Comunidad Valenciana n.º 3/2012, de 10 de febrero, ECLI:ES:TSJCV:2012:19A

Asunto: posibilidad de adopción de medidas cautelares por los árbitros o en vía judicial

«La legislación española respecto de la posibilidad de acordar medidas cautelares en relación con un procedimiento arbitral sigue un sistema dual que permite que sea acordado por los propios árbitros y también judicialmente (art. 23 de la Ley de Arbitraje y 722 y 724 LEC). Y en concreto respecto de esta última posibilidad, solicitar medidas cautelares judiciales en relación con un procedimiento arbitral, aparece expresamente prevista para los procedimientos arbitrales, además de los que tienen lugar ante Tribunales extranjeros, en los preceptos de la Ley procesal mencionado, lo cual es destacado tanto por el Juzgado de lo Mercantil como por el Laudo (Consideración 30 de este último: "estamos de acuerdo con el juzgado de Valencia en el sentido de que las discrepancias surgidas en este caso, incluso en cuanto a cuál de las partes debería estar en posesión del buque, deben decidirse en virtud del derecho inglés por este Tribunal en el procedimiento de arbitraje de Londres, de acuerdo con las condiciones del Contrato de Arrendamiento"), es decir, no hay conflicto o discrepancia de quien es competente para la decisión definitiva, ni afectación a la litispendencia ni a la cosa juzgada».

1.2. El convenio arbitral

Forma y contenido del convenio arbitral

El convenio arbitral deberá expresar la voluntad de las partes de someter a arbitraje todas o algunas de las controversias que hayan surgido o puedan surgir respecto de una determinada relación jurídica, contractual o no contractual. El fundamento de la institución arbitral se encuentra en la autonomía de la voluntad de los sujetos privados, señala a este respecto el Tribunal Supremo en la **sentencia n.º 409/2017, de 27 de junio, ECLI:ES:TS:2017:2500**, «El arbitraje constituye un sistema de heterocomposición de conflictos, en el que a diferencia del sistema jurisdiccional, la fuerza decisoria de los árbitros tiene su fundamento, no en el poder del Estado, sino en la voluntad de las partes contratantes, aunque el ordenamiento jurídico estatal reconoce y regula esa fuerza decisoria».

> **JURISPRUDENCIA**
>
> **Sentencia del Tribunal Constitucional n.º 136/2010, de 2 de diciembre, ECLI:ES:TC:2010:136**
>
> *«Este Tribunal ha reiterado, en relación con el sometimiento de controversias al arbitraje, que si bien el derecho a la tutela judicial efectiva (art. 24.1 CE) tiene carácter irrenunciable e indisponible, ello no impide que pueda reputarse constitucionalmente legítima la voluntaria y transitoria renuncia al ejercicio de las acciones en pos de unos beneficios cuyo eventual logro es para el interesado más ventajoso que el que pudiera resultar de aquel ejercicio. A esos efectos, se ha incidido en que dicha renuncia debe ser explícita, clara, terminante e inequívoca y si bien, por la protección que se debe dispensar a la buena fe, se ha declarado que la renuncia puede inferirse de la conducta de los titulares del derecho, no es lícito deducirla de una conducta no suficientemente expresiva del ánimo de renunciar (por todas, STC 65/2009, de 9 de marzo, FJ 4). Esta circunstancia es lo que ha determinado que se haya considerado contrario al derecho a la tutela judicial efectiva (art. 24.1 CE) la imposición obligatoria e imperativa del sometimiento a arbitraje (por todas, STC 174/1995, de 23 de noviembre, FJ 3)».*

El convenio arbitral podrá adoptar la forma de cláusula incorporada a un contrato o de acuerdo independiente. En cualquier caso, debe constar por escrito en un documento firmado por las partes o en un intercambio de cartas, telegramas, télex, fax u otros medios de telecomunicación que dejen constancia del acuerdo. Este requisito se entiende cumplido cuando el convenio arbitral conste y sea accesible para su ulterior consulta en soporte electrónico, óptico o de otro tipo.

> **A TENER EN CUENTA.** Si el convenio arbitral se contiene en un contrato de adhesión, la validez de dicho convenio y su interpretación se regirán por lo dispuesto en las normas aplicables a este tipo de contrato.

En el supuesto de que en el acuerdo las partes se hayan remitido a un documento en el que se contiene el convenio arbitral, éste se entenderá incorporado al acuerdo. También se considerará que hay convenio arbitral cuando una de las partes, ya sea en la demanda o en la contestación, afirme la existencia de convenio y la otra parte no lo niegue.

Para que el convenio arbitral internacional sea válido y, en consecuencia, la controversia sea susceptible de arbitraje, deben cumplirse los requisitos que establezcan las normas jurídicas elegidas por las partes para regir el convenio arbitral, o por las normas jurídicas aplicables al fondo de la controversia, o por el derecho español.

La Ley de Arbitraje en su art. 10 se refiere al arbitraje testamentario, considerando válido cuando el arbitraje se instituye mediante disposición testamentaria a fin de solucionar las diferencias que puedan surgir entre los herederos no forzosos o legatarios por cuestiones relativas a la distribución o administración de la herencia. La referencia de este artículo a los «herederos no forzosos» responde al objeto de excluir cuanto pueda afectar a aquello que es indisponible para el propio testador, tal como ha señalado el TSJ de Madrid en la **sentencia n.º 6/2021, de 2 de marzo, ECLI:ES:TSJM:2021:23**, en la cual establece:

> «(...) En lógica correspondencia con este fundamento que late en la redacción del precepto legal está su previsión de que no puedan objeto de arbitraje testamentario sino aquellas controversias que tengan que ver con la administración y distribución de la herencia, pero sin concernir a ni condicionar los intangibles derechos de los legitimarios».

El convenio arbitral obliga a las partes a cumplir lo estipulado e impide a los tribunales conocer de las controversias sometidas a arbitraje, siempre que la parte a quien interese lo invoque mediante declinatoria en el plazo de los diez primeros días del plazo para contestar a la demanda. Ahora bien, el convenio arbitral no impedirá a ninguna de las partes solicitar de un tribunal la adopción de medidas cautelares ni a éste concederlas.

CUESTIÓN

En caso de que exista convenio arbitral, ¿en qué momento pueden las partes solicitar que un tribunal establezca medidas cautelares?

Las partes pueden solicitar la adopción de medidas cautelares judicial con anterioridad a las actuaciones arbitrales o durante su tramitación.

La pendencia de un proceso civil cuando entre las partes media un convenio arbitral, no impide que se inicie o prosiga el proceso arbitral. Así lo recoge el art. 11.2 de la Ley de Arbitraje al señalar, «La declinatoria no impedirá la iniciación o prosecución de las actuaciones arbitrales». Con relación a la no suspensión del proceso arbitral por prejudicialidad se ha referido el TSJ de Castilla la Mancha en la **sentencia n.º 4/2013, de 10 de octubre, ECLI:ES:TSJCLM:2013:2734**:

> «En el parecer de la Sala no cabe acoger la causa de nulidad esgrimida por el demandante, precisamente porque no viene contemplada la suspensión del proceso arbitral por prejudicialidad, a diferencia de lo previsto entre dos procedimiento ante la jurisdicción ordinaria; resultando clarificador que en el supuesto de litispendencia se impone la continuación del arbitraje, debiendo aplicar idéntica solución, y que el art 43 LEC refiera el supuesto a la pendencia de procesos ante el mismo o diferente tribunal civil».

Arbitraje estatutario

El art. 11 bis de la Ley de Arbitraje establece la posibilidad de que las sociedades de capital puedan someter a arbitraje los conflictos que en ellas se planteen. Para ello debe introducirse la cláusula de sumisión a arbitraje en los estatutos sociales.

CUESTIONES

1. ¿Qué mayoría se requiere para introducir la cláusula de sumisión a arbitraje en los estatutos sociales?

Para introducir la cláusula de sumisión se requiere el voto favorable de, al menos, dos tercios de los votos correspondientes a las acciones o a las participaciones en que se divida el capital social.

2. La mayoría exigida en el art. 11 bis de la Ley de Arbitraje, ¿es aplicable a los supuestos de modificación de una cláusula arbitral estatutaria preexistente?

No, salvo que se trate de una modificación de carácter sustancial en cuyo caso es exigible la mayoría reforzada del art. 11 bis de la Ley de Arbitraje. En este sentido se ha pronunciado la **SAP de Madrid n.º 842/2022, de 14 de noviembre, ECLI:ES:APM:2022:16699:**

«Por lo tanto, no se trata de una nueva cláusula de arbitraje, en el sentido de introducir una institución nueva allí donde no existía, sino de una modificación estatutaria de la previamente existente donde ya se contemplaba la solución de las controversias mediante la sumisión a arbitraje (a una de las dos modalidades de arbitraje, el arbitraje de equidad), para pasar a la otra modalidad de sumisión a arbitraje (de derecho) en la nueva redacción. Debemos tener presente que la ratio legis del artículo 11 bis de la Ley de Arbitraje es exigir un quorum reforzado porque con la introducción de la cláusula de sumisión a arbitraje se limitaría el derecho de los socios a recurrir a la vía judicial para la resolución de los conflictos. Pero esta limitación ya existía con anterioridad.

Por ello, en principio no sería exigible la mayoría reforzada del artículo 11 bis 2 de la Ley de Arbitraje.

SEXTO.- Ahora bien, tal y como plantea el juzgador de instancia, debemos examinar si la modificación tiene carácter sustancial, lo que podría justificar la exigencia de la mayoría reforzada».

Así mismo, los estatutos sociales podrán establecer que la impugnación de los acuerdos sociales ya sea por los socios o por los administradores, quede sometida a la decisión de uno o varios árbitros, encomendándose la administración del arbitraje y la designación de los árbitros a una institución arbitral.

El art. 11 ter de la Ley de Arbitraje hace referencia a los supuestos en que por medio de laudo se anulen acuerdos societarios que sean inscribibles señalando:

«1. El laudo que declare la nulidad de un acuerdo inscribible habrá de inscribirse en el Registro Mercantil. El "Boletín Oficial del Registro Mercantil" publicará un extracto.

2. En el caso de que el acuerdo impugnado estuviese inscrito en el Registro Mercantil, el laudo determinará, además, la cancelación de su inscripción, así como la de los asientos posteriores que resulten contradictorios con ella».

1.3. Actuaciones arbitrales

Determinación del procedimiento, lugar e idioma del arbitraje

El título V de la Ley de Arbitraje, relativo a la sustanciación de las actuaciones arbitrales, comienza estableciendo los principios de igualdad, audiencia y contradicción en el art. 24 de la mentada ley, el cual señala:

> «1. Deberá tratarse a las partes con igualdad y darse a cada una de ellas suficiente oportunidad de hacer valer sus derechos.
>
> 2. Los árbitros, las partes y las instituciones arbitrales, en su caso, están obligadas a guardar la confidencialidad de las informaciones que conozcan a través de las actuaciones arbitrales».

El incumplimiento de alguno de los principios establecidos puede dar lugar a la nulidad del laudo siempre que se acredite que con ello se ha generado una situación de indefensión material por la parte, así lo ha señalado el TSJ de Madrid en la **sentencia n.º 18/2022, de 10 de mayo, ECLI:ES:TSJM:2022:5894**:

> «(...) La propia Ley de Arbitraje, en su artículo 24 protege expresamente los principios de igualdad, audiencia y contradicción para las partes, de modo que la palmaria infracción de cualquiera de ellos abocaría al planteamiento de la nulidad, siempre -no sobra decirlo- que se acreditase que con ello se generó indefensión material para la parte que alega semejante quiebra. El procedimiento arbitral, por autónomo que resulte en múltiples aspectos respecto de las exigencias inherentes a la tutela judicial efectiva, no puede eludir el respeto a los principios básicos que rigen la relación entre partes, y asimismo la de éstas con el órgano arbitral, dotándose así de un contexto de garantías que redundan en la propia credibilidad del arbitraje como cauce solvente de solución de conflictos. En un Estado de Derecho no podría consentirse (ni mucho menos establecerse por Ley) un cauce de resolución de conflictos, generalmente orientado a proporcionar una solución jurídica a la controversia que se suscita sobre materias disponibles, sin garantía de respeto a los derechos fundamentales (...)».

Con relación al procedimiento que han de seguir los árbitros el art. 25 de la Ley de Arbitraje determina la libertad de las partes para convenir el procedimiento al que se deben ajustar los árbitros en sus actuaciones. Una vez más la ley parte del principio de autonomía de la voluntad, estableciendo como único límite el derecho de defensa de las partes y el principio de igualdad, que se erigen en valores fundamentales del arbitraje. Este artículo supone que las reglas sobre el procedimiento que se establecen en la ley de referencia son dispositivitas y, en consecuencia, aplicables solo si las partes no han acordado nada o aceptan un arbitraje institucional.

RESOLUCIÓN RELEVANTE

Sentencia del TSJ de Asturias n.º 3/2017, de 25 de abril, ECLI:ES:TSJAS:2017:1416

«El principio de la autonomía de la voluntad, que está en la esencia o fondo del Arbitraje, también lo está en la configuración o forma del procedimiento arbitral. Si en los procesos de naturaleza jurisdiccional el procedimiento es de carácter imperativo y solemne, en los arbitrales concurre lo contrario, lo dispositivo y con un formalismo mínimo. Excesivo formalismo por un lado (jurisdicción) y ausencia de formalismo procedimental por otro (arbitraje).

Tal diferencia es voluntad del Legislador que así lo ha establecido. Es una cuestión de Legislación ordinaria que fija su criterio con libertad en relación a las reglas del procedimiento, que son un conjunto sucesivo de actos conducentes a la decisión final: el laudo. La contraposición o diferencias en los procedimientos judiciales y arbitrales traen su causa, pues, en el libre querer de la Ley. Y ciertamente sorprende tanta diferencia en los procedimientos por los que un tercero resuelve controversias entre las partes -sea o juez o árbitro- y, ante eso, todo tipo de protestas o lamentos son libres a realizar.

Con arreglo a la vigente legislación arbitral, las partes son soberanas para diseñar el procedimiento arbitral, que se rige, en primer lugar, por lo que las partes hayan convenido de manera principal o mediante acuerdos complementarios, siendo las normas legales, como fácilmente resulta de su lectura, de carácter supletorio: lo dice la Exposición de Motivos de la Ley de Arbitraje y lo mandan artículos de dicha Ley (artículo 25), con el límite que suponen los principios de igualdad, audiencia y contradicción, mencionados en el artículo 24».

En caso de que no lleguen a acuerdo, los árbitros podrán dirigir el arbitraje del modo que consideren apropiado, siempre son sujeción a lo dispuesto en la Ley de Arbitraje. Esta potestad otorgada a los árbitros comprende la de decidir sobre admisibilidad, pertinencia y utilidad de las pruebas, sobre su práctica, incluso de oficio y sobre su valoración.

Respecto al lugar del arbitraje, opera la misma regla, libertad para las partes. Si las partes no llegaran a acuerdo el lugar del arbitraje será determinado por los árbitros para lo que tendrán en cuenta las circunstancias del caso y la conveniencia de las partes.

Sin perjuicio de lo anterior, el art. 26.2 de la Ley de Arbitraje establece que «(...) los árbitros podrán, previa consulta a las partes y salvo acuerdo en contrario de éstas, reunirse en cualquier lugar que estimen apropiado para oír a los testigos, a los peritos o a las partes, o para examinar o reconocer objetos, documentos o personas. Los árbitros podrán celebrar deliberaciones en cualquier lugar que estimen apropiado».

La misma autonomía de la voluntad que se fija para determinar el procedimiento y el lugar del arbitraje se establece en el art. 28 de la Ley de arbitraje con relación al idioma:

«1. Las partes podrán acordar libremente el idioma o los idiomas del arbitraje. A falta de acuerdo, y cuando de las circunstancias del caso no permitan delimitar la cuestión, el arbitraje se tramitará en cualquiera de las lenguas oficiales en el lugar donde se desarrollen las actuaciones. La parte que alegue desconocimiento del idioma tendrá derecho a audiencia, contradicción y defensa en la lengua que utilice, sin que esta alegación pueda suponer la paralización del proceso.

Salvo que en el acuerdo de las partes se haya previsto otra cosa, el idioma o los idiomas establecidos se utilizarán en los escritos de las partes, en las audiencias, en los laudos y en las decisiones o comunicaciones de los árbitros, sin perjuicio de lo señalado en el párrafo primero.

En todo caso, los testigos, peritos y terceras personas que intervengan en el procedimiento arbitral, tanto en actuaciones orales como escritas, podrán utilizar su lengua propia. En las actuaciones orales se podrá habilitar como intérprete a cualquier persona conocedora de la lengua empleada, previo juramento o promesa de aquella.

2. Los árbitros, salvo oposición de alguna de las partes, podrán ordenar que, sin necesidad de proceder a su traducción, cualquier documento sea aportado o cualquier actuación realizada en idioma distinto al del arbitraje».

Demanda, contestación y forma de las actuaciones arbitrales

Conforme a lo establecido en el art. 29 de la Ley de Arbitraje, el demandante deberá alegar los hechos en que se funda, la naturaleza y las circunstancias de la controversia y las pretensiones que formula. El demandado podrá responder a lo planteado en la demanda.

> **A TENER EN CUENTA.** Las partes pueden llegar a acuerdos con relación al contenido de la demanda y de la contestación, en cuyo caso, estas deberán ajustarse a lo acordado.

Las partes al formular sus alegaciones podrán aportar todos los documentos que consideren pertinentes o hacer referencia a los documentos u otras pruebas que vayan a presentar o proponer.

> **CUESTIÓN**
>
> **¿En qué plazo debe presentarse la demanda?**
>
> La demanda deberá presentarse en el plazo que hayan convenido las partes o que haya sido determinado por los árbitros.

El demandante, dentro del plazo establecido por las partes o por los árbitros, deberá alegar en su demanda los **hechos en los que la funda, la naturaleza y las circunstancias** de la controversia y las pretensiones que formula, y el demandado podrá responder a lo planteado en la demanda. Las partes, al formular sus alegaciones, podrán aportar todos los documentos que consideren pertinentes o hacer referencia a los documentos u otras pruebas que vayan a presentar o proponer.

Salvo acuerdo en contrario de las partes, prevé el apartado 2 del artículo 29 de la Ley de Arbitraje que, cualquiera de ellas podrá modificar o ampliar su demanda o contestación durante el curso de las actuaciones arbitrales, a menos que los árbitros lo consideren improcedente por razón de la demora con que se hubiere hecho. Tal como ha señalado el TSJ de Galicia, esta posibilidad tiene como límite la no causación de indefensión material a alguna de las partes; **sentencia n.° 3/2023, de 26 de enero, ECLI:ES:TSJGAL:2023:494:**

«Esta posibilidad, reconocida en el precepto transcrito, tiene como claro límite la no causación de indefensión material a alguna de las partes, por infracción de las garantías de igualdad, audiencia, contradicción y defensa. Y además, es bien ilustrativa de que la Ley de Arbitraje configura el procedimiento arbitral con "gran flexibilidad". De esta manera, cabe afirmar que existe una voluntad del legislador de alejarse de la regulación que la Ley de Enjuiciamiento Civil en cuanto a los escritos de demanda y contestación y reconvención en el ámbito jurisdiccional civil, aunque con respeto de los principios establecidos como esenciales en la propia Ley de Arbitraje (artículo 24), igualdad, audiencia y contradicción, y de defensa».

Los árbitros, salvo acuerdo en contrario de las partes, decidirán si han de celebrarse audiencias para la presentación de alegaciones, la práctica de pruebas y la emisión de conclusiones, o si las actuaciones se sustanciarán solamente por escrito. No obstante, a menos que las partes hubiesen convenido que no se celebren audiencias, los árbitros las señalarán, en la fase apropiada de las actuaciones, si cualquiera de las partes lo solicitara.

Las partes deberán ser citadas a todas las audiencias con suficiente antelación y podrán intervenir en ellas directamente o por medio de sus representantes.

Se deberán poner a disposición de las partes las alegaciones escritas, documentos y demás instrumentos que una parte aporte a los árbitros. Asimismo, los documentos, dictámenes periciales y otros instrumentos en que los árbitros puedan fundar su decisión.

Será decisión de los árbitros, salvo que las partes hayan acordado lo contrario, la celebración de audiencias, práctica de pruebas, emisión de conclusiones o si las actuaciones deben sustanciarse solamente por escrito.

En caso de **incomparecencia de alguna de las partes** sin alegar justa causa o no presenten la demanda o contestación dentro de plazo, los árbitros podrán tomar las siguientes decisiones —salvo acuerdo en contrario de las partes— previstas en el artículo 31 de la Ley de Arbitraje:

«a) El demandante no presente su demanda en plazo, los árbitros darán por terminadas las actuaciones, a menos que, oído el demandado, éste manifieste su voluntad de ejercitar alguna pretensión.

b) El demandado no presente su contestación en plazo, los árbitros continuarán las actuaciones, sin que esa omisión se considere como allanamiento o admisión de los hechos alegados por el demandante.

c) Una de las partes no comparezca a una audiencia o no presente pruebas, los árbitros podrán continuar las actuaciones y dictar el laudo con fundamento en las pruebas de que dispongan».

El apartado a) del art. 31 de la Ley de arbitraje reconoce la posibilidad de que se produzca un desistimiento tácito tal y como ha señalado el TSJ de Madrid en la **sentencia n.º 39/2017, de 30 de mayo, ECLI:ES:TSJM:2017:6350**, al señalar:

«Pero es más, para todo lo no previsto o no acordado por las partes en el desarrollo del procedimiento arbitral se aplicarán las previsiones de la ley y, tal y como hemos indicado, el artículo 31.a) LA prevé el desistimiento táctico, es decir la eficacia que pudiera darse a una manifestación de voluntad por parte del actor que demuestre su intención de no querer seguir adelante el procedimiento, al establecer que "El demandante no presente su demanda en plazo, los árbitros darán por terminadas las actuaciones, a menos que oído el demando, éste manifieste su voluntad de ejercitar alguna pretensión"».

Con relación a la práctica de las pruebas los árbitros o cualquiera de las partes con su aprobación podrán solicitar del tribunal competente asistencia para la práctica de las pruebas, de conformidad con las normas que le sean aplicables sobre medios de prueba. La asistencia que haga el tribunal podrá consistir en la práctica de la prueba ante el tribunal —si así se le solicitare—, o en que el tribunal adopte las concretas medidas necesarias para que la prueba pueda ser practicada ante los árbitros.

Tanto si la prueba se practica bajo la exclusiva dirección del tribunal, como si éste se limita a acordar las medidas pertinentes, el letrado de la Administración de Justicia deberá entregar al solicitante testimonio de las actuaciones.

El art. 32 de la Ley de Arbitraje hace una mención especial al nombramiento de peritos por los árbitros para lo que establece:

«1. Salvo acuerdo en contrario de las partes, los árbitros podrán nombrar, de oficio o a instancia de parte, uno o más peritos para que dictaminen sobre materias concretas y requerir a cualquiera de las partes para que facilite al perito toda la información pertinente, le presente para su inspección todos los documentos u objetos pertinentes o le proporcione acceso a ellos.

2. Salvo acuerdo en contrario de las partes, cuando una parte lo solicite o cuando los árbitros lo consideren necesario, todo perito, después de la presentación de su dictamen, deberá participar en una audiencia en la que los árbitros y las partes, por sí o asistidas de peritos, podrán interrogarle.

3. Lo previsto en los apartados precedentes se entiende sin perjuicio de la facultad de las partes, salvo acuerdo en contrario, de aportar dictámenes periciales por peritos libremente designados».

RESOLUCIÓN RELEVANTE

STSJ de Andalucía n.º 17/2023, de 8 de noviembre, ECLI:ES:TSJAND:2023:6817

Asunto: partes asistidas por perito en el interrogatorio del perito que ha emitido el dictamen

«Por lo que se refiere al artículo 32.2 LA, los impugnantes ponen énfasis en la previsión de la posibilidad de ser asistidos por peritos en la audiencia para la práctica de la prueba pericial. Pero en realidad, una interpretación sintáctica y teleológicamente natural de dicho precepto lleva a concluir que la regla establecida, sólo derogable por acuerdo contrario de las partes, es que cualquiera de las partes o el árbitro pueden pedir/acordar que se celebre audiencia con el perito que suscribe el informe pericial, y no tanto cómo se celebre dicha audiencia. La previsión de que las partes vengan asistidas por peritos no es en absoluto la parte esencial de ese precepto que se establece como regla a salvo acuerdo en contrario de los partes. Con arreglo al artículo 32.2, si las partes no pactan que no sea así, el árbitro no podrá denegar la solicitud por cualquiera de las partes de la audiencia. Pero el modo de celebración de la vista, y

en particular la de si se admite la intervención de peritos de parte en el interrogatorio, es un aspecto secundario que puede quedar a decisión del árbitro salvo acuerdo en cualquier sentido de las partes».

Terminación de las actuaciones arbitrales

Las actuaciones arbitrales terminarán y por tanto los árbitros cesarán en sus funciones con el laudo definitivo. Además, los árbitros también ordenarán la terminación de las actuaciones cuando:

– El demandante desista de su demanda, a menos que el demandado se oponga a ello y los árbitros le reconozcan un interés legítimo en obtener una solución definitiva del litigio.

– Las partes acuerden dar por terminadas las actuaciones.

– Los árbitros comprueben que la prosecución de las actuaciones resulta innecesaria o imposible.

CUESTIONES

1. ¿Cuánto tiempo debe conservarse la documentación relativa al proceso de arbitraje?

La obligación de los árbitros de conservar la documentación cesará a los dos meses desde la finalización del procedimiento, a salvo el plazo que las parte pudieran haber establecido.

2. ¿Las partes pueden solicitar que se les remita documentación del proceso una vez este haya finalizado?

Dentro del plazo en el que no ha cesado la obligación de conservar los documentos, las partes podrán solicitar que se les remitan los documentos presentados por ella. Los árbitros accederán a la solicitud siempre que no atente contra el secreto de la deliberación arbitral y que el solicitante asuma los gastos correspondientes al envío, en su caso.

Decisión del asunto sometido a arbitraje

El art. 34 de la Ley de Arbitraje señala que, en todo caso, los árbitros decidirán con arreglo a las estipulaciones del contrato y tendrán en cuenta los usos aplicables.

En caso de que el arbitraje sea internacional, los árbitros decidirán la controversia de conformidad con las normas jurídicas elegidas por las partes. Las indicaciones que se hagan al derecho u ordenamiento jurídico de un estado determinado, se entenderá que se refiere, a menos que exprese lo contrario, al derecho sustantivo de ese estado y no a sus normas de conflicto de leyes. Si las partes no indican las normas jurídicas aplicables, los árbitros aplicarán las que estimen apropiadas.

El apartado 1 del citado artículo establece que los árbitros solo decidirán en equidad si las partes les han autorizado expresamente para ello, esto supone que los árbitros serán siempre «de derecho» y solo decidirán en equidad cuando se encuentren expresamente autorizados por las partes, ya sea a través del propio convenio arbitral o en cualquier momento inicial del propio procedimiento arbitral, tal y como ha declarado el TSJ de La Rioja en la **sentencia n.º 4/2023, de 22 de diciembre, ECLI:ES:TSJLR:2023:437**.

Para el caso de que haya más de un árbitro, a salvo lo que hubieran dispuesto las partes, la decisión se adoptará por la mayoría. En cuestiones de ordenación, tramitación e impulso del procedimiento el presidente podrá decidir por sí solo, salvo que las partes o los árbitros acuerden lo contrario.

> **CUESTIÓN**
>
> **¿Constituye un vicio que el laudo haya sido suscrito solo por dos de los tres árbitros?**
>
> No, así lo recoge la **sentencia del TSJ de Navarra n.º 7/2015, de 29 de mayo, ECLI:ES:TSJNA:2015:262**:
>
> *«Así resulta de cuanto viene siendo declarado por la jurisprudencia, entre otras la Sentencia del Tribunal Supremo de 21 de marzo de 1.991, que declara que no constituye vicio el hecho de que el laudo haya sido suscrito por dos de los tres árbitros, pues el disentimiento del tercero pudo generar la emisión de un voto particular que, si no se suscribió, no constituye causa de nulidad pues supone un simple voto en contra de la mayoría en el ámbito de la indicada norma (art. 35.1) (...)».*

Si durante las actuaciones arbitrales las partes llegan a un acuerdo que ponga fin total o parcialmente a la controversia, los árbitros darán por terminadas las actuaciones con respecto a los puntos acordados y, si ambas partes lo solicitan y los árbitros no aprecian motivo para oponerse, harán constar ese acuerdo en forma de laudo en los términos convenidos por las partes. En este caso el laudo tendrá la misma eficacia que cualquier otro laudo dictado sobre el fondo del litigio.

Forma del laudo arbitral

Los árbitros deberán decidir la controversia dentro de los 6 meses siguientes a la fecha de presentación de la contestación o de expiración del plazo para presentarla, los árbitros podrán ampliar este plazo —no más de dos meses— mediante decisión motivada. La expiración del plazo sin que se hubiese dictado laudo definitivo no afectará a la eficacia del convenio arbitral ni a la validez del laudo dictado, sin perjuicio de la responsabilidad en que hubieran podido incurrir los árbitros.

> **A TENER EN CUENTA.** Conforme a lo establecido en el art. 37.2 de la Ley de Arbitraje lo dispuesto con relación al plazo de decisión resulta aplicable salvo acuerdo en contrario de las partes.

> **RESOLUCIÓN RELEVANTE**
>
> **Sentencia del TSJ de Castilla y León n.º 1/2024, de 24 de enero, ECLI:ES:TSJCL:2024:673**
>
> **Asunto: motivación del laudo arbitral**
>
> *«Como recuerda la STS 65/2021, de 15 de marzo, que el artículo 37.4 de la Ley de Arbitraje disponga que "el laudo deberá ser siempre motivado", no significa que*

el árbitro deba decidir sobre todos los argumentos presentados por las partes, como tampoco que deba indicar las pruebas en las que se ha basado para tomar su decisión sobre los hechos, o motivar su preferencia por una norma u otra, pues para determinar si se ha cumplido con el deber de motivación, basta con comprobar, simplemente, que el laudo contiene razones, aunque sean consideradas incorrectas por el juez que debe resolver su impugnación (STC 17/2021, de 15 de febrero, FJ 2). Y concluye que al estar asentado el arbitraje en la autonomía de la voluntad y la libertad de los particulares el deber de motivación del laudo no se integra en el orden público exigido en el art. 24 CE para la resolución judicial, sino que se ajusta a un parámetro propio, definido en función del art. 10 CE . Este parámetro deberán configurarlo, ante todo, las propias partes sometidas a arbitraje a las que corresponde, al igual que pactan las normas arbitrales, el número de árbitros, la naturaleza del arbitraje o las reglas de prueba, pactar si el laudo debe estar motivado (art. 37.4 LA) y en qué términos.

Ello quiere decir, como necesaria consecuencia de lo anterior, que el órgano judicial que tiene atribuida la facultad de control del laudo arbitral, como resultado del ejercicio de una acción extraordinaria de anulación, no puede examinar la idoneidad, suficiencia o la adecuación de la motivación, sino únicamente comprobar su existencia, porque, salvo que las partes hubieren pactado unas determinadas exigencias o un contenido específico respecto a la motivación, su insuficiencia o inadecuación, el alcance o la suficiencia de la motivación no puede desprenderse de la voluntad de las partes.

Cabe, pues, exigir la motivación del laudo establecida en el artículo 37.4, pues las partes tienen derecho a conocer las razones de la decisión, pero en aquellos supuestos en los que el árbitro haya razonado y argumentado su decisión, habrá visto cumplida la exigencia de motivación, sin que el órgano judicial pueda revisar su adecuación al derecho aplicable o entrar a juzgar sobre la correcta valoración de las pruebas, por más que de haber sido él quien tuviera encomendado el enjuiciamiento del asunto, las hubiera razonado y valorado de diversa manera».

Los árbitros, salvo acuerdo contrario de las partes, decidirán la controversia en un solo laudo o en tantos laudos parciales como estimen necesarios. El laudo deberá constar por escrito y ser firmado por los árbitros. Cuando haya más de un árbitro, bastarán las firmas de la mayoría de los miembros del colegio arbitral o solo la de su presidente, siempre que se manifiesten las razones de la falta de una o más firmas. A estos efectos se entenderá que consta por escrito cuando de su contenido y firmas quede constancia y sean accesibles para su ulterior consulta en soporte electrónico, óptico o de otro tipo.

El laudo deberá ser siempre motivado, a menos que se trate de un laudo pronunciado por acuerdo de las partes. Los árbitros también deberán pronunciarse sobre las costas del arbitraje que incluirán:

- Los honorarios y gastos de los árbitros.
- Los honorarios y gastos de los defensores o representantes de las partes.
- El coste del servicio prestado por la institución administradora del arbitraje.
- Los demás gastos originados en el procedimiento arbitral.

La notificación del laudo a las partes se hará por los árbitros en la forma y plazo que éstas hubieran acordado o, en su defecto, mediante entrega a cada una de ellas de un ejemplar firmado.

Cualquiera de las partes, a su costa, podrá solicitar que el laudo sea protocolizado notarialmente antes de la notificación.

Dentro de los diez días siguientes a la notificación del laudo, salvo que las partes acuerden otro plazo, cualquiera de ellas podrá, con notificación a la otra, solicitar a los árbitros:

– La corrección de cualquier error de cálculo, de copia, tipográfico o de naturaleza similar.

– La aclaración de un punto o de una parte concreta del laudo.

– El complemento del laudo respecto de peticiones formuladas y no resueltas en él.

– La rectificación de la extralimitación parcial del laudo, cuando se haya resuelto sobre cuestiones no sometidas a su decisión o sobre cuestiones no susceptibles de arbitraje.

Los árbitros resolverán, previa audiencia de las partes, sobre las solicitudes de corrección de errores y de aclaración en el plazo de diez días, y sobre la solicitud de complemento y la rectificación de la extralimitación, en el plazo de veinte días. Cuando el arbitraje sea internacional, los plazos de 10 y 20 días establecidos en los apartados anteriores serán plazos de uno y dos meses, respectivamente

CUESTIÓN

¿Puede corregirse de oficio el laudo?

Sí, en el plazo de 10 días los árbitros podrán proceder de oficio a la corrección del laudo, pero solo con relación a errores de cálculo, de copia, tipográfico o de naturaleza similar (art. 39.3 de la Ley de Arbitraje).

2.
EL LAUDO ARBITRAL.
REQUISITOS Y CONTENIDO

El laudo es la resolución dictada en el procedimiento arbitral, con eficacia equiparable a las sentencias judiciales, que dirime el conflicto surgido entre las partes por efecto del compromiso por el que estas acordaron atribuir la resolución de sus controversias a dicho procedimiento, renunciando a someterlas a la jurisdicción ordinaria civil. En todo caso, tal y como se recoge en el art. 2.1 de la Ley 60/2003, de 23 de diciembre, de Arbitraje (LA), debe de tratarse de cuestiones relativas a materias sobre las cuáles puedan disponer las partes.

El arbitraje finaliza con un convenio arbitral que, según el artículo 9.1 de la Ley de Arbitraje, podrá adoptar la forma de cláusula incorporada a un contrato o de acuerdo independiente, y deberá expresar la voluntad de las partes de someter a arbitraje todas o algunas de las controversias que hayan surgido o puedan surgir respecto de una determinada relación jurídica, contractual o no contractual.

La actuación del árbitro tiene un contenido material similar al ejercicio de la función jurisdiccional, y el **laudo dictado produce los mismos efectos que una resolución jurisdiccional** (STS n.º 429/2009, de 22 de junio, ECLI:ES:TS:2009:5722).

El laudo **produce efectos de cosa juzgada y tiene fuerza ejecutiva, aunque no sea firme. Su ejecución se rige por lo dispuesto en la Ley de Enjuiciamiento Civil** (LEC) para la ejecución de títulos judiciales, apareciendo en la enumeración de títulos ejecutivos que contiene el art. 517.2 de la LEC. El hecho de que exista un acuerdo voluntario de someterse a arbitraje es requisito para que pueda despacharse la ejecución del laudo.

Contra el laudo arbitral únicamente cabría:

- Ejercitar la acción de anulación, sustentada en alguno o algunos de los motivos tasados que recoge el art. 41 de la Ley de Arbitraje, entre los que se incluye la inexistencia o invalidez del convenio arbitral.

- Solicitar la revisión del laudo conforme a lo establecido en la LEC para las sentencias firmes.

Tal y como recuerda el **Tribunal Superior de Justicia de Madrid en su sentencia n.º 10/2024, de 14 de febrero, ECLI:ES:TSJM:2024:1727**, citando la doctrina establecida por el Tribunal Supremo:

> «(...) como punto de partida debe tomarse la especial función de la institución arbitral y el efecto negativo del convenio arbitral, que **veta por principio la intervención de los** órganos **jurisdiccionales** para articular un sistema de solución de conflictos extrajudicial, dentro del cual la actuación de los Tribunales se circunscribe a actuaciones de apoyo o de control expresamente previstas por la Ley reguladora de la institución; es consustancial al arbitraje, por lo tanto, la mínima intervención de los órganos jurisdiccionales por virtud y a favor de la autonomía de la voluntad de las partes, intervención mínima que, tratándose de actuaciones de control, se resume en el de la legalidad del acuerdo de arbitraje, de la arbitrabilidad -entendida en términos de disponibilidad, como precisa la exposición de Motivos de la Ley 60/2003 - de la materia sobre la que ha versado, y de la regularidad del procedimiento de arbitraje(...)».

Requisitos y contenido del laudo arbitral

Tanto el cumplimiento de los requisitos de forma por el laudo arbitral como que su notificación se efectúe de modo válido determinan que este pueda constituir título ejecutivo. Además, puede ser motivo de anulación del laudo la falta de motivación y la incongruencia del mismo, o que hubiera resuelto sobre cuestiones no susceptibles de arbitraje.

‖ Forma del laudo

En cuanto a la forma, el art. 37.3 de la Ley de Arbitraje establece que el laudo arbitral **deberá constar por escrito**, y ser firmado por los árbitros.

> **CUESTIÓN**
>
> **¿Cuándo se entiende que el laudo consta por escrito?**
>
> Se entiende que el laudo consta por escrito cuando de su contenido y firmas quede constancia y sean accesibles para su ulterior consulta en soporte electrónico, óptico o de otro tipo.

‖ Contenido del laudo

En cuanto al contenido, de la lectura de la Ley de Arbitraje podemos extraer el siguiente contenido mínimo:

- La motivación del laudo. El laudo deberá estar siempre motivado, salvo que se trate de un laudo que contenga el acuerdo entre las partes de terminar el procedimiento arbitral por haber llegado a un acuerdo (art. 37.4 de la Ley de Arbitraje).
- La fecha en la que ha sido dictado y el lugar del arbitraje, determinado de conformidad con el apartado 1 del artículo 26, es decir, el lugar

libremente elegido por las partes, o en caso de no haber acuerdo, el determinado por los árbitros (art. 37.5 de la Ley de Arbitraje).

– La firma de los árbitros, quienes podrán dejar constancia de su voto a favor o en contra (art. 37.3 de la Ley de Arbitraje). Cuando haya más de un árbitro, será suficiente con las firmas de la mayoría de los miembros del colegio arbitral, o sólo la de su presidente, si se manifiestan las razones de la falta de una o varias firmas.

– El pronunciamiento sobre las costas del arbitraje, incluidos honorarios y gastos de los árbitros, y, en su caso, los honorarios y gastos de los defensores o representantes de las partes, el coste del servicio prestado por la institución administradora del arbitraje y los demás gastos originados en el procedimiento arbitral, en virtud de lo acordado por las partes (art. 37.5 de la Ley de Arbitraje).

CUESTIÓN

¿Qué importancia tiene la elección del lugar del arbitraje?

Para determinar la importancia del lugar de celebración del arbitraje hay que tener en cuenta que el lugar de arbitraje determina el **juez de primera instancia competente** para la ejecución del laudo arbitral, lo cual resulta de importancia. Piénsese, por ejemplo, en que el lugar de arbitraje se haya hecho coincidir con la sede de la institución encargada del mismo, o con el domicilio de alguno de los árbitros, y los inconvenientes que pueden derivarse de que su ejecución haya de seguirse ante el órgano jurisdiccional de esa sede, que puede ser distinto al domicilio de las partes.

Con relación a la **motivación** que deben de contener necesariamente los laudos, es importante destacar que la misma es **garantía frente a la arbitrariedad e irrazonabilidad**, siendo aplicable la doctrina jurisprudencial que, referida a las resoluciones judiciales, sostiene que no se exige una argumentación exhaustiva y pormenorizada de todos los aspectos y perspectivas que las partes puedan tener de la cuestión que se decide (**SSTC n.º 14/1991, de 28 de enero, ECLI:ES:TC:1991:14, y n.º 101/1992, de 25 de junio, ECLI:ES:TC:1992:101**).

En el caso del laudo arbitral, se entiende que el deber de motivación no puede tener el mismo alcance en el arbitraje de equidad que en el arbitraje de Derecho. Se ha entendido ese distinto alcance en el sentido de mitigar el rigor de la fundamentación jurídica en el caso del arbitraje de equidad, ya que en estos supuestos el árbitro no tiene la obligación de ofrecer razones jurídicas, sin que ello le exima de respetar todas aquellas normas de carácter imperativo que disciplinen la cuestión (**sentencia del Tribunal Superior de Justicia de la Comunidad Valenciana n.º 12/2015, de 4 de mayo, ECLI:ES:TSJCV:2015:3419**).

CUESTIÓN

¿Qué entendemos por arbitraje de equidad?

Un arbitraje de equidad es aquel en el que el árbitro decide en función de lo que considere justo o equitativo, y no en función de las normas jurídicas. Así, la **sentencia del Tribunal Constitucional n.º 17/2021, de 15 de febrero, ECLI:ES:TC:2021:17**, se refiere a estos arbitrajes en los siguientes términos: «(...) cuando las partes se

---

someten a un arbitraje de equidad, aunque ello no excluya necesariamente la posibilidad de que los árbitros refuercen "su saber y entender" con conocimientos jurídicos, pueden prescindir de las normas jurídicas y recurrir a un razonamiento diferente al que se desprende de su aplicación, porque lo que se resuelve ex aequo et bono debe ser decidido por consideraciones relativas a lo justo o equitativo. Y aquí también debe quedar meridianamente claro que es el tribunal arbitral el único legitimado para optar por la solución que considere más justa y equitativa, teniendo en cuenta todas las circunstancias del caso, incluso si tal solución es incompatible con la que resultaría de la aplicación de las normas del derecho material(...)».

También el **TSJ de Madrid en su sentencia n.º 43/2023, de 5 de diciembre, ECLI:ES:TSJM:2023:13587** define las características del arbitraje de equidad, señalando que la solución al conflicto en estos casos se basa «(...) en criterios de justicia material, en principios éticos y ponderando las circunstancias de cada caso, por lo que no resulta imprescindible que el árbitro se ajuste estrictamente a las reglas jurídicas integrantes del derecho positivo, aunque —es importante destacarlo— no pueda excluirse este ámbito material de inspiración(...)».

Por otra parte, el laudo debe ser congruente con las peticiones de las partes, siendo motivo de anulación que los árbitros resuelvan sobre cuestiones no sometidas a su decisión. En este sentido la mentada **sentencia del TSJ de la Comunidad Valenciana n.º 12/2015, de 4 de mayo, ECLI:ES:TSJCV:2015:3419,** recoge que es aplicable la doctrina jurisprudencial relativa a las resoluciones judiciales que afirma que no se exige una correspondencia absolutamente rígida entre lo pedido y lo acordado, sino que tal exigencia se cumple cuando se adecúa racionalmente a las pretensiones de las partes y a los hechos que la fundamenten. Este requisito se interpreta también con mayor flexibilidad en el caso de los laudos arbitrales que en la sentencia judicial.

RESOLUCIÓN RELEVANTE

Sentencia del TSJ de Madrid n.º 47/2023, de 12 de diciembre, ECLI:ES:TSJM:2023:13925

Asunto: la doctrina jurisprudencial sobre la exigencia de motivación de los laudos

«(...)Sobre la motivación del laudo, recogíamos en nuestra STSJM de 18 de noviembre de 2021, el criterio sentado por el Tribunal Constitucional en la STC. de 15-3-2021, que dedica un fundamento específico, del que cabe reproducir la siguiente doctrina: "... el deber de motivación del laudo no surge del derecho fundamental a la tutela judicial efectiva (art. 24.1 CE), que solo es predicable de las resoluciones emanadas del Poder Judicial, sino de la propia Ley de arbitraje, que en su art. 37.4 así lo exige. El modo en que dicha norma arbitral está redactada se asemeja a la exigencia del art. 120.3 CE respecto a las resoluciones judiciales y, a primera vista, pudiera causar cierta confusión, haciendo pensar que tal deber de motivación del laudo está constitucionalmente garantizado. Sin embargo, la norma constitucional relativa a la necesaria motivación de las sentencias y su colocación sistemática expresa la relación de vinculación del juez con la ley y con el sistema de fuentes del Derecho dimanante de la Constitución. Expresa también el derecho del justiciable y el interés legítimo de la sociedad en conocer las razones de la decisión judicial que se adopta, evitando que sea fruto de la arbitrariedad y facilitando mediante su expresión el control por parte de los órganos jurisdiccionales superiores en caso necesario (así, por ejemplo, STC 262/2015, de 14 de diciembre, FJ 3). Ahora bien, ... la motivación

de los laudos no está prevista en la Constitución ni se integra en un derecho funda-
mental (art. 24 CE). Es una obligación legal de configuración legal del que bien podría
prescindir el legislador sin alterar la naturaleza del sistema arbitral. Por lo demás, que
el art. 37.4 LA disponga que "el laudo deberá ser siempre motivado (...)", no significa
que el árbitro deba decidir sobre todos los argumentos presentados por las partes,
como tampoco que deba indicar las pruebas en las que se ha basado para tomar
su decisión sobre los hechos, o motivar su preferencia por una norma u otra, pues
para determinar si se ha cumplido con el deber de motivación, basta con comprobar,
simplemente, que el laudo contiene razones, aunque sean consideradas incorrectas
por el juez que debe resolver su impugnación (STS. 17/2021, de 15 de febrero, FJ 2).
Asentado, por consiguiente, el arbitraje en la autonomía de la voluntad y la libertad
de los particulares (arts. 1 y 10 CE), el deber de motivación del laudo no se integra en
el orden público exigido en el art. 24 CE para la resolución judicial, sino que se ajusta
a un parámetro propio, definido en función del art. 10 CE. Este parámetro deberán
configurarlo, ante todo, las propias partes sometidas a arbitraje a las que les corres-
ponde, al igual que pactan las normas arbitrales, el número de árbitros, la naturaleza
del arbitraje o las reglas de prueba, pactar si el laudo debe estar motivado (art. 37.4
LA) y en qué términos. En consecuencia, la motivación de los laudos arbitrales carece
de incidencia en el orden público. De esto se sigue que el órgano judicial que tiene
atribuida la facultad de control del laudo arbitral, como resultado del ejercicio de una
acción extraordinaria de anulación, no puede examinar la idoneidad, suficiencia o
la adecuación de la motivación, sino únicamente comprobar su existencia, porque,
salvo que las partes hubiesen pactado unas determinadas exigencias o un contenido
específico respecto de la motivación, su insuficiencia o inadecuación, el alcance o
la suficiencia de la motivación no puede desprenderse de la voluntad de las partes.
(art. 10 CE). Cabe, pues, exigir la motivación del laudo establecida en el art. 37.4 LA,
pues las partes tienen derecho a conocer las razones de la decisión. En consecuencia,
aquellos supuestos en los que el árbitro razona y argumenta su decisión, habrá
visto cumplida la exigencia de motivación, sin que el órgano judicial pueda revi-
sar su adecuación al derecho aplicable o entrar a juzgar sobre la correcta valo-
ración de las pruebas, por más que de haber sido él quien tuviera encomendado el
enjuiciamiento del asunto, las hubiera razonado y valorado de diversa manera."

(...) Hay que añadir, con palabras de la STC 65/2021, de 15 de marzo, que: "...el
derecho a la motivación del laudo, cuando sea preceptiva, no comporta la garan-
tía de acierto del colegio arbitral ni de estimación de las pretensiones deducidas,
ni un concreto entendimiento del sentido y alcance de la legislación aplicable al caso
concreto (como acaece, mutatis mutandis, con las resoluciones judiciales y se declara
en las SSTC 50/1997 FJ 3, STC45/2005, FJ·, entre otras muchas)" (...)».

Plazo de resolución del laudo arbitral

En cuanto al plazo, los árbitros, salvo acuerdo en contrario de las partes, **deberán decidir la controversia dentro de los seis meses siguientes** a la fecha de presentación de la contestación a que se refiere el artículo 29 o de expiración del plazo para presentarla; y **podrán prorrogarlo, por un plazo no superior a dos meses**, mediante decisión motivada, salvo que las partes acuerden lo contrario (art. 37.2 de la Ley de Arbitraje), es decir, tal y como se recoge en la **sentencia del Tribunal Superior de Justicia de Madrid n.º 27/2019, de 19 de julio, ECLI:ES:TSJM:2019:5694**: «(...) no solo contempla la posibilidad de pacto de prórroga, sino que excluye la nulidad del laudo si el plazo máximo fuere excedido (...)».

Se establece en el mismo precepto que, salvo acuerdo en contrario de las partes, la expiración del plazo sin que se haya dictado laudo definitivo no afectará a la eficacia del convenio arbitral ni a la validez del laudo dictado, sin perjuicio de la responsabilidad en que hayan podido incurrir los árbitros.

El Real Decreto 231/2008, de 15 de febrero, por el que se regula el Sistema Arbitral de Consumo, contiene una previsión especial en cuanto al plazo para dictar el laudo cuando se trata de un arbitraje de consumo, y establece en su art. 49 que:

> «1. El laudo se dictará y notificará a las partes en un plazo de noventa días naturales contados desde que se acuerde el inicio del procedimiento por haber recibido el órgano arbitral la documentación completa necesaria para su tramitación, según lo dispuesto en el artículo 37.3.
>
> El órgano arbitral, en caso de especial complejidad, podrá adoptar, de forma motivada, una prórroga que no podrá ser superior al plazo previsto para la resolución del litigio, comunicándose a las partes.
>
> 2. Si las partes lograran un acuerdo conciliatorio sobre todos los aspectos del conflicto, una vez iniciadas las actuaciones arbitrales, el plazo para dictar el laudo conciliatorio será de quince días desde la adopción del acuerdo».

Para el caso de los arbitrajes de consumo colectivos, el artículo 62 del mismo RD 231/2008, de 15 de febrero, dispone que, trascurridos dos meses desde la publicación del llamamiento a los afectados en el diario oficial que corresponda al ámbito del conflicto, se iniciará el cómputo del plazo para dictar laudo previsto en el artículo 49.

2.1. La notificación y protocolización del laudo arbitral

La notificación del laudo arbitral

El laudo debe ser notificado a las partes en la forma y plazo que estas hayan acordado. A falta de acuerdo al respecto, los árbitros entregaran a cada parte un ejemplar firmado del laudo.

En palabras de la **Audiencia Provincial de Madrid en su auto n.º 157/2019, de 17 de mayo, ECLI:ES:APM:2019:2690A**: «(...) es indispensable que conste que se ha remitido al interesado un ejemplar del laudo que se pretende ejecutar (...)».

Con relación a las notificaciones el art. 5 de la Ley de Arbitraje dispone que las notificaciones se entenderán recibidas el día que hayan sido entregadas personalmente al destinatario, o el día en que se hayan entregado en su domicilio, residencia habitual, establecimiento o dirección.

CUESTIONES

1. ¿Qué ocurre cuando no se conoce el domicilio habitual?

La Ley de Arbitraje en su artículo 5 establece que si tras una indagación razonable no se descubre ninguno de los lugares señalados para la notificación (domicilio, residencia habitual, establecimiento o dirección), se considerará recibida el día en que haya sido entregada o intentada su entrega, por correo certificado o cualquier otro medio que deje constancia, en el último domicilio, residencia habitual, dirección o establecimiento conocidos del destinatario.

2. ¿Son válidas las notificaciones realizadas por medios electrónicos?

Sí, y así se recoge expresamente en el mentado art. 5 de la Ley de Arbitraje: «(...) será válida la notificación o comunicación realizada por télex, fax u otro medio de telecomunicación electrónico, telemático o de otra clase semejante que permitan el envío y la recepción de escritos y documentos dejando constancia de su remisión y recepción y que hayan sido designados por el interesado (...)».

La corrección de la notificación del laudo arbitral en el proceso de ejecución forzosa ha de comprobarse como requisito de la ejecutividad del laudo, estableciendo el art. 550.1 de la LEC que entre los documentos que han de acompañar a la demanda ejecutiva, cuando se trata de ejecutar un laudo, se deben adjuntar los documentos acreditativos de la notificación del mismo a las partes.

La cuestión relativa a la eficacia y validez de notificación del laudo arbitral es objeto de examen en las resoluciones dictadas en procedimientos sobre anulación del laudo arbitral para verificar si la acción se ha ejercitado o no dentro del plazo de caducidad de dos meses. En este sentido la jurisprudencia ha considerado que, en aquellos casos en los que a pesar de los intentos de notificación realizados diligentemente por el órgano arbitral la parte no recoge la notificación, el *dies a quo* para el cómputo del plazo de caducidad será el día del intento, o último intento, de notificación fallidos, y así podemos referirnos por ejemplo a la **STSJ de Navarra n.º 15/2013, de 28 de octubre, ECLI:ES:TSJNA:2013:213, o la STSJ del País Vasco n.º 14/2014, de 9 de diciembre, ECLI:ES:TSJPV:2014:3510.**

A TENER EN CUENTA. En el Acuerdo no jurisdiccional de los Magistrados de las Secciones Civiles de la Audiencia Provincial de Madrid, reunidos en Junta celebrada el 28 de septiembre de 2006 para la unificación de criterios en la aplicación de la Ley de Enjuiciamiento Civil 1/2000, de 7 de enero, sobre notificación del laudo por correo certificado y exigencias de la «indagación razonable», se establecía que:

- Cabe la notificación del laudo en el domicilio, residencia habitual, establecimiento o dirección del interesado sin necesidad de que sea recogida por el propio interesado.

- La notificación del laudo ha de realizarse por medio que acredite la recepción en el domicilio del destinatario precisamente del laudo cuya ejecución se pretende, sea por la intervención de notario que acredite el contenido del envío, sea por utilizar burofax con acuse de recibo u otro medio que deje constancia del contenido de la comunicación y de su recepción.

> - La indagación razonable sobre el domicilio debe ser evaluada en atención a las circunstancias de cada supuesto, pero en todo caso deberá contemplar la indagación en los registros públicos de los que se pueda extraer algún dato que permita localizar el domicilio o residencia del interesado.

Conviene hacer una especial referencia a la notificación en arbitraje de transporte y en arbitraje de consumo:

– En el primer caso, para el arbitraje de transporte, y con relación a las notificaciones efectuadas por las Juntas Arbitrales del Transporte, el art. 9.6 del Real Decreto 1211/1990, de 28 de septiembre, por el que se aprueba el Reglamento de la Ley de Ordenación de los Transportes Terrestres, remite a la legislación del procedimiento administrativo.

– Y, en el segundo caso, cuando se trata de arbitrajes de consumo, para las notificaciones arbitrales, incluido el laudo, el artículo 50 del Real Decreto 231/2008, de 15 de febrero, por el que se regula el Sistema Arbitral de Consumo, dispone que, a falta de acuerdo de las partes, se realizará conforme a la práctica de la Junta Arbitral de Consumo, según lo previsto en la Ley 30/1992, de 26 de noviembre, teniendo en cuenta que esta última ha sido derogada por la Ley 39/2015, de 1 de octubre, del Procedimiento Administrativo Común de las Administraciones Publicas.

Corrección, aclaración, complemento y rectificación de la extralimitación del laudo

Salvo que las partes hayan acordado otro plazo, dentro de los **diez días siguientes a la notificación del laudo**, cualquiera de ellas podrá, con notificación a la otra, solicitar a los árbitros (art. 39.1 de la Ley de Arbitraje):

a) La corrección de cualquier error de cálculo, de copia, tipográfico o de naturaleza similar.

b) La aclaración de un punto o de una parte concreta del laudo.

c) El complemento del laudo respecto de peticiones formuladas y no resueltas en él.

d) La rectificación de la extralimitación parcial del laudo, cuando se haya resuelto sobre cuestiones no sometidas a su decisión o sobre cuestiones no susceptibles de arbitraje.

Los árbitros deberán dar audiencia a las demás partes y, a continuación, contarán con los siguientes plazos para resolver:

– 10 días en el caso de solicitudes de corrección de errores o de aclaración.

– 20 días cuando se trate de solicitudes de complemento o de rectificación de extralimitación.

La corrección de errores de cálculo, de copia, tipográfico o de naturaleza similar, puede hacerse de oficio dentro de los 10 días siguientes a la fecha del laudo (art. 30.3 de la Ley de arbitraje).

Para el arbitraje internacional, en lugar de 10 y 20 días, los plazos serán de 1 y 2 meses, respectivamente (art. 39.5 de la Ley de arbitraje).

Se establece que lo dispuesto en el artículo 37 se aplicará a las resoluciones arbitrales sobre corrección, aclaración, complemento y extralimitación del laudo. Estas resoluciones pasan a integrar el laudo.

Protocolización notarial

No se recoge la protocolización notarial del laudo como preceptiva, sino como meramente potestativa: cualquiera de las partes, a su costa, podrá instar de los árbitros, antes de la notificación, que el laudo sea protocolizado notarialmente (art. 37.8 de la Ley de Arbitraje).

La propia exposición de motivos de la Ley de Arbitraje destaca dos aspectos:

– El laudo es válido y eficaz, aunque no haya sido protocolizado, de modo que el plazo para ejercitar la acción de anulación transcurre desde su notificación, sin que sea necesario que la protocolización, cuando haya sido pedida, preceda a la notificación.

– La fuerza ejecutiva del laudo no depende de su protocolización, aunque en el proceso de ejecución, llegado el caso, el ejecutado podrá hacer valer por vía de oposición la falta de autenticidad del laudo, supuesto que puede presumirse excepcional.

2.2. Efectos de cosa juzgada

Cuando se habla de cosa juzgada nos referimos a una institución procesal mediante la cual se otorga a las decisiones plasmadas en una resolución judicial el carácter de inmutables, vinculantes y definitivas en cuanto proyección del principio de seguridad jurídica (DEJ RAE).

En el caso de los lautos arbitrales es el art. 43 de la Ley de Arbitraje el que le atribuye estos efectos de cosa juzgada.

El efecto propio de la **cosa juzgada**, en su **aspecto negativo**, impide un nuevo conocimiento de la cuestión, ya en la vía de la jurisdicción civil, ya a través de un posterior arbitraje, en los términos que establece el artículo 222 de la Ley de Enjuiciamiento Civil para las sentencias firmes.

Por otra parte, en su **aspecto positivo**, el efecto de cosa juzgada implica que el laudo es vinculante para las partes, estando obligadas a cumplir la decisión del tribunal de arbitraje.

CUESTIÓN

¿A quién afecta el efecto de la cosa juzgada?

Tal y como se establece en el art. 222.3 de la LEC la cosa juzgada afecta, como regla general, a las partes del proceso en que se dicte y a sus herederos y causahabientes, así como a los sujetos, no litigantes, titulares de los derechos que fundamenten la legitimación de las partes conforme a lo previsto en los artículos 11 y 11 bis de la LEC —que regulan la legitimación para la defensa de derechos e intereses de consumidores y usuarios, y para la defensa del derecho a la igualdad de trato y no discriminación—.

Según indica la **sentencia del Tribunal Supremo n.º 26/2010, de 11 de febrero, ECLI:ES:TS:2010:1669, la cláusula de sumisión a arbitraje solo puede producir efectos respecto a quienes formalizaron el compromiso o traen causa en ellos**, por lo que, los efectos de cosa juzgada del laudo, no se extienden a quienes, por no haber suscrito el compromiso arbitral, no pueden alegarlo.

Resulta de interés también la **sentencia del Tribunal Supremo n.º 410/2010, de 23 junio, ECLI:ES:TS:2010:4527** que, en relación con el **efecto de cosa juzgada positiva de un laudo arbitral**, señala que el laudo arbitral dictado para resolver la controversia suscitada entre las partes «produce en el presente procedimiento efectos de cosa juzgada en su función positiva, esto es, su contenido es **vinculante para la resolución** del presente procedimiento y ello, pese a haber acordado las partes dejar sin efecto la sumisión a arbitraje».

CUESTIÓN

¿Cuándo puede el laudo arbitral no producir efectos de cosa juzgada?

Podemos encontrar respuesta a esta cuestión en dos sentencias del Tribunal Superior de Justicia de Andalucía, en las que se establece que el laudo no producirá efectos de cosa juzgada cuando se considere nulo, destacando la importancia de la motivación del mismo.

Así, la sentencia n.º 17/2023, de 8 de noviembre, ECLI:ES:TSJAND:2023:6817, destaca que:

«(...) Sólo determinados defectos, seleccionados por el ordenamiento jurídico (en concreto en el artículo 41 LA), faculta a las partes para pedir no una corrección del laudo, sino una nulidad del mismo. Se trata de razones, motivos o causas de tal intensidad y gravedad que hagan que el laudo no merezca los efectos de cosa juzgada y ejecutividad que le concede el ordenamiento jurídico como reconocimiento de la posibilidad de las partes de, en uso de su autonomía de la voluntad, excluir la jurisdicción para la resolución de determinadas controversias y someterse al cauce del arbitraje. Ello será así fundamentalmente en caso de un grave quebrantamiento procesal que afecte a las garantías básicas del procedimiento arbitral y causen indefensión material, o por la grosera vulneración de un principio o norma de orden público en el contenido del laudo perceptible directamente en el fallo o en su motivación. Pero no cabrá anular un laudo arbitral por la mera constatación de reparos o infracciones procesales que no comprometan aquellos principios y garantías fundamentales del proceso (arbitral), ni desde luego por discrepancias más o menos fundadas de las partes respecto de la valoración de la prueba (juicio de hecho) y la aplicación e interpretación del Derecho (juicio de derecho) en el laudo».

Por su parte, la sentencia n.º 18/2021, de 28 de septiembre, ECLI:ES:TSJAND:2021:12446, también da respuesta a esta cuestión y establece que:

«1. Entiende la Sala, en línea con la doctrina más consolidada, que defectos graves en la motivación de un laudo impide dotarle al mismo de efecto cosa juzgada y de fuerza ejecutiva, pues no puede ser reconocido por nuestro ordenamiento *jurídico como una resolución hábil para producir tales consecuencias equiparadas a las de una sentencia firme. Dicho de otro modo, entiende la Sala que si al laudo arbitral se le reconocen tales efectos es porque el procedimiento arbitral, tal y como está regulado en la ley, respeta tanto como un procedimiento judicial las garantías básicas o fundamentales del debido proceso que impiden apreciar indefensión, entre las que se encuentra, en nuestro Derecho, la necesidad de una motivación suficiente y no arbitraria.*

2. También es doctrina constitucionalmente fijada que el déficit o defecto de motivación ha de ser de tal entidad que, o bien no haya posibilidad de entender la razón por la que se ha decidido de una manera y no de otra, o bien de la misma aflore que la ratio decidendi es arbitraria, alejada por completo de los nudos de la controversia seguida ante el órgano arbitral, hasta el punto de poder calificarse como objetivamente sorprendente (y por tanto, sin haber tenido ocasión la parte desfavorecida de hacer alegaciones o presentar pruebas que pudieran haber neutralizado el argumento), o falta de toda lógica argumentativa (partiendo de premisas manifiestamente erróneas, o incurriendo en falacias insoportables para un lector racional)».

Es importante destacar que **el efecto de cosa juzgada se encuentra limitado en el ámbito penal,** ya que la existencia de laudos arbitrales no puede condicionar una causa penal, dado el carácter preferente de la norma penal. En este sentido podemos citar el **auto de la Audiencia Nacional n.º 689/2023, de 22 de diciembre, ECLI:ES:AN:2023:12110A,** en el que se refiere que:

«(...) **la existencia de unos laudos arbitrales firmes** de carácter civil-mercantil, o incluso administrativo, **no pueden condicionar el desarrollo de una causa penal** como la que nos ocupa, ni puede producir ningún efecto sobre aquella, y menos aún con el carácter de cosa juzgada, dada la preferencia del orden penal, como recuerda la STC 2/2023, de 6 de febrero, que expone la doctrina constitucional sobre la garantía del "non bis in idem" cuando concurren sanciones y procedimientos penales y administrativos, y que tras reconocer dicho principio indica que: "El reconocimiento se ha efectuado en su doble condición de garantía material (STC 2/1981, de 30 de enero) y procesal (STC 77/1983, de 3 de octubre), "en cuanto comprensiva tanto de la prohibición de la aplicación de múltiples normas sancionadoras como de la proscripción de ulterior enjuiciamiento cuando el mismo hecho ha sido ya enjuiciado en un primer procedimiento en el que se ha dictado una resolución con efecto de cosa juzgada"; reconocimiento que "coincide en lo sustancial con el contenido asignado al mismo en los convenios internacionales sobre derechos humanos" (STC 2/2003, de 16 de enero), ratificados y vigentes en España, entre los que deben destacarse, por su influencia en la interpretación de las normas relativas a los derechos fundamentales (art. 10.2 CE), el art. 14.7 del Pacto internacional de derechos civiles y políticos; el art. 4 del Protocolo 7 al Convenio europeo de derechos humanos, y el art. 50 de la Carta de los derechos fundamentales de la Unión Europea. b) **La garantía de la interdicción de la doble condena (non bis in idem material) y del doble enjuiciamiento (non bis in idem procesal) por los mismos hechos** exige que deba otorgarse preferencia a la norma penal y a los tribunales penales frente a la norma y la potestad administrativa sancionadora».

2.3. Clases de laudos

Podemos diferenciar los siguientes tipos de laudo arbitral:

- Laudos totales y laudos parciales.
- Laudo conciliatorio.
- Laudos de derecho y equidad.
- Laudo de consumo.
- Laudo en arbitraje internacional.
- Laudo extranjero.

Los laudos totales y parciales

La Ley de Arbitraje reconoce en el artículo 37.1 la posibilidad de dictar laudos parciales, que pueden versar **sobre alguna parte del fondo de la controversia o sobre otras cuestiones**, como la **competencia de los árbitros o medidas cautelares**.

a) Sobre **alguna parte del fondo** de la controversia. Según indica la exposición de motivos de la Ley de Arbitraje: «(...) La ley pretende dar cabida a fórmulas flexibles de resolución de los litigios que son comunes en la práctica arbitral. Así, por ejemplo, que primero se decida acerca de si existe responsabilidad del demandado y sólo después se decida, si es el caso, la cuantía de la condena. El laudo parcial tiene el mismo valor que el laudo definitivo y, respecto de la cuestión que resuelve, su contenido es invariable».

> **A TENER EN CUENTA**. Debe decirse que, aunque se refiera a laudo definitivo por contraposición a laudo parcial, entendemos que el laudo parcial es definitivo, en el sentido de que resuelve la cuestión sobre la que recae. Podemos entender esa expresión en el sentido de que el laudo parcial puede tratarse de una decisión que no pone fin al procedimiento arbitral o que no resuelve todas las cuestiones suscitadas en el mismo.

b) Sobre la **competencia u otras excepciones**. Se establece que los árbitros están facultados para decidir sobre su propia competencia, incluso sobre las excepciones relativas a la existencia o a la validez del convenio arbitral o cualesquiera otras cuya estimación impida entrar en el fondo de la controversia (art. 22.1 de la Ley de Arbitraje).

Podrán **hacerlo con carácter previo o junto con las demás cuestiones sometidas a su decisión relativas al fondo del asunto**; siendo una decisión que solo podrá impugnarse mediante el ejercicio de la acción de anulación del laudo en el que se haya adoptado; y, cuando fuese desestimatoria de las excepciones y se adoptase con carácter previo, el ejercicio de la acción de anulación no suspenderá el procedimiento arbitral (art. 22.3 de la Ley de Arbitraje).

c) **Sobre medidas cautelares**. Cuando las partes no excluyan esta posibilidad (bien directamente, bien por remisión a un reglamento arbitral), los árbitros estarán facultados para adoptar las medidas cautelares que consideren necesarias. A las decisiones arbitrales sobre medidas cautelares, cualquiera que sea la forma que revistan, les serán de aplicación las normas sobre anulación y ejecución forzosa de laudos (art. 23 de la Ley de Arbitraje).

CUESTIONES

1. ¿Cabe que el tribunal arbitral imponga las costas de las medidas cautelares impuestas?

Sí, y así aparece recogida esta posibilidad en la **sentencia del Tribunal Superior de Justicia de Cataluña n.º 47/2023, de 21 de julio, ECLI:ES:TSJCAT:2023:8293**, que señala lo siguiente:

«(...) la condena en costas de los incidentes está contemplada expresamente en nuestras leyes procesales, incluso en las medidas cautelares cuando se deniegan, ex. Art. 736 de la LEC o cuando en el procedimiento de oposición a las medidas cautelares adoptadas sin audiencia del demandado se alzan o mantienen ex. Art 741, de modo que, en el marco de un procedimiento arbitral, las partes pueden pactar lo que estimen oportuno, y en este caso lo hicieron acordando el criterio del vencimiento absoluto sin excluir ninguna incidencia ocurrida en el mismo procedimiento».

2. Si la solicitud de medidas cautelares se presenta en un tribunal jurisdiccional, ¿se estaría renunciando al arbitraje?

No, y así aparece expresamente recogido en la exposición de motivos de la Ley de Arbitraje, en la que se establece que «(...)la solicitud de medidas cautelares a un tribunal no supone en modo alguno renuncia tácita al arbitraje; aunque tampoco hace actuar sin más el efecto negativo del convenio arbitral. Con ello se despeja cualquier duda que pudiere subsistir acerca de la posibilidad de que se acuerden judicialmente medidas cautelares respecto de una controversia sometida a arbitraje, aun antes de que el procedimiento arbitral haya comenzado(...)». Y en este sentido se pronuncia el art. 11.3 de la LA que dispone: «El convenio arbitral no impedirá a ninguna de las partes, con anterioridad a las actuaciones arbitrales o durante su tramitación, solicitar de un tribunal la adopción de medidas cautelares ni a éste concederlas».

El laudo por acuerdo de las partes o laudo conciliatorio

El artículo 36.1 de la Ley de Arbitraje contempla la posibilidad de que **durante las actuaciones arbitrales las partes lleguen a un acuerdo que ponga fin, total o parcialmente, a la controversia**. En ese caso, los árbitros darán por terminadas las actuaciones con respecto a los puntos acordados y, si ambas partes lo solicitan y los árbitros no aprecian motivo para oponerse, harán constar ese acuerdo en forma de laudo en los términos convenidos por las partes.

En palabras de la **sentencia del Tribunal Superior de Justicia de Madrid n.º 26/2022, de 13 de julio, ECLI:ES:TSJM:2022:9812**:

«Dicho de otra manera: cuando, pendiente el arbitraje, las partes llegan a una transacción total o parcial sobre materia disponible, es lógico y está previsto legalmente que el acuerdo se pueda plasmar y homologar en un Laudo que es título ejecutivo con fuerza de cosa juzgada material, donde se haga constar lo convenido por las partes, entre lo que se puede incluir la motivación o la razón por la que llegan a ese pacto. Ahora bien; el propio precepto reconoce que el árbitro puede apreciar motivos para oponerse al 'Laudo de conformidad', v.gr., porque exista una prohibición legal, o concurran limitaciones legales por razones de interés general o en beneficio de tercero (art. 19 LEC)».

El laudo se dictará con arreglo a lo dispuesto en el artículo 37 y tendrá la misma eficacia que cualquier otro laudo dictado sobre el fondo del litigio (art. 36.2 de la Ley de Arbitraje).

En los laudos pronunciados en los términos acordados por las partes se exceptúa el deber de motivación de los mismos.

Laudos de derecho y de equidad

La distinción entre laudos dictados en derecho y laudos dictados en equidad atiende al **modo en que los árbitros han de resolver el conflicto suscitado**. El art. 34.1 de la Ley de Arbitraje establece que los árbitros **solo decidirán en equidad si las partes les han autorizado expresamente para ello.**

> **A TENER EN CUENTA.** Para el arbitraje internacional, se establece que (art. 34.2 de la Ley de Arbitraje): «Sin perjuicio de lo dispuesto en el apartado anterior, cuando el arbitraje sea internacional, los árbitros decidirán la controversia de conformidad con las normas jurídicas elegidas por las partes. Se entenderá que toda indicación del derecho u ordenamiento jurídico de un Estado determinado se refiere, a menos que se exprese lo contrario, al derecho sustantivo de ese Estado y no a sus normas de conflicto de leyes». Y, a continuación, que, si las partes no indican las normas jurídicas aplicables, los árbitros aplicarán las que estimen apropiadas.

Un **arbitraje de equidad** es aquel en el que el árbitro decide en función de lo que considere justo o equitativo, y no de las normas jurídicas, y en este sentido cabe destacar la **sentencia del Tribunal Constitucional n.° 17/2021, de 15 de febrero, ECLI:ES:TC:2021:17**, en la que se recoge que: «(...) cuando las partes se someten a un arbitraje de equidad, aunque ello no excluya necesariamente la posibilidad de que los árbitros refuercen "su saber y entender" con conocimientos jurídicos, pueden prescindir de las normas jurídicas y recurrir a un razonamiento diferente al que se desprende de su aplicación, porque lo que se resuelve ex aequo et bono debe ser decidido por consideraciones relativas a lo justo o equitativo. Y aquí también debe quedar meridianamente claro que es el tribunal arbitral el único legitimado para optar por la solución que considere más justa y equitativa, teniendo en cuenta todas las circunstancias del caso, incluso si tal solución es incompatible con la que resultaría de la aplicación de las normas del derecho material(...)».

También el **TSJ de Madrid en su sentencia n.° 43/2023, de 5 de diciembre, ECLI:ES:TSJM:2023:13587** define las características del arbitraje de equidad, señalando que la solución al conflicto en estos casos se basa «(...) en criterios de justicia material, en principios éticos y ponderando las circunstancias de cada caso, por lo que no resulta imprescindible que el árbitro se ajuste estrictamente a las reglas jurídicas integrantes del derecho positivo, aunque —es importante destacarlo— no pueda excluirse este ámbito material de inspiración(...)».

Por el contrario, el **arbitraje en derecho** es aquel en el cual el árbitro decidirá en virtud de criterios jurídicos y legales, y el laudo deberá estar jurídicamente argumentado.

Y según establece la Ley de Arbitraje, salvo acuerdo en contrario de las partes, en los arbitrajes que no deban decidirse en equidad, cuando el arbitraje se haya de resolver por árbitro único se requerirá la **condición de jurista** al árbitro que actúe como tal (art. 15.1 de la Ley de Arbitraje).

A modo de síntesis la exposición de motivos de la Ley de Arbitraje establece que el arbitraje de equidad queda limitado a los casos en que las partes lo hayan pactado expresamente, no obstante, si las partes autorizan la decisión en equidad, y al tiempo señalan normas jurídicas aplicables, los árbitros no pueden ignorar esta última indicación.

CUESTIÓN

¿Cuáles son los términos más comunes para que las partes se remitan a los arbitrajes de equidad?

Si bien la Ley de Arbitraje no contiene una manera concreta en la que deba realizarse la remisión, en la exposición de motivos se recogen como las maneras más frecuentes la remisión literal a la «equidad», o a términos similares como decisión «en conciencia», *ex aequo et bono*; o que el árbitro actuará como «amigable componedor».

Resulta importante hacer una mención al **arbitraje de consumo**, ya que el art. 33.1 del RD 231/2008, de 15 de febrero, por el que se regula el Sistema Arbitral de Consumo, determina que los arbitrajes de consumo se decidirán en equidad, salvo que las partes opten expresamente por la decisión en derecho. Es decir, se invierte la regla general de la Ley Arbitral, estableciendo el arbitraje en equidad como el aplicable salvo acuerdo en contrario. A continuación, el mentado RD 231/2008, en el apartado segundo del art. 33, prevé que las normas jurídicas aplicables y las estipulaciones del contrato servirán de apoyo a la decisión en equidad que, en todo caso, deberá ser motivada.

RESOLUCIÓN RELEVANTE

Sentencia del Tribunal Superior de Justicia de Madrid n.º 26/2023, de 23 de junio, ECLI:ES:TSJM:2023:6995

Asunto: preferencia por el arbitraje en derecho cuando no hay acuerdo.

«La discrepancia, en cuanto al objeto del presente procedimiento, en suma, se concretan en que para la parte demandada el arbitraje ha de practicarse por un árbitro y realizarse en equidad y para la parte demandada debería ser un árbitro y realizarse en derecho, por un jurista especialista en obligaciones y contratos.

La parte actora justifica que sea en equidad, "al considerar que por el origen y contenido de la controversia y de las cuestiones fundamentalmente económicas que deben ser objeto de éste, las condiciones de un único árbitro y no jurista (un economista y auditor) se ajustan mejor para las cuestiones a debatir."

> *La parte demandada, tras considerar que la falta de acuerdo de las partes sobre el tipo de arbitraje (equidad o derecho), determina que no proceda designación alguna. No se puede imponer a una de las partes un tipo de arbitraje con el que no muestre su conformidad.*
>
> *Respecto de la primera consideración, debemos señalar su inconsistencia, pues precisamente la falta de acuerdo, una vez que ha quedado acreditada la voluntad de las partes de acudir al arbitraje, como medio de resolución de sus discrepancias, es lo que permite a una de las partes, para hacer efectivo dicho medio de hetero-composición, acudir al presente procedimiento, conforme a lo establecido en el art. 15 L A.*
>
> *Ambas cláusulas compromisarias, admiten los dos tipos de arbitraje: equidad y derecho.*
>
> *A falta de acuerdo, no deja de establecer cierta preferencia el art. 15.1 L A por el arbitraje de derecho, cuando deba laudarse por un único árbitro y en esta misma línea el art. 35.1 L A.*
>
> *Por otra parte, la Sala se pronuncia a favor de que el arbitraje sea en derecho, a la vista de la naturaleza de las cuestiones litigiosas de fondo, que deberán ser expuestas al árbitro y que pasarán, probablemente, a tenor de lo que se indica en la demanda, por el examen de la resolución unilateral de los contratos, que se imputa a la demandada, aunque se indique por la mercantil actora que lo admite y las consecuencias derivadas de ello, entre las que se apuntas la indemnización a la que dice tener derecho, cuestiones, y otras que pudieran plantearse, que tiene un más amplio contenido que el económico, por lo que resulta más adecuado que el arbitraje se haga en derecho».*

Laudos dictados en arbitraje institucional y en arbitraje *ad hoc*. El laudo de consumo como laudo dictado en arbitraje institucional

Aunque no exista diferencia en cuanto a los requisitos formales o el propio contenido del laudo, nos parece de interés diferenciar los laudos dictados en arbitraje institucional de aquellos dictados en arbitraje independiente o *ad hoc*, porque habrá de hacerse referencia continuamente a una y otra clase de arbitraje, en relación con cuestiones como la designación de árbitros, o el procedimiento arbitral.

La Ley de Arbitraje define en el artículo 14.1 el **arbitraje institucional** al indicar que **las partes podrán encomendar la administración del arbitraje y la designación de árbitros a:**

    a) Corporaciones de Derecho público y entidades públicas que puedan desempeñar funciones arbitrales, según sus normas reguladoras;

    b) Asociaciones y entidades sin ánimo de lucro en cuyos estatutos se prevean funciones arbitrales.

En el **arbitraje *ad hoc*** son las partes las que designan a los árbitros.

Se establece que:

    – Las instituciones arbitrales ejercerán sus funciones conforme a sus propios reglamentos (art. 14.2 de la Ley de Arbitraje).

- Las instituciones arbitrales velarán por el cumplimiento de las condiciones de capacidad de los árbitros y por la transparencia en su designación, así como su independencia (art. 14.3 de la Ley de Arbitraje).

- No puede confundirse la actividad de las instituciones arbitrales que se encargan de la administración del arbitraje incluyendo, en su caso, el nombramiento de los árbitros, con la actuación de estos. Así, ante impugnaciones por falta de imparcialidad, se distingue en distintas resoluciones la actuación que ha tenido la institución y la de los propios árbitros.

‖ **Referencia especial al laudo arbitral de consumo**

El laudo arbitral de consumo es el dictado en **arbitraje institucional de consumo**, a través del cual se **resuelven los conflictos surgidos entre consumidores o usuarios y las empresas o profesionales** en relación con los derechos legal o contractualmente reconocidos al consumidor.

Está regulado por Real Decreto 231/2008, de 15 de febrero, del Sistema Arbitral de Consumo. Resulta de interés tener en cuenta que:

- Las Juntas Arbitrales de Consumo son los órganos administrativos de gestión del arbitraje institucional de consumo y prestan servicios de carácter técnico, administrativo y de secretaría, tanto a las partes como a los árbitros (art. 5.1).

- En el arbitraje de consumo, el convenio arbitral, cuando exista oferta pública de adhesión al Sistema Arbitral de Consumo, estará válidamente formalizado por la mera presentación de la solicitud, siempre que coincida con el ámbito de la oferta (art. 24.2).

- Los arts. 25 y ss. del RD establecen los requisitos de la oferta, y disponen que se entienden cumplidos cuando se concede al oferente la autorización para utilizar públicamente el distintivo de Adhesión al Sistema.

- Quedarán sin efecto los convenios arbitrales y las ofertas públicas de adhesión al arbitraje de consumo formalizados por quienes sean declarados en concurso de acreedores. A tal fin, el auto de declaración de concurso será notificado al órgano a través del cual se hubiere formalizado el convenio, y a la Junta Arbitral Nacional; quedando desde ese momento el deudor concursado excluido a todos los efectos del Sistema Arbitral de Consumo (art. 58.2 del RD Legislativo, 1/2007, Ley General de Consumidores y Usuarios).

Laudo dictado en arbitraje internacional

El art. 3.1 de la Ley de Arbitraje establece que el arbitraje **tendrá carácter internacional cuando en él concurra alguna de las siguientes circunstancias:**

- Que las partes tengan sus domicilios en Estados diferentes cuando se celebre el convenio arbitral.

– Que alguno de los siguientes lugares esté situado fuera del Estado en el que las partes tengan sus domicilios:

- El lugar del arbitraje, determinado en el convenio arbitral o con arreglo a este.

- El lugar de cumplimiento de una parte sustancial de las obligaciones de la relación jurídica de la que dimane la controversia.

- El lugar con el que esta tenga una relación más estrecha.

– Que la relación jurídica de la que dimane la controversia afecte a intereses del comercio internacional.

De conformidad al art. 1.1 de la Ley de Arbitraje, esta se aplicará a los arbitrajes cuyo lugar se halle dentro del territorio español, sean de carácter interno o internacional, sin perjuicio de lo establecido en tratados de los que España sea parte o en leyes que contengan disposiciones especiales sobre arbitraje.

Laudo extranjero

En el art. 46.1 de la Ley de Arbitraje se define el laudo extranjero como el **laudo pronunciado fuera del territorio español.**

Por lo tanto, para determinar si un laudo es extranjero o no ha de estarse únicamente al criterio de la territorialidad. Por contraposición, son nacionales todos los dictados dentro de las fronteras españolas, sean internos o internacionales.

Para que tenga fuerza ejecutiva en España, ha de concedérsela un juez o tribunal español expresamente y de modo individualizado a través de un procedimiento especial e interno de homologación denominado *exequatur*.

Otras formas de terminación del procedimiento arbitral

La Ley de Arbitraje contempla en el art. 38.1 como formas de terminación anormal del procedimiento arbitral:

– Que el demandante desista de su demanda, a menos que el demandado se oponga a ello y los árbitros le reconozcan un interés legítimo en obtener una solución definitiva del litigio.

– Que las partes acuerden dar por terminadas las actuaciones.

– Que los árbitros comprueben que la prosecución de las actuaciones resulta innecesaria o imposible.

Hay que tener en cuenta que también existen en el procedimiento otras decisiones procesales, entendiendo por tales decisiones que los árbitros adoptan para dar curso al procedimiento arbitral. Debe entenderse que en ellas los árbitros no deciden sobre el fondo del asunto, sino sobre cuestiones procedimentales. Son decisiones revocables y que no producen efecto de cosa juzgada.

3.
LA EJECUCIÓN DEL LAUDO

La eficacia del laudo arbitral se asienta en su consideración como título ejecutivo. La Ley de Enjuiciamiento Civil incluye a los laudos y resoluciones arbitrales firmes entre los títulos que tienen aparejada ejecución en los artículos 517.2.2.º y 545.2. Según queda indicado, no solo constituye título ejecutivo el laudo final o definitivo, también lo son los laudos parciales respecto a las cuestiones que son objeto de los mismos.

> **CUESTIÓN**
>
> **¿Puede someterse a arbitraje una acción ejecutiva?**
>
> No, y así podemos confirmarlo en el **auto de la Audiencia Provincial de Cádiz n.º 93/2022, de 21 de junio, ECLI:ES:APCA:2022:531A**, en el que se recuerda que:
>
> *«De entrada no estará de más recordar que los árbitros carecen de potestades ejecutivas. No es lo propio de su actividad, tal y como muy atinadamente señala la representación letrada del apelante con cita de la Exposición de Motivos de la Ley de Arbitraje en cuyo apartado V, en sede de adopción y ejecución de medidas cautelares, el legislador recuerda que " obviamente, los árbitros carecen de potestad ejecutiva". Tan es así que esa Ley (Ley 60/2003, de 23 de diciembre, de Arbitraje) dispone en su art. 8.4 que "para la ejecución forzosa de laudos o resoluciones arbitrales será competente el Juzgado de Primera Instancia del lugar en que se haya dictado de acuerdo con lo previsto en el apartado 2 del artículo 545 de la Ley 1/2000, de 7 de enero, de Enjuiciamiento Civil ", en expreso reconocimiento de su inhabilidad para la actividad ejecutiva.*
>
> *El arbitraje, por el contrario, siempre se ha situado en el ámbito de la solución de los conflictos materiales como método heterocompositivo extrajudicial dimanante de convenio previo, no en balde su ubicación tradicional en el Código Civil lo ha sido junto a la transacción en el Título XIII de su Libro IV. Es por ello que no existen instrumentos procesales hábiles para dar cauce a una pretensión ejecutiva a través del arbitraje. Se daría la paradoja, bien apuntada en autos por el recurrente, de diferir la jurisdicción a los citados árbitros para que luego estos necesariamente debieran acudir a los órganos para ejecutar lo que decidieran. El absurdo lógico es evidente. Otra cosa es que la resolución de algún incidente de carácter declarativo propio del proceso de ejecución fuera sometida por las partes a arbitraje».*

La ejecución forzosa de los laudos se regirá por lo dispuesto en la Ley de Enjuiciamiento Civil y en el título VIII de la Ley de Arbitraje.

Son de aplicación las normas de la Ley de Enjuiciamiento Civil reguladoras de la ejecución de títulos judiciales. Por lo tanto, también en el caso del laudo arbitral, la acción ejecutiva caducará si no interpone la correspondiente demanda ejecutiva dentro de los cinco años siguientes a la firmeza (artículo 518 de la LEC).

El referido título VIII de la Ley de Arbitraje, relativo a la **ejecución forzosa del laudo**, cuenta con dos artículos: el art. 44 que contiene una remisión a la LEC y el artículo 45, que únicamente regula lo relativo a la ejecución forzosa del laudo durante la pendencia del procedimiento en que se ejercite la acción de anulación, y, en ese caso en concreto, la posibilidad de suspensión, alzamiento, y reanudación de la ejecución.

El laudo arbitral es título ejecutivo, aunque no sea firme. El artículo 45.1 de la Ley de Arbitraje le atribuye fuerza ejecutiva aun cuando contra él se haya ejercitado acción de anulación, y en esta misma línea ya en la exposición de motivos de la Ley de Arbitraje se recoge que estando permitida la ejecución provisional de sentencias en nuestro ordenamiento, no tendría sentido hacer depender la ejecución de los laudos de su firmeza.

Los requisitos del laudo para que despliegue fuerza ejecutiva se infieren de los preceptos que se dedican a la ejecución forzosa y de los motivos legales de oposición. Esto es, que cumpla con los requisitos formales, que quede constancia de que el laudo haya sido notificado a las partes, y que no haya transcurrido el plazo de caducidad. Además, en el examen de la ejecutividad del laudo se viene admitiendo la posibilidad de examinar cuestiones como la existencia o validez del convenio arbitral, o si ha recaído sobre materias arbitrables, que constituyen también motivos de anulación.

Sobre la ejecutividad del laudo no firme, el auto de la **Audiencia Provincial de Granada n.º 247/2021, de 10 de diciembre, ECLI:ES:APGR:2021:1433A**, citando el **auto de la Audiencia Provincial de Madrid n.º 42/2014, de 7 de marzo, ECLI:ES:APM:2014:539A**, recoge que:

> «Como señala el Auto de la Audiencia Provincial de Madrid, núm. 42/2014, de 7 de marzo, "Debe recordarse que el laudo arbitral goza, aunque no sea firme, de inmediata fuerza ejecutiva, pues así resulta de la normativa especial a él aplicable (artículo 45 de la Ley 60/2003, de 23 de diciembre, de arbitraje) y a ella se ha plegado la ley general (por eso el artículo 517.2.2.º de la LEC no exige la firmeza del laudo para considerarlo título que lleva aparejada ejecución). En consecuencia, ni era preciso esperar a la firmeza del laudo ni tampoco era necesario ningún trámite complementario para entender que resultaba exigible para la parte condenada el cumplimiento del mismo en los términos en él señalados. Todo lo que no fuera atenerse a lo dispuesto en el laudo suponía incumplirlo y generaba el derecho a instar su ejecución precisamente como consecuencia de no haberse satisfecho la condena a la obligación de hacer que en él se imponía en términos muy concretos. No era preciso un requerimiento previo, que el laudo no contempla, al señalar ya un plazo perfectamente acotado que operaba de modo inexorable, ni tampoco esperar al despacho de ejecución para que surgiera la obligación para la contraparte de atenerse a lo previsto en la resolución arbitral. El laudo debía ser cumplido por el obligado a ello, atendiendo al inicial compromiso de acatarlo, sin necesidad de previa intimación, pues la propia parte dispositiva de dicha resolución arbitral ya fijaba cuándo y cómo hacerlo"».

Órgano competente para la ejecución del laudo

Es competente para denegar o autorizar la ejecución y el correspondiente despacho el **juzgado de primera instancia del lugar en que se haya dictado el laudo** (art. 545.2 de la LEC).

Asimismo, el artículo 8 de la Ley de Arbitraje contempla, en su apartado 4, la competencia del juzgado de primera instancia del lugar donde se haya dictado el laudo para su ejecución forzosa.

CUESTIÓN

Cuando se trata de la ejecución de un laudo extranjero, ¿cuál es el órgano competente para su ejecución?

El apartado 6 del art. 8 de la Ley de Arbitraje determina que para la ejecución de laudos o resoluciones arbitrales extranjeros será competente el juzgado de primera instancia con arreglo a los mismos criterios.

Esta regla general, según la cual el órgano competente será el del lugar en el que se dictase el laudo se aplicará incluso en el caso de un proceso civil arrendaticio, en donde será competente para la ejecución el tribunal del lugar en el que se dictó el auto, y no el fuero territorial establecido para conocer de arrendamientos urbanos según el cual la competencia recaería en el lugar en donde se encuentre ubicado el inmueble, y en este sentido se ha pronunciado la **Audiencia Provincial de Madrid en su auto n.º 178/2010, de 22 de julio, ECLI:ES:APM:2010:10366A:**:

«(...) En cuanto a la competencia territorial, es cierto que situaciones como la de autos producen rechazo por determinar que se desarrolle en Madrid un arbitraje respecto del arrendamiento de un inmueble sito en Santa Coloma de Gramanet (Barcelona), siendo este el domicilio de ambas partes; mucho más cuando el documento que regula el convenio arbitral ni siquiera concreta el lugar del arbitraje, sino que dice que este se desarrollará en el domicilio que designe el organismo arbitral, dejándolo así indeterminado. Pero el artículo 52.1.7.º de la Ley de Enjuiciamiento Civil está regulando la competencia judicial para conocer de un litigio de arrendamientos urbanos, mientras que la competencia territorial para la ejecución del laudo está específicamente determinada en el artículo 545.2 de la Ley de Enjuiciamiento Civil, que dispone que "Cuando el título sea un laudo arbitral, será competente para su ejecución el Juzgado de Primera Instancia del lugar en que se haya dictado", y es claro en el caso de autos que el laudo se dictó en Madrid y que se pide la ejecución al Juzgado de Primera Instancia de Madrid».

CUESTIÓN

¿Los juzgados de lo mercantil pueden ser competentes para ejecutar laudos arbitrales?

No, tras la entrada en vigor de la LO 5/2011, de 10 de junio, la competencia para la ejecución de un laudo arbitral corresponde al juzgado de 1.ª instancia, sea de la materia que sea. Podemos remitirnos al **auto de la Audiencia Provincial de Girona n.º 257/2022, de 21 de diciembre, ECLI:ES:APGI:2022:1216A**, en el que se analizan los arts. 8.4 de la Ley de Arbitraje, y 545.2 de la LEC en relación con el actual art. 86 ter de la LOPJ, que fue modificado por la Ley Orgánica 5/2011, de 20 de mayo, en cuyo preámbulo ya se recogía que: «(...) se aprovecha para delimitar y deslindar las atribuciones del Juzgado de lo Mercantil en materia de arbitraje, que se reducen, en detrimento del Juzgado de Primera Instancia, con lo que se les descarga de cuestiones no estrictamente mercantiles», para acabar concluyendo lo siguiente:

«(...) la voluntad del legislador fue clara, esto es, suprimir la competencia de los Juzgados de lo Mercantil en la ejecución de los laudos arbitrales y atribuir la competencia objetiva de forma exclusiva a los Juzgados de primera instancia, independientemente de la materia, es decir, es indiferente que sea una materia civil o mercantil, en todo caso, la competencia objetiva es de los Juzgados de 1.ª Instancia.

Este criterio, lo sigue mayoristamente la doctrina de las Audiencias Provinciales, entre otros en AAP de Castellón, Secc. 3.ª de 17 de abril de 2012; AAP de Barcelona de Secc. 11 de 15 de junio de 2014; AAP de Madrid, Secc. 28 de 8 de mayo de 2015, AAP de Jaén Sección 1.ª de 30 de noviembre de 2016; AAP de Barcelonesa, Secc. 4.ª de 2 de mayo 2018; AAP de León, Secc. 2.ª de 23 de noviembre del 2018, como correctamente cita la parte recurrente.

Por lo tanto, es claro que tras la entrada en vigor de la LO 5/2011, de 10 de junio, la competencia para el conocimiento de la demanda presentada de ejecución de un laudo arbitral corresponde al Juzgado de 1.ª Instancia, sea de la materia que sea».

3.1. Las partes

La Ley de Enjuiciamiento Civil, con carácter general, en el artículo 538 de la LEC, bajo el titulado «partes y sujetos de la ejecución forzosa», dispone que las partes en la ejecución forzosa son:

- La persona o personas que piden y obtienen el despacho de la ejecución.
- La persona o personas frente a las que se despacha la ejecución.

A continuación, el mentado art. 538 de la LEC, también establece un listado de aquellos sujetos frente a los cuales podrá despacharse ejecución:

- Quien aparezca como deudor en el mismo título.
- Quien, a pesar de no figurar como deudor en el título ejecutivo, deba responder personalmente de la deuda por disposición legal o en virtud de afianzamiento acreditado mediante documento público.
- Quien, no figurando como deudor en el título ejecutivo, resulte ser propietario de los bienes especialmente afectos al pago de la deuda que dio origen a la ejecución, cuando la afección deriva de la ley o se acredite por documento fehaciente.

CUESTIÓN

¿Pueden intervenir en la ejecución aquellas personas que aun cuando no se ha despachado ejecución contra ellas, sí puedan verse afectadas por entender el tribunal que sus bienes están afectos al cumplimiento de la obligación?

Sí, el art. 538.3 de la LEC recoge esta posibilidad, y dispone que: «También podrán utilizar los medios de defensa que la ley concede al ejecutado aquellas personas frente a las que no se haya despachado la ejecución, pero a cuyos bienes haya

> dispuesto el tribunal que ésta se extienda por entender que, pese a no pertenecer dichos bienes al ejecutado, están afectos los mismos al cumplimiento de la obligación por la que se proceda».

En los artículos 540 a 544 de la Ley de Enjuiciamiento Civil se recogen **varios supuestos especiales relacionados con las partes de la ejecución forzosa.**

- El art. 540 se ocupa del ejecutante y del ejecutado en casos de sucesión, que puede tener lugar tanto *inter vivos* como *mortis causa*.
- El art. 541 se refiere a la ejecución de bienes gananciales.
- El art. 542 trata la ejecución forzosa frente al deudor solidario.
- El art. 543 aborda el régimen de las asociaciones o entidades temporales.
- Finalmente, el art. 544 trata las entidades sin personalidad jurídica.

Entre ellos, **merecen especial atención los relativos a la ejecución en casos de sucesión**, ya sea por la frecuencia con que pueda presentarse en ejecución del laudo arbitral un supuesto de sucesión de empresas o por la previsión sobre la imposibilidad de ejecución de un laudo arbitral frente a deudor solidario.

Supuestos especiales de legitimación en la ejecución de un laudo

‖ Legitimación activa del deudor para instar la ejecución

Puede darse el caso de que sea **el propio deudor el que tenga interés en dar cumplimiento a un pronunciamiento de condena ante obstáculos que pueda plantearle el acreedor,** como puede suceder en casos de condena a una obligación de hacer, o cuando sea necesaria la intervención del ejecutante. Sobre la posibilidad en ese caso de que sea el deudor el que inste la ejecución no existe una postura unánime. En todo caso, es conveniente dejar constancia de la voluntad de dar cumplimiento, para constituir al acreedor en *mora accipiendi* y evitar las consecuencias perjudiciales que al deudor se le pueden imputar por falta de cumplimiento.

En el AAP de Madrid n.º 16/2010, de 25 de enero, ECLI:ES:APM:2010:1065A, en un supuesto de condena al otorgamiento de una escritura pública a favor del retrayente, se pronuncia a favor de esa posibilidad en aplicación de la jurisprudencia recaída en relación con el art. 919 de la Ley de Enjuiciamiento Civil, considerando que en ese caso el condenado tiene un interés legítimo que debe tutelarse, bien para evitar que la ejecución se dilate, bien porque el cumplimiento de lo ejecutoriado requiera la intervención del ejecutante y del ejecutado:

> «La legitimación activa, en principio, la tiene quien figura en el título ejecutivo como acreedor (artículo 538.2 de la Ley de Enjuiciamiento civil), es decir, la legitimación la otorga el propio título ejecutivo, pero la cuestión relativa a si está legitimado para pedir la ejecución el condenado en sentencia firme o, lo que es igual, el obligado en sentencia firme, o solo lo está quien obtuvo el pronunciamiento o pronunciamientos a su favor, ya fue

resuelta por la jurisprudencia dictada en torno al artículo 919 de la Ley de Enjuiciamiento civil de 1881 (el referido precepto, al igual que el 549.1 de la vigente ley procesal, establece que se despachará ejecución a petición de parte y, por tanto, resulta aplicable esta jurisprudencia), que **reconoció tal legitimación cuando la parte condenada tiene interés jurídico en el cumplimiento**».

En el mismo sentido, se pronuncia el **AAP de Madrid n.º 232/2023, de 20 de julio, ECLI:ES:APM:2023:1840A**, en los siguientes términos: «Si bien del tenor literal del citado artículo podría desprenderse que solo es posible dirigir la ejecución contra quien aparezca como condenado en el título ejecutivo, ello ha sido superado por la jurisprudencia que viene admitiendo que la parte condenada pueda instar la ejecución, sobre todo en el caso de obligaciones recíprocas (ST TS 04/12/1985), admitiéndose con carácter general que la ejecución de las resoluciones judiciales puede ser pedida por cualquiera de los litigantes, atendiendo al interés que en la ejecución puedan tener. Así se pronuncian entre otras la AP Pontevedra, Sección 6.ª, de 12 marzo de 2.012 y la AP de Madrid, Sección 13.ª, de 5 de mayo de 2.011, diciendo esta última resolución lo siguiente: " ...la cuestión de si puede el deudor instar la ejecución de una sentencia, había sido ya admitida desde antiguo por la jurisprudencia que interpretando el art. 919 de la L.E.C . del 81 entendía que ningún obstáculo existía para que la ejecución fuera pedida por la parte condenada si tenía interés jurídico en el cumplimiento de la sentencia por razón de la mora accipiendi por ejemplo (STS 4 de diciembre de 1985, 10 de julio de 1995, 15 de febrero de 1989), y aunque el vigente art. 538.2 de la L.E.C. dispone que solo se despachará ejecución a instancia de quien aparezca como acreedor en el titulo ejecutivo, no deben confundirse las posiciones de actor y demandado en el pleito principal con las de ejecutante y ejecutado en el proceso de ejecución, ya que según el n.º 1 del citado precepto, quien pide el despacho de la ejecución y lo obtiene será considerado el "acreedor", mientras que frente a quien se despacha será considerado el "deudor"».

En la tesis contraria y minoritaria, esto es, de negar esa legitimación activa, puede citarse el **AAP de Madrid n.º 144/2005, de 3 de junio, ECLI:ES:APM:2005:4772A**: «(...) la Ley regula de forma minuciosa (artículo 526 para la ejecución provisional, artículos 538 a 544 para la ejecución definitiva) la legitimación activa y pasiva para la ejecución de títulos judiciales, no ostentando legitimación para pedir y obtener despacho de ejecución quien no aparezca como acreedor en el título, supuesto que comprende a los recurrentes que son precisamente los que aparecen como obligados, no siendo aplicable al caso la doctrina jurisprudencial citada por estos últimos en su escrito de recurso que interpreta la regulación de la ejecución de sentencias bajo la derogada Ley de Enjuiciamiento Civil promulgada por Real Decreto de 3 de febrero de 1.881, en este punto muy diferente a la actual normativa procesal».

‖ Ejecución frente al deudor solidario

Los **laudos obtenidos solo frente a uno o varios deudores solidarios no servirán de título ejecutivo frente a los deudores solidarios que no hubiesen sido parte en el proceso** (art. 542 de la LEC).

‖ Ejecutante y ejecutado en caso de sucesión

Para el caso de sucesión, el artículo 540 de la Ley de Enjuiciamiento Civil dispone:

– Podrá despacharse o continuarse la ejecución:

  • A favor de quien acredite ser sucesor del que figure como ejecutante en el título ejecutivo.

  • Y, frente al que se acredite que es el sucesor de quien aparezca como ejecutado en el mentado título ejecutivo.

– Para acreditar la sucesión deberán presentarse al tribunal los documentos fehacientes en que aquélla conste. Cuando el tribunal considere suficientes los documentos presentados, procederá a despachar la ejecución a favor o frente a quien resulte ser sucesor en los mismos. Si ya se hubiese despachado la ejecución, deberá notificarse la sucesión al ejecutado o ejecutante, y continuarse la ejecución a favor o frente a quien resulte ser sucesor.

– En el supuesto de que la sucesión no conste en documentos fehacientes o el tribunal no los considerase suficientes, mandará que el LAJ dé traslado de la petición que deduzca el ejecutante o ejecutado cuya sucesión se haya producido, a quien conste como ejecutado o ejecutante en el título y a quien se pretenda que es su sucesor, dándoles audiencia por el plazo de 15 días. Una vez que se hayan presentado las alegaciones o haya transcurrido el plazo sin que las hayan efectuado, el tribunal decidirá lo que proceda sobre la sucesión a los solos efectos del despacho o de la prosecución de la ejecución.

Al respecto de la **posibilidad de ampliar la ejecución a un tercero** resultan de interés las conclusiones expuestas en el **AAP de Pontevedra n.° 2/2008, de 10 de enero, ECLI:ES:APPO:2008:472A**:

> «(...) Dada la dicción literal del art. 540 LEC, con las distancias convenientes, es aplicable la doctrina que ha emanado de la Sala 4.ª del TS al interpretar los arts. 235, 236 y 238 LPL, que solo permite la ampliación de la ejecución a un tercero como sucesor del ejecutado en el caso de que la ejecución se base en hechos posteriores a la constitución del título ejecutivo, pero no en hechos anteriores (STS, Sala Cuarta, de 24 de febrero de 1997).
>
> Mas recientemente puede citarse la STS de 25 de enero de 2007, Sala 4.ª de lo Social, en cuyo fundamento jurídico segundo señala que: "Consecuencia del principio básico rector del proceso, que impide efectuar pronunciamientos de condena frente a quién no ha tenido la posibilidad de ser oído en juicio, es el que rige las ejecuciones y que exige que se dirijan exclusivamente contra quién figura condenado en la sentencia que deberá ejecutarse en sus propios términos (art. 18.2 Ley Orgánica del Poder Judicial).
>
> (...)
>
> En resumen, como norma general, una sentencia únicamente puede ejecutarse frente a la persona o personas que figuran condenados en ella.
>
> Excepcionalmente se admite la posibilidad de ejecutar frente a terceros, en determinados supuestos de sucesión empresarial no discutida, poste-

rior a la sentencia que se ejecuta. Mas, cuando se trata de hechos anteriores a la demanda, debieron hacerse constar en ella, según lo dispuesto en el art. 400 de la Ley de Enjuiciamiento Civil de aplicación supletoria».

‖ Ejecución en caso de deudor en concurso de acreedores

La cuestión relativa a la falta de capacidad para ser parte demandada de un deudor declarado en concurso de acreedores ha sido objeto de debate también en el caso de la ejecución de un laudo arbitral.

Para los laudos firmes dictados antes o después de la declaración de concurso, el art. 141 del Texto Refundido de la Ley Concursal, de igual modo que para las sentencias, establece que vinculan al juez del concurso, el cual dará a las resoluciones pronunciadas el tratamiento concursal que corresponda.

Cabe destacar aquí la **STS n.º 324/2017, de 24 de mayo, ECLI:ES:TS:2017:1991**, que ha unificado doctrina estableciendo que no debe privarse a los acreedores de la posibilidad de dirigirse directamente contra la sociedad, bajo la representación de su liquidador, para reclamar judicialmente el crédito. Se reconoce la personalidad de la sociedad a los meros efectos de completar las operaciones de liquidación.

Problemática sobre la legitimación en la ejecución del pronunciamiento en costas del laudo arbitral

Sobre la cuestión de **la legitimación para instar la ejecución por las costas y gastos de arbitraje existen distintos criterios.** Son numerosas las resoluciones de las audiencias provinciales dictadas en apelación de autos que deniegan el despacho de la ejecución en relación con cantidades señaladas en el laudo arbitral objeto de ejecución por falta de legitimación *ad causam*.

Hay que partir de que el art. 37.6 de la Ley de Arbitraje, al referirse a las costas especifica que estas incluirán los honorarios y gastos de los árbitros y, en su caso, los honorarios y gastos de los defensores o representantes de las partes, el coste del servicio prestado por la institución administradora del arbitraje y los demás gastos originados en el procedimiento arbitral.

La inclusión de los honorarios y gastos de los árbitros plantea la problemática de si los propios árbitros podrán ejecutar directamente las costas, o si debiera ejecutarlas la parte favorecida por ellas.

Cabe citar aquí la **sentencia de la Audiencia Provincial de las Palmas n.º 348/2012, de 29 de junio, ECLI:ES:APGC:2012:1509**, en la que se señala que **los árbitros carecen de legitimación activa para instar la ejecución del laudo,** no pudiendo considerarse el laudo como un título ejecutivo a su favor:

> «En definitiva, en el caso en que esté así acordado por las partes en el convenio arbitral, el árbitro deberá pronunciarse en el laudo sobre las costas y gastos del arbitraje, y manifestar expresamente si corresponde abonar estas costas y gastos a una sola de las partes, a las dos, y en qué proporción.

Si dichos gastos y costas son satisfechos por una sola de las partes en su integridad, cuando el laudo determinó que fueran satisfechos por mitad, o bien condenó a su pago exclusivo a la otra parte, es claro que puede el laudo protocolizado servir de título de ejecución para la parte vencedora que haya adelantado los gastos y costas frente a la otra parte.

Lo que estima el Tribunal que **no es correcto** es que de forma unilateral y erigiéndose en Juez y parte, el árbitro **incluya en el pronunciamiento de condena a las costas del arbitraje el crédito líquido al que considera asciende sus propios honorarios, para después de protocolizado el laudo, diseñar un título ejecutivo a su favor contra las partes.** Se trata de una perversión del uso del laudo por el propio árbitro en su interés y provecho particular y para fines distintos de los que le son propios, de acuerdo con la Ley y con la voluntad de las partes que se someten al arbitraje, y contraria a lo que dispone el artículo 7 del Código Civil . No es correcto e incurre en lo que previene el artículo 6.4 del Código Civil que el árbitro recoja su propio crédito en la parte dispositiva del laudo para generar a su favor una apariencia de legitimación activa según el título (título que él mismo redacta) y pretender le sea aplicado el artículo 538 de la Ley de Enjuiciamiento Civil .

El importe y cuantía de los honorarios del árbitro no es objeto del convenio arbitral suscrito entre las partes, sino que forma parte del contrato de encargo que las partes realizan con el propio árbitro, y que se perfecciona con la aceptación de éste, como establece el artículo 21 de la Ley 60/2003 . Dicho precepto establece en su apartado 2 que salvo pacto en contrario, tanto los árbitros como la institución arbitral podrán exigir a las partes las provisiones de fondos que estimen necesarias para atender a los honorarios y gastos de los árbitros y a los que puedan producirse en la administración del arbitraje. A falta de provisión de fondos por las partes, los árbitros podrán suspender o dar por concluidas las actuaciones arbitrales. Si dentro del plazo alguna de las partes no hubiere realizado su provisión, los árbitros, antes de acordar la conclusión o suspensión de las actuaciones, lo comunicarán a las demás partes, por si tuvieren interés en suplirla dentro del plazo que les fijaren.

En consecuencia, el árbitro **estará legitimado para reclamar en base a su propia relación jurídica con las partes derivada del encargo recibido, que, eventualmente, pudiera constar en documento que llevara aparejada ejecución, pero el laudo, que en definitiva es el pronunciamiento del árbitro resolviendo la controversia sometida por las partes a su consideración, no puede constituir tal documento.** El laudo no se identifica con el contrato de encargo realizado al árbitro por las partes, sino precisamente con el resultado comprometido por el árbitro en el encargo recibido».

Representación y defensa en la ejecución de un laudo

Para la ejecución derivada de un laudo arbitral se requerirá la **intervención de abogado y procurador** siempre que la **cantidad** por la que se despache ejecución sea **superior a 2.000 euros** (art. 539.1, párrafo tercero, LEC).

A TENER EN CUENTA. De acuerdo con el Tribunal Supremo, las costas y los honorarios profesionales son conceptos distintos que confluyen en el proceso. Por un lado, las costas constituyen una indemnización a la parte que ha obtenido el reconocimiento de sus peticiones, mientras que los honorarios profesionales corresponden al precio de los servicios prestados en virtud del contrato de arrendamiento llevado a cabo entre las partes. En este sentido, la **STS n.º 489/2003, de 8 de septiembre, ECLI:ES:TS:2003:5420** dispone lo siguiente:

> *«Es doctrina consolidada emanada de las resoluciones de esta Sala, la que establece que cuando se ha producido una condena en costas a la parte que interpuso el recurso, es lógico concluir que ha de verse obligada ésta al abono de las costas incluidas en la tasación efectuada por el Secretario judicial en la que, lógicamente, se incluirán los honorarios devengados por el Letrado que defiende a la parte contraria, siempre que su minuta se halle legalmente redactada y cualquiera que sea la forma de pago de los servicios profesionales que haya podido pactarse entre la parte a quien han sido judicialmente condenada las costas y el Abogado que los prestó, y sin que, por ser ajeno a tal relación contractual, pueda beneficiarse tal parte del dato de que tales servicios hayan podido o no ser ya total o parcialmente retribuidos por el arrendador de los mismos, pues ello, no sólo resultaría contradictorio con el mandato judicial que la condena en costas comporta, sino también porque incluso podría deparar un perjuicio económico inadmisible.*
>
> *Todo lo cual sirve para enervar la tesis impugnatoria de la parte solicitante, que se basa en dos datos: 1.º Que no se han desembolsado los gastos que se incluyen en la tasación, y 2.º Que ni siquiera son gastos de la parte vencedora».*

Costas y gastos en la ejecución de un laudo

Son de aplicación las previsiones generales del artículo 539.2 de la Ley de Enjuiciamiento Civil:

- Cuando se trate de actuaciones para las que la LEC prevea **expresamente pronunciamiento sobre costas, las partes deberán satisfacer los gastos y costas que le correspondan**, sin perjuicio de los reembolsos que procedan tras la decisión del tribunal o del LAJ.

- En el resto de los supuestos, las **costas serán a cargo del ejecutado sin necesidad de expresa imposición**, pero, hasta su liquidación, el ejecutante deberá satisfacer los gastos y costas que se vayan produciendo, salvo los correspondientes a actuaciones realizadas a instancia del ejecutado o de otros sujetos, que deberán ser pagados por quien haya solicitado la actuación de que se trate.

En primer lugar, se distingue en este precepto entre las costas de los incidentes en los que se prevea su imposición y las demás costas que se devenguen en el proceso de ejecución. Entre las primeras están, por ejemplo, los incidentes de oposición a la ejecución (arts. 559.2 y 561 de la LEC) o las tercerías (arts. 603 y 620 de la LEC). En segundo lugar, se contiene una norma general al respecto de que, aunque no se prevea expresamente pronunciamiento en costas, estas son a cargo del ejecutado.

CUESTIÓN

¿Se aplica a la ejecución de laudos arbitrales el límite de un tercio del art. 394.3 de la Ley de Enjuiciamiento Civil?

Sobre esta cuestión existen dos posturas enfrentadas: la que sostiene que no es de aplicación porque el artículo 394 se refiere solo a los procesos declarativos y el artículo 539, que es específico para la ejecución, dispone que las costas serán a cargo del ejecutado sin mencionar límite alguno; frente a la de quienes mantienen aplicable el límite del art. 394.3 de la LEC también a las costas de ejecución.

3.2. Procedimiento de ejecución

La ejecución forzosa de los laudos se regirá por lo dispuesto en la Ley de Enjuiciamiento Civil y en el título VIII de la Ley de Arbitraje.

El procedimiento de ejecución comienza con la demanda de ejecución. El contenido mínimo de esta demanda de ejecución aparece regulado en el art. 549 de la LEC:

– El título en el que se funda el ejecutante, que en este caso será el laudo arbitral.
– La tutela ejecutiva que se pretende, especificando, en su caso, la cantidad que se reclama.
– Los bienes del ejecutado susceptibles de embargo que se conocieran, y si los mismos se consideran suficientes para finalizar la ejecución.
– Las medidas de localización e investigación que se interesan.
– La persona, o personas, frente a las que se pretenda el despacho de la ejecución.

También se regula en la LEC —art. 550—, la documentación que habrá de acompañar a la demanda ejecutiva, y que sería la siguiente:

– El laudo arbitral, y, además, el convenio arbitral y los documentos acreditativos de la notificación de aquel a las partes.
– La certificación del registro electrónico de apoderamientos judiciales o referencia al número asignado por dicho registro.
– Los documentos que acrediten los precios o cotizaciones aplicados para el cómputo en dinero de deudas no dinerarias, cuando se trate de datos oficiales o de público conocimiento.
– Los demás documentos legalmente exigidos para el despacho de la ejecución.

Además, también se recoge la posibilidad del ejecutante de acompañar con la demanda todos aquellos documentos que considere útiles o convenientes para el mejor desarrollo de la ejecución, o aquellos que contengan datos de interés para despacharla.

A TENER EN CUENTA. Los artículos 549 y 550 de la LEC han sido modificados por el Real Decreto-ley 6/2023, de 19 de diciembre, con entrada en vigor el 20 de marzo de 2024.

Es importante recordar que está admitida la posibilidad de que se examine por el órgano judicial si con la demanda se aporta un convenio vinculante a efectos de ejecución.

Cuando se produzca una sucesión del ejecutante o del ejecutado antes de la demanda, también habrá de acompañarse la documentación fehaciente en la que conste la sucesión.

CUESTIÓN

¿Cuándo podrá despacharse la ejecución?

La respuesta a esta cuestión la encontramos en el art. 548 de la LEC que dispone que no la despachara la ejecución de resoluciones arbitrales dentro de los veinte días posteriores a aquel en que la resolución arbitral haya sido notificada al ejecutado.

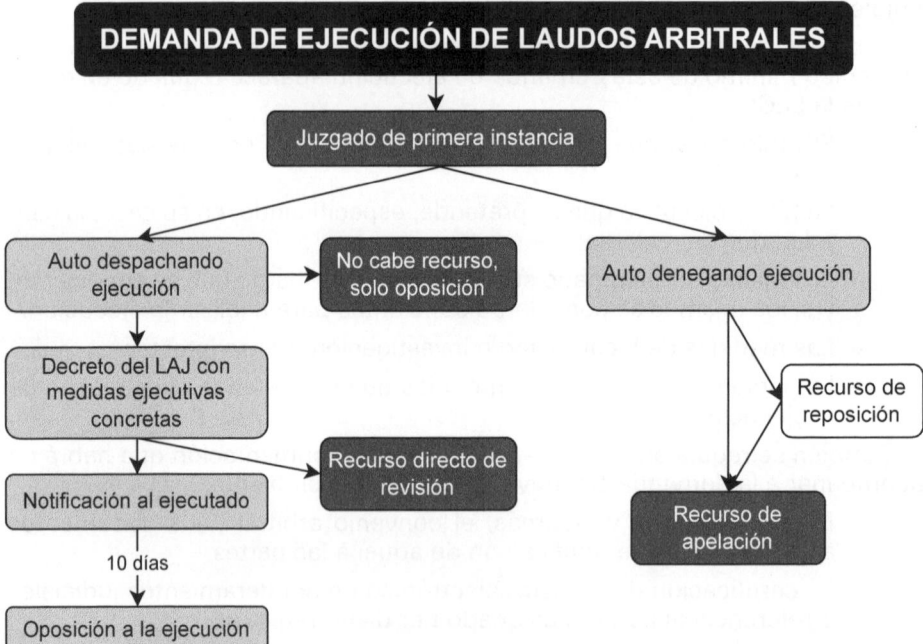

¿Cómo se determina la cantidad ejecutable?

Para determinar el **concepto de cantidad líquida**, el artículo 572 de la LEC establece que para el despacho de la ejecución se considerará líquida toda cantidad de dinero determinada, que se exprese en el título con letras, cifras o guarismos comprensibles. En caso de disconformidad entre distintas expresiones de cantidad, prevalecerá la que conste con letras. No será preciso, sin embargo, al efecto de despachar ejecución, que sea líquida la cantidad que el ejecutante solicite por los intereses que se pudieran devengar durante la ejecución y por las costas que esta origine.

Respecto a la cantidad por la que se despachará ejecución, esta consistirá en la suma de la cantidad reclamada en demanda ejecutiva en concepto de principal e intereses ordinarios y moratorios vencidos, más aquella cantidad que se prevea para hacer frente a los intereses que, en su caso, puedan devengarse durante la ejecución y costas de esta, cuya cantidad será fijada provisionalmente sin que pueda superar el 30 por 100 de la cantidad que se reclame en concepto de principal e intereses ordinarios y moratorios vencidos, salvo la excepción prevista en el segundo párrafo del art. 575.1 de la LEC para aquellos supuestos en los que el ejecutante justifique que, en virtud de la previsible duración de la ejecución y del tipo de interés aplicable, los intereses y las costas pudieran superar dicho límite.

Además, conviene destacar los siguientes aspectos:

– No se despachará ejecución si, en su caso, la demanda ejecutiva no expresase los cálculos a que se refieren los artículos anteriores o a ella no se acompañasen los documentos exigidos en la LEC (art. 575.3 de la LEC).

– En el supuesto de ejecución de vivienda habitual las costas exigibles al deudor ejecutado no podrán superar el 5 por cien de la cantidad que se reclame en la demanda ejecutiva. (575.1 bis de la LEC).

– Para el cálculo de intereses por la mora procesal se atenderá a lo dispuesto en el artículo 576 de la LEC, para la ejecución dineraria cuando la deuda estuviera fijada en moneda extranjera hay que remitirse al artículo 577 de la LEC y para el vencimiento de nuevos plazos o de la totalidad de la deuda al artículo 578 de la LEC.

La averiguación y localización de bienes

Cuando el ejecutante no pueda designar bienes del ejecutado suficientes para finalizar la ejecución, podrá instar determinadas medidas de averiguación (art. 590 de la LEC). En estos casos, el LAJ, mediante diligencia de ordenación, acordará **dirigirse a las entidades financieras, organismos y registros públicos, y personas físicas y jurídicas que el ejecutante indique, para que faciliten la relación de bienes o derechos del ejecutado de los que tengan constancia**.

> **CUESTIÓN**
>
> **¿Qué datos no puede solicitar el ejecutante que sean reclamados por el LAJ?**
>
> Tal y como se recoge en el segundo párrafo del art. 590 de la LEC, el LAJ no reclamará datos de organismos y registros cuando el ejecutante pudiera obtenerlos por sí mismo, o a través de su procurador, debidamente facultado al efecto por su poderdante.

Con relación a la averiguación y localización de bienes es importante destacar los siguientes aspectos:

– Si el ejecutante puede realizar la localización de bienes del deudor extrajudicialmente, debe designarlos ya en la demanda de ejecución.

– En otro caso puede solicitarse que sea el juzgado el que realice la investigación, conforme prevé el art. 590 de la LEC.

- La averiguación de bienes del ejecutado se puede realizar a través del Punto Neutro Judicial, mediante consulta telemática respecto de los bienes y derechos de los que pueda ser titular el ejecutado y de los que pueda existir constancia en las bases de datos de la TGSS, Agencia Tributaria, catastro, SEPE y demás organismos con los cuales exista convenio.

- Existen una serie de bienes que se declaran inembargables en los arts. 605 y 606 de la LEC.

La demanda de ejecución no dineraria

El laudo puede condenar al demandado a entregar una cosa determinada distinta al dinero, o a realizar o no una conducta específica.

En el caso de demanda de ejecución de condena no dineraria, se solicitarán el cumplimiento de la prestación y aquellas medidas ejecutivas que sea adecuado adoptar:

- Requerimiento al ejecutado con apercibimientos de apremios personales o multas pecuniarias (art. 699 de la LEC).

- Garantías adecuadas para asegurar la efectividad de la condena (art. 700 de la LEC).

- Embargo preventivo para asegurar el pago de eventuales indemnizaciones sustitutorias y las costas de la ejecución.

3.3. Despacho de ejecución

La regulación del despacho de la ejecución del laudo arbitral podemos encontrarla en los artículos 551 y siguientes de la LEC.

> **CUESTIÓN**
>
> **¿Qué entendemos por despacho de ejecución?**
>
> Podemos definir el despacho de la ejecución como: «Orden judicial de dar inicio al proceso de ejecución con realización de las actuaciones encaminadas al efectivo cumplimiento de la obligación (de pago, dar, hacer o no hacer) que derive del título ejecutivo» (DEJ RAE).

Comienza el art. 551 de la LEC disponiendo que el tribunal, una vez presentada la demanda de ejecución, dictará **auto conteniendo la orden general de ejecución y despachando la misma** cuando se den los siguientes requisitos:

- Que concurran los presupuestos y requisitos procesales.

- Que el título ejecutivo no adolezca de ninguna irregularidad formal.

- Que no se consideren abusivas las cláusulas contenidas en los títulos extrajudiciales que fundamentan la ejecución o que determinan la cantidad exigible.

- Que los actos de ejecución solicitados sean conformes con la naturaleza y el contenido del título.

> **A TENER EN CUENTA.** Con carácter previo al auto, el letrado de la Administración de Justicia llevará a cabo la oportuna consulta al Registro Público Concursal a los efectos previstos en los artículos 600 y siguientes del texto refundido de la Ley Concursal, aprobado por Real Decreto Legislativo 1/2020, de 5 de mayo (art. 551 de la LEC).

El referido **auto conteniendo la orden general de ejecución y despachando la misma expresará** (art. 551.2 de la LEC):

- La persona o personas a cuyo favor se despacha la ejecución y la persona o personas contra quien se despacha esta.
- Si la ejecución se despacha en forma mancomunada o solidaria.
- La cantidad, en su caso, por la que se despacha la ejecución, por todos los conceptos.
- Las precisiones que resulte necesario realizar respecto de las partes o del contenido de la ejecución, según lo dispuesto en el título ejecutivo, y asimismo respecto de los responsables personales de la deuda o propietarios de bienes especialmente afectos a su pago o a los que ha de extenderse la ejecución, según lo establecido en el artículo 538 de la LEC.
- Si la ejecución se fundamenta en un contrato celebrado entre un empresario o profesional y un consumidor o usuario, que las cláusulas que sirven de fundamento a la ejecución y que determinan la cantidad exigible insertas en los títulos ejecutivos extrajudiciales no son abusivas.

Contra el auto autorizando y despachando la ejecución no se dará recurso alguno, sin perjuicio de la oposición que pueda formular el ejecutado (artículo 551.4 de la LEC). Además, hay que tener en cuenta que en los casos en los que se incluya en el auto el examen de abusividad previsto en el numeral 5.º del apartado 2 del mentado art. 551, se indicará expresamente al deudor que puede oponerse a dicha valoración y se le advertirá que en caso de no hacerlo en tiempo y forma no podrá impugnarla en un momento ulterior.

> **CUESTIÓN**
>
> **¿Qué requisitos o presupuestos procesales debe examinar el juez antes de dictar el auto despachando ejecución?**
>
> El juez encargado de la ejecución ha de examinar, en esta comprobación previa al despacho de ejecución, la concurrencia de todos los requisitos o presupuestos procesales exigidos, esto es, su propia competencia, el cumplimiento por el ejecutante de los requisitos para actuar válidamente, si la demanda reúne los requisitos que establece el artículo 549, si se acompañan los documentos que señala el artículo 550 —convenio arbitral, copia autorizada del laudo y notificación del mismo al deudor—, y la interposición de la demanda transcurrido el plazo de espera de 20 días y dentro del plazo de caducidad de 5 años.
>
> Además, también existe la posibilidad de que, en esta comprobación previa al despacho de la ejecución, el juez pueda examinar el convenio arbitral para, sobre la base de su nulidad, denegar la ejecución o comprobar si la materia es susceptible de arbitraje.

Cuando se trata del **despacho de la ejecución no dineraria**, se establece con carácter general que cuando el título ejecutivo contuviera condena u obligación de hacer o no hacer o de entregar cosa distinta a una cantidad de dinero, en el auto por el que se despachó ejecución se requerirá al ejecutado para que dentro del plazo que el tribunal estime adecuado, cumpla en sus propios términos lo que establezca el título ejecutivo (art. 699 de la LEC).

En ese caso, el tribunal podrá apercibir en el requerimiento el ejecutado con el empleo de apremios personales o multas pecuniarias.

Medidas después del despacho de ejecución. Decreto del letrado de la Administración de Justicia

Dictado por el juez/a, magistrado/a o el LAJ, el auto conteniendo la orden general de ejecución y despachando la misma, en el mismo día o en el siguiente día hábil a aquel en que hubiera sido dictado, dictará decreto en el que se contendrán (art. 551.3 de la LEC):

– Las medidas ejecutivas concretas que resultaren procedentes, incluido, si fuera posible, el embargo de bienes.

– Las medidas de localización y averiguación de los bienes del ejecutado que procedan, conforme a lo previsto en los artículos 589 y 590.

– El contenido del requerimiento de pago que deba hacerse al deudor, en los casos en que la ley establezca este requerimiento, y si este se efectuase por funcionarios del cuerpo de auxilio judicial o por el procurador de la parte ejecutante, en caso de haberlo solicitado.

> **A TENER EN CUENTA.** El art. 551.5 de la LEC establece también con carácter general que el decreto contendrá el contenido del requerimiento de pago que deba hacerse al deudor, pero en el caso de que el título ejecutivo consista en resoluciones arbitrales que obliguen a entregar cantidades determinadas de dinero, no será necesario requerir de pago al ejecutado para proceder al embargo de sus bienes (art. 580 de la LEC).

CUESTIONES

1. ¿Puede recurrirse este decreto del LAJ que recoge las medidas ejecutivas concretas, las medidas de averiguación de bienes, y el contenido del requerimiento de pago?

Sí, contra este decreto cabrá interponer recurso directo de revisión ante el tribunal que hubiere dictado la orden general de ejecución (art. 551.5 de la LEC).

2. La presentación de este recurso, ¿suspende las medidas acordadas en el decreto?

No, este recurso no tiene efectos suspensivos.

En los casos en que no se establezca requerimiento de pago, las medidas de localización y averiguación de los bienes del ejecutado que procedan se llevarán a efecto de inmediato, sin oír previamente al ejecutado ni esperar a la notificación del decreto dictado al efecto (art. 554 de la LEC). También se llevarán a efecto inmediatamente las citadas medidas cuando así lo solicite el ejecutante, cuando se justifique que la demora en la localización e investigación de bienes podría frustrar el buen fin de la ejecución.

Otras medidas que se llevarán a cabo tras el auto que despacha la ejecución son:

- **La comunicación al Registro Público Concursal**. El LAJ deberá poner en conocimiento del Registro Público Concursal la existencia del auto despachando la ejecución, especificando el NIF del deudor persona física o jurídica contra el que se despacha la ejecución, y la finalización del procedimiento de ejecución cuando se produzca. Por su parte, el Registro Público Concursal notificará al juzgado que conozca la ejecución cualquier asiento que se lleve a cabo asociado al NIF (artículo 551.1. 3 *in fine* de la LEC).

- **La investigación judicial del patrimonio del ejecutado**. Para el caso de que el ejecutante no pudiere designar bienes del ejecutado suficientes para el fin de la ejecución, el LAJ acordará, mediante diligencia de ordenación, dirigirse a las entidades financieras, organismos y registros públicos, y personas físicas y jurídicas que el ejecutante indique, para que faciliten la relación de bienes o derechos del ejecutado de los que tengan constancia, siempre a instancias del ejecutante (párrafo primero del art. 590 de la LEC). Se establece una excepción para aquellos datos que el ejecutante pueda obtener por el mismo, ya que en ese caso el letrado de la Administración de Justicia no reclamará los mismos a ningún organismo o registro.

- **La notificación al ejecutado**. Tanto el auto que autorice y despache ejecución, como el decreto que en su caso hubiera dictado el letrado de la Administración de Justicia, junto con copia de la demanda ejecutiva, serán notificados simultáneamente al ejecutado o, en su caso, al procurador que le represente, sin citación ni emplazamiento, para que en cualquier momento pueda personarse en la ejecución. (art. 553 de la LEC).

Medidas ejecutivas específicas en ejecuciones no dinerarias

A lo largo de la LEC nos encontramos determinadas medidas ejecutivas específicas para ejecuciones no dinerarias, de entre las que podemos destacar las siguientes:

En ejecuciones por deberes de entregar cosas:

- De entrega de cosa mueble determinada: art. 701 de la LEC y arts. 1096 y 1097 del CC.

- De entrega de cosa genérica o indeterminada: art. 702 de la LEC. Cabe citar aquí el **AAP de Madrid n.º 299/2008, 1 de octubre, ECLI:ES:APM:2008:14235A**, en la que la sala se pronuncia sobre el equivalente pecuniario que puede solicitar la parte ejecutante.

- De entrega de cosa inmueble: art. 703 de la LEC y arts. 1095 y 1097 del CC.

En ejecuciones por obligaciones de hacer o no hacer:

– De hacer no personalísimo: art. 706 de la LEC. Podemos citar aquí el **AAP de Castellón n.° 132/2011, 23 de noviembre, ECLI:ES:APMU:2022:424A** o el **AAP de Murcia n.° 51/2022, de 8 de marzo, ECLI:ES:APMU:2022:424A**.

– De publicación de la sentencia en los medios de comunicación: art. 707 de la LEC.

– De emisión de una declaración de voluntad: art. 708 de la LEC. En este punto resaltar el **AAP de Granada n.° 190/2023, de 24 de noviembre, ECLI:ES:APGR:2023:752A**, en el que se recoge que: «LA STS Supremo de 1106/2022 de 14 de noviembre declaró que este precepto "(...) establece un régimen especial de ejecución de sentencias que condenen a la emisión de una declaración de voluntad, las cuales, por incorporar un hacer personalísimo, sólo son susceptibles de integración por el Juez, en caso de ausencia del hacer del sujeto obligado, si se dan los requisitos que el propio precepto exige"».

– De hacer personalísimo: art. 709 de la LEC.

– De no hacer: art. 710 de la LEC.

CUESTIONES

1. ¿Qué ocurre cuando el ejecutado tiene que entregar su vivienda habitual, o la vivienda habitual de personas que dependan de él?

En estos casos el LAJ les dará un plazo de un mes para desalojarlo. De existir motivo fundado, podrá prorrogarse dicho plazo un mes más. Transcurridos los plazos señalados, se procederá de inmediato al lanzamiento, fijándose el día y hora exacta de este tanto en la resolución inicial como en la prórroga o en cualquier resolución posterior que acuerde el lanzamiento, aunque este ya se haya intentado realizar con anterioridad (art. 704.1 de la LEC recientemente modificado por la Ley 12/2023, de 24 de mayo).

2. ¿Y cuándo se trata de la entrega de un inmueble ocupado por terceras personas?

Si el inmueble que debe entregar el ejecutado está ocupado por terceras personas, el LAJ tan pronto como conozca la existencia de terceras personas distintas al ejecutado y de quienes compartan con él la utilización, les notificará el despacho de la ejecución o pendencia de ésta, para que aporten los títulos que justifiquen su situación, pudiendo el ejecutante pedir el lanzamiento de quienes considere ocupantes de mero hecho o sin título suficiente.

La denegación del despacho de ejecución

Cuando el tribunal entienda que no concurren los presupuestos y requisitos para el despacho de la ejecución dictará **auto denegando el despacho de la ejecución**.

Este auto será directamente apelable, sustanciándose la apelación solo con el acreedor. También se faculta al acreedor para intentar recurso de reposición previo al de apelación, si así lo eligiese.

Una vez firme el auto que deniegue el despacho de la ejecución, el acreedor solo podrá hacer valer sus derechos en el proceso ordinario correspondiente, siempre y cuando esta posibilidad no se encuentre limitada por la cosa juzgada de la sentencia o resolución firme en que se encuentre fundada la ejecución.

Control de oficio de la validez del convenio arbitral en la ejecución de un laudo arbitral de consumo

El art. 552.1 de la LEC, en su párrafo segundo, prevé el examen de oficio de las cláusulas abusivas remitiéndose a los títulos ejecutivos citados en el art. 557.1 de la LEC, relativo a la oposición a títulos no judiciales ni arbitrales, y que a su vez se refiere solo a los previstos en los números 4.º, 5.º, 6.º y 7.º del artículo 517.2 de la LEC (estos títulos son, por orden, las escrituras públicas, las pólizas de contratos mercantiles, los títulos al portador o nominativos que representen obligaciones vencidas; y los certificados expedidos respecto de valores representados por anotaciones en cuenta), así como otros documentos con fuerza ejecutiva a que se refiere el número 9.º del apartado 2 del artículo 517 (demás resoluciones procesales y documentos que, por disposición de esta u otra ley lleven aparejada ejecución).

Esto es, **no se incluye en dicho precepto el control de abusividad de oficio a los laudos arbitrales** (número 2.º del apartado 2 del artículo 517), no obstante haberse indicado en la exposición de motivos de la Ley 42/2015, de 5 de octubre, de reforma de la Ley 1/2000, de 7 de enero, de Enjuiciamiento Civil, que se daba cobertura a la sentencia del Tribunal de Justicia de la Unión Europea de 6 de octubre de 2009 y al criterio consolidado en nuestra jurisprudencia al incorporar la posibilidad del control judicial de las cláusulas abusivas en el despacho de ejecución de laudos arbitrales, al igual que ya está previsto para los títulos no judiciales.

Sin embargo, la disposición transitoria segunda, de la Ley 42/2015, de 5 de octubre, relativa a los procesos monitorios y ejecución de laudos arbitrales, dispone:

> «1. Las modificaciones del artículo 815 y del apartado 1 del 552, último párrafo, serán de aplicación a los procesos monitorios y de ejecución que se inicien tras la entrada en vigor de esta Ley.
>
> (...)
>
> **3. Si se tratare de ejecuciones de laudos arbitrales que se fundamenten en un contrato entre un empresario o profesional y un consumidor o usuario, que no estuvieran archivadas definitivamente, se seguirá el procedimiento descrito en el apartado anterior a fin de apreciar si alguna de sus cláusulas pudiera ser calificada de abusiva**».

En todo caso, en artículo 57.4 del Real Decreto Legislativo 1/2007, de 16 de noviembre, por el que se aprueba el texto refundido de la Ley General para la Defensa de los Consumidores y Usuarios y otras leyes complementarias, en su redacción actual, dada por la Ley 3/2014, de 27 de marzo, se establece que no serán vinculantes para los consumidores los convenios arbitrales suscritos con un empresario antes de surgir el conflicto; y el artículo 90 indica que son abusivas las cláusulas que establezcan, entre otras cosas, la sumisión a arbitrajes distintos del arbitraje de consumo, salvo que se trate de órganos de arbitraje institucionales creados por normas legales para un sector o un supuesto específico. Y, conforme al artículo 83, serán nulas de pleno derecho y se tendrán por no puestas las cláusulas abusivas.

> **RESOLUCIÓN RELEVANTE**
>
> **Sentencia del Tribunal de Justicia de la Unión Europea, asunto C-168/15, de 28 de julio de 2016, ECLI:EU:C:2016:602**
>
> *«30. Sólo en su sentencia de 4 de junio de 2009, Pannon GSM (C-243/08, EU:C:2009:350, apartado 32) el Tribunal de Justicia indicó claramente que el papel que el Derecho de la Unión atribuye al juez nacional no se limita a la mera facultad de pronunciarse sobre el posible carácter abusivo de una cláusula contractual comprendida en el ámbito de aplicación de dicha Directiva, sino que incluye asimismo la obligación de examinar de oficio esta cuestión cuando disponga de los elementos de hecho y de Derecho necesarios para ello.*
>
> *31. Así pues, desde esta sentencia, el Tribunal de Justicia ha recordado reiteradamente esta obligación que pesa sobre el juez nacional (véanse, en particular, las sentencias de 14 de junio de 2012, Banco Español de Crédito, C-618/10, EU:C:2012:349, apartados 42 y 43; de 21 de febrero de 2013, Banif Plus Bank, C-472/11, EU:C:2013:88, apartado 22, y de 1 de octubre de 2015, ERSTE Bank Hungary, C-32/14, EU:C:2015:637, apartado 41).*
>
> *32. En particular, el Tribunal de Justicia ha declarado que, en caso de que el juez nacional que conozca de una demanda de ejecución forzosa de un laudo arbitral firme disponga de los elementos de hecho y de Derecho necesarios, éste está obligado a realizar de oficio un control del carácter abusivo de las cláusulas contractuales que sirven de fundamento al crédito reconocido en ese laudo a la luz de las disposiciones de la Directiva 93/13 cuando, con arreglo a las normas procesales nacionales, deba, en el marco de un procedimiento de ejecución similar, apreciar de oficio si esas cláusulas son contrarias a las normas nacionales de orden público (véanse, en este sentido, la sentencia de 6 de octubre de 2009, Asturcom Telecomunicaciones, C-40/08, EU:C:2009:615, apartado 53; el auto de 16 de noviembre de 2010, Pohotovost', C-76/10, EU:C:2010:685, apartados 51, 53 y 54, y la sentencia de 27 de febrero de 2014, Pohotovost', C-470/12, EU:C:2014:101, apartado 42)».*

Control de oficio de la disponibilidad de la materia objeto del laudo arbitral. En especial, en ejecución de laudos arbitrales sobre cuestiones arrendaticias

En la práctica judicial, especialmente en el ámbito de la Audiencia Provincial de Madrid, se suscitó debate sobre si debía o no despacharse ejecución ante un laudo arbitral de equidad que resuelva una relación arrendaticia urbana de vivienda por falta de pago de la renta arrendaticia con el consiguiente desalojo del inquilino de la vivienda arrendada. En relación con ello se plantea la salvedad de que se puedan ver afectadas normas de carácter imperativo. En reunión de magistrados de las secciones civiles de la Audiencia Provincial de Madrid celebrada el 15 de septiembre de 2011, se acuerda no admitir la ejecución del laudo dictado en equidad cuando pueden verse afectados derechos del arrendatario, tales como el de enervación de la acción.

En la propia Ley de Arrendamientos, en el art. 4.5, se contempla la posibilidad de que las partes pacten la sumisión a arbitraje de aquellas controversias que por su naturaleza puedan resolverse a través de forma de resolución de conflictos, de conformidad con lo establecido en la legislación reguladora del arbitraje.

3.4. Oposición a la ejecución

La oposición a la ejecución del laudo arbitral podrá desarrollarse alegando motivos de fondo o motivos formales según lo previsto en los artículos 556 y siguientes de la LEC.

Oposición por motivos de fondo

El ejecutado podrá oponerse a la ejecución por los siguientes motivos de fondo:

– Alegando el pago o cumplimiento de lo ordenado en el laudo, que habrá de justificar documentalmente.

– Oponiendo la caducidad de la acción ejecutiva.

– Fundamentándose en los pactos y transacciones que se hubiesen convenido para evitar la ejecución, siempre que dichos pactos y transacciones consten en documento público (art. 556.1 de la LEC).

La oposición que se formule en los casos del apartado anterior **no suspenderá el curso de la ejecución** (art. 556.2 de la LEC).

CUESTIONES

1. ¿Cuál es el plazo para presentar la oposición por motivos de fondo?

El plazo para realizarla será de 10 días a partir de la notificación del auto en el que se despacha la ejecución, y deberá efectuarse por escrito.

2. ¿Es posible alegar pluspetición como causa de oposición frente a la ejecución de títulos judiciales y laudos arbitrales?

Si bien es cierto que en el artículo 556 de la Ley de Enjuiciamiento Civil no se hace referencia explícita a la pluspetición (a diferencia de lo que ocurre en el artículo 557 de la LEC con referencia a los motivos de oposición en el caso de ejecución de títulos no judiciales o arbitrales) no podemos excluir dicha posibilidad. En este sentido se pronuncia la **Audiencia Provincial de Alicante en su auto n.º 19/2011, de 16 de marzo, ECLI:ES:APA:2011:390A**, al disponer que «(...) En efecto, el artículo 556 autoriza la oposición fundada en pago o cumplimiento de la sentencia. Ello no permite otra interpretación que lo que también puede la parte es alegar pago o cumplimiento parcial que es, desde la perspectiva de la pretensión del ejecutante, lo equivalente a la pluspetición y que encuentra su fundamento en el artículo 553-1-2.º que impone al ejecutante señalar la cantidad por la que despacha ejecución que es factor circunstancial y no imperativo desde la resolución a ejecutar salvo en su máximo. Quien puede lo más —alegar pago pleno— puede lo menos —alegar pago parcial—, principio general de derecho —STS 12 de septiembre de 2008— que, además, tiene un genérico reconocimiento sin acotamiento por razón del título en el artículo 558 y otro explícito reconocimiento en relación a la ejecución dineraria en el artículo 575-2 de la misma ley, donde se reconoce el derecho del ejecutado a alegar la pluspetición sin que en este precepto se diferencie tampoco por razón del título ejecutado».

Oposición por motivos formales

El ejecutado podrá también oponerse a la ejecución alegando alguno de los defectos recogidos en el art. 559.1 de la LEC, que serían los siguientes:

– Carecer el ejecutado del carácter o representación con que se le demanda.

– Falta de capacidad o de representación del ejecutante o no acreditar el carácter o representación con que demanda.

– Nulidad radical del despacho de la ejecución por:

  • No contener el laudo arbitral pronunciamientos de condena.

  • No cumplir el laudo los requisitos legales exigidos para llevar aparejada ejecución.

– Si el título ejecutivo fuera un laudo arbitral no protocolizado notarialmente, la falta de autenticidad de este.

En el art. 37.8 de la Ley de Arbitraje no se recoge la protocolización notarial del laudo como preceptiva, sino como meramente potestativa. Por ello, el laudo no protocolizado permite al ejecutado alegar la falta de autenticidad, pero no implica que no sea título auténtico.

Sustanciación y resolución de la oposición por motivos formales

El art. 559.2 de la LEC contiene los aspectos más destacados de la oposición por motivos formales, pudiendo destacar los siguientes:

|| Alegaciones del ejecutante

Cuando la oposición del ejecutado se fundare, exclusivamente o junto con otros motivos o causas, en defectos procesales, el ejecutante podrá formular alegaciones sobre estos, en el plazo de 5 días.

|| Plazo de subsanación

En el caso de que el tribunal entienda que el defecto es subsanable, concederá mediante providencia un plazo de 10 días al ejecutante para subsanarlo.

|| Auto estimatorio

Si, por el contrario, el defecto o falta no fuera subsanable o no se subsanare dentro de este plazo, se dictará auto dejando sin efecto la ejecución despachada, con imposición de las costas al ejecutante.

|| **Auto desestimatorio**

Cuando el tribunal no apreciase la existencia de los defectos procesales alegados en la oposición, dictará auto desestimándola y mandando seguir la ejecución adelante, e impondrá al ejecutado las costas de la oposición.

La ley no prevé un trámite para la práctica de prueba en la impugnación por defectos formales, lo que ha llevado a un debate sobre la cuestión. Así, en el **AAP de Cádiz n.º 164/2018, 12 de julio, ECLI:ES:APCA:2018:620A**, se dice:

> «Mas la propia Ley de Enjuiciamiento Civil no permite la práctica de prueba para resolver la oposición por motivos procesales, lo cual revela que el legislador quiere que las cuestiones procesales se solventen sin considerar otras circunstancias más que las recogidas hasta entonces en el proceso».

Problemática sobre la posibilidad del recurso de apelación frente al auto que resuelva sobre la oposición por motivos formales

El art. 559 de la LEC, específico para la oposición por motivos de forma, no prevé la posibilidad de recurso de apelación frente al auto que resuelve sobre los motivos de forma. En cambio, el art. 561 de la LEC, relativo a la oposición por motivos de fondo, en su apartado tercero, sí que recoge expresamente esta posibilidad para el auto desestimatorio de la oposición.

En este punto, aun siendo una problemática que, obviamente, no es específica de la ejecución forzosa de los laudos arbitrales, es necesario exponer la **divergencia de criterio** existente entre las soluciones adoptadas por los distintos tribunales:

- La **interpretación literal sostiene que contra el auto que resuelve sobre la oposición por motivos de forma no cabe recurso de apelación, solo recurso de reposición**. En este sentido la **AAP de A Coruña n.º 182/2023, de 14 de noviembre, ECLI:ES:APC:2023:1332A**: «Es criterio reiterado de esta Sala, desde nuestro Auto de 14 de marzo de 2006, seguido por los de 8 de febrero de 2007, 21 de enero de 2010, 16 de junio de 2011, 4 de diciembre de 2012, 4 de julio de 2013, 11 de diciembre de 2014, 28 de mayo de 2015, 20 de octubre de 2016, 18 de mayo 2017, 5 de julio de 2018, 15 de noviembre de 2019, 7 de febrero de 2020, 16 de marzo de 2021, 28 de junio de 2022 y 11 de abril de 2023, que el auto que resuelve la oposición a la ejecución por defectos procesales de conformidad con el art. 559 LEC no es susceptible de recurso de apelación (...)».

- El **criterio favorable a la admisión del recurso de apelación se sustenta en el argumento de que sería incoherente admitir el recurso de apelación frente a autos que denieguen la ejecución (artículo 552 de la LEC), y no para autos que estiman la existencia de defectos formales** que producen el mismo efecto de denegar la ejecución; así como el art. 455 de la LEC, en materia de recursos de apelación, establece su admisibilidad cuando la resolución de que se trate sea definitiva, es decir, ponga fin a la primera instancia. En este sentido, la **AAP de Sevilla n.º 78/2020, de 29 de abril, ECLI:ES:APSE:2020:132A, o AAP de Asturias n.º 12/2019, de 28 de enero, ECLI:ES:APO:2019:52A.**

– Existe un **criterio intermedio que considera que solo en el caso de que no se haya formulado oposición por motivos de fondo se puede considerar que la resolución es definitiva, y es susceptible de apelación** ex art. 455.1 de la LEC, en relación con el art. 562.2 de la LEC; y, que, en el caso de que se haya formulado oposición también por motivos de fondo, no cabría la apelación directa por no tener carácter definitivo, sino que habría de impugnarse a través del recurso de apelación que se interponga contra el auto que resuelva sobre motivos de fondo.

También podemos destacar en este punto distintos acuerdos que han adoptado determinados tribunales, como, por ejemplo:

– Acuerdo alcanzado por los presidentes de secciones civiles de la Audiencia Provincial de Barcelona, así como por los magistrados que las integran, de fecha 17 de febrero de 2012, relativo a la interpretación del art. 559.2 de la LEC:

> «El art. 559.2 párrafo final LEC permite el recurso de Apelación contra el auto que desestima la oposición por defectos procesales, diferido a la apelación de la oposición por motivos de fondo (art. 561.3LEC). Contra el auto que acuerda dejar sin efecto la ejecución por defectos procesales, cuando no hay oposición por motivos de fondo, se puede presentar recurso de Apelación directamente».

– Conclusiones de la reunión de 13 de junio de 2013, de los magistrados Audiencia Provincial Valencia sobre unificación de criterios:

> «En la práctica pueden plantearse varios supuestos.
> A) Se desestima la oposición por defectos procesales y hay oposición por motivos de fondo. Los motivos de oposición por defectos procesales se podrán reproducir al formular recurso de apelación contra el Auto resolutorio de la oposición por motivos de fondo, sin necesidad de que se deje anunciado previamente en aplicación de lo dispuesto en el artículo 561 de la LEC. (Acuerdos adoptados por los Magistrados del Orden Jurisdicción Civil de la Audiencia Provincial de Valencia en la jornada del 24 de mayo de 2012)
> B) Se desestima la oposición por defectos procesales y no hay oposición por motivos de fondo. En este supuesto entendemos que cabe recurso de Apelación al amparo del artículo 455 de la LEC por cuanto se convertiría en definitivo, dando por concluido el proceso de oposición a la ejecución iniciado.
> C) Se estima la oposición por defectos procesales. Cabe recurso de Apelación porque pone fin al procedimiento de oposición, en aplicación de lo dispuesto en los Artículos 207 y 455 de la LEC».

Sustanciación de la oposición por motivos de fondo

‖ Impugnación por motivos de fondo

Una vez se haya resuelto sobre la oposición a la ejecución por motivos procesales, o cuando estos no se hayan alegado, **el ejecutante podrá impugnar la oposición basada en motivos de fondo en el plazo de cinco días** contados desde que se le notifique la resolución sobre aquellos motivos o desde el traslado del escrito de oposición (párrafo primero artículo 560 de la LEC).

‖ Decisión sobre celebración de vista

Tanto la parte ejecutada como la parte ejecutante **podrán solicitar la celebración de la vista** en sus respectivos escritos de oposición y de impugnación de esta.

La mentada vista será acordada por el tribunal cuando la oposición no pudiese resolverse con la documentación aportada, y en dicho caso el LAJ señalará día y hora para su celebración dentro de los diez días siguientes a la conclusión del trámite de impugnación.

Cuando la vista no fuese solicitada por las partes, o cuando el tribunal no la considere procedente, se resolverá la oposición sin más trámites.

En relación con los criterios sobre la celebración de la vista, podemos destacar algunos de los motivos que conllevaron que nuestras audiencias provinciales acordaran su celebración:

- Se considera que debía de haberse acordado la celebración de vista, al haberse propuesto la práctica de prueba testifical y aportado dos dictámenes periciales, que debían ser ratificados conforme a los principios de audiencia e inmediación. **AAP de Barcelona n.º 130/2018, de 19 de junio, ECLI:ES:APB:2018:3813A.**

- Se considera que se habría quebrantado el derecho del ejecutado a utilizar los medios de prueba entre otras razones, porque las circunstancias del pleito apuntan racionalmente la necesidad de unos medios de prueba diferentes de aquellos que el juez manejó; y, porque la prueba que pudo practicarse en la vista no celebrada pudo sin duda tener una influencia decisiva en la resolución de la cuestión discutida. **AAP de Zaragoza n.º 712/2008, de 10 de diciembre, ECLI:ES:APZ:2008:1617A.**

- Se advierte que el art. 560.4 de la LEC regula el contenido de esta vista por remisión a lo previsto para el juicio verbal, y, se dice que «(...) existe una remisión en bloque al art. 443 LEC, donde resulta de interés para nuestro supuesto resaltar que en el apartado cuarto de dicho art. 443 se prevé la posibilidad de proponer pruebas, si no hay conformidad sobre los hechos, como había ocurrido en este juicio, a la vista de las alegaciones de las partes en sus respectivos escritos de alegaciones». **AAP de Granada n.º 51/2007, de 23 de marzo, ECLI:ES:APGR:2007:224A.**

Por el contrario, también se dan en la práctica diversos supuestos en los que se ha considerado que la no celebración de la vista no había generado indefensión a las partes, pudiendo citar como ejemplo:

- Se considera que ninguna indefensión se le ha podido causar a la parte ejecutada cuando no precisa siquiera cuál es la actividad probatoria de la que se habría visto privada. **AAP de Barcelona n.º 305/2018, 18 de octubre, ECLI:ES:APB:2018:6583A.**

- Se rechaza que exista indefensión cuando esta se relaciona con la imposibilidad de haber aportado documentación que finalmente fue admitida por la sala de apelación. **AAP Madrid n.º 382/2016, 20 de octubre, ECLI:ES:APM:2016:901A.**

|| Celebración de vista

Establece el art. 560 de la LEC que, si una vez acordada la celebración de la vista el ejecutado no compareciera en la misma, se le tendrá por desistido de la oposición, y se acordarán las resoluciones previstas en el art. 442 de la LEC, es decir, si el ejecutante no alega interés legítimo en la continuación del proceso para que se dicte sentencia sobre el fondo, se tendrá por desistido de la oposición al ejecutado, se le impondrán las costas causadas y, en su caso, se le condenará a indemnizar al ejecutante comparecido si lo solicitase y acreditase los daños y perjuicios sufridos.

Cuando el que no comparece es el ejecutante, el tribunal resolverá sin oírle sobre la oposición a la ejecución.

Cuando comparecen ambas partes, la vista se celebrará con arreglo a lo previsto para el juicio verbal.

Resolución de la oposición por motivos de fondo

El tribunal, mediante auto, adoptará, **a los solos efectos de la ejecución, alguna de las siguientes resoluciones** (art. 561.1 de la LEC):

- Declarar procedente que la ejecución siga adelante por la cantidad que se hubiese despachado, cuando la oposición se desestimare totalmente. En este caso, el auto que desestime totalmente la oposición condenará en las costas de esta al ejecutado, conforme a lo dispuesto en el artículo 394 de la LEC para la condena en costas en primera instancia.

- Declarar que no procede la ejecución, cuando se estimare alguno de los motivos de oposición enumerados en los artículos 556 y 557 de la LEC.

CUESTIÓN

¿En los casos de desestimación total de la oposición a la ejecución resulta aplicable la excepción a la imposición de costas para el supuesto de que el caso presente serias dudas de hecho o de derecho?

Sí, podría aplicarse la excepción prevista en el art. 394.1 de la LEC, de no imposición de costas cuando el caso presente serias dudas de hecho o de derecho, y así lo recoge expresamente el **auto de la Audiencia Provincial de Barcelona n.º 225/2023, de 2 de noviembre, ECLI:ES:APB:2023:11432A**, en el que se dice que: «En el proceso de ejecución, esta excepción se entiende que puede ser aplicable si se desestimara la oposición a la ejecución, por cuanto, según el artículo 561.1.1.ª, párrafo segundo, de la Ley de Enjuiciamiento Civil, el auto que desestime totalmente la oposición condenará en las costas de ésta al ejecutado, conforme a lo dispuesto en el artículo 394 para la condena en costas en primera instancia, por lo que existe una remisión expresa al artículo 394, que es la norma que admite la excepción de que el tribunal aprecie, y así lo razone, que el caso presentaba serias dudas de hecho o de derecho».

A TENER EN CUENTA. Cuando se apreciase el carácter abusivo de una o varias cláusulas, el auto que se dicte determinará las consecuencias de tal carácter, bien decretando la improcedencia de la ejecución, bien despachando la misma sin aplicación de aquellas consideradas abusivas.

Efectos de la estimación de la oposición

Cuando se estime la oposición a la ejecución, **se dejará esta sin efecto y se mandará alzar los embargos y las medidas de garantía de la afección** que se hubieren adoptado, reintegrándose al ejecutado a la situación anterior al despacho de la ejecución, conforme a lo dispuesto en los artículos 533 y 534 de la LEC.

Además, en estos casos, se condenará al ejecutante a pagar las costas de la oposición (art. 561.3 de la LEC).

Impugnabilidad

Contra el auto que resuelva la oposición podrá interponerse recurso de apelación, que no suspenderá el curso de la ejecución si la resolución recurrida fuera desestimatoria de la oposición (art. 561.4 de la LEC).

Este mismo artículo también regula la posibilidad de que en los casos en que la oposición sea estimada, el ejecutante pueda solicitar que se mantengan los embargos y medidas de garantía adoptadas y que se adopten las que procedan de conformidad con lo dispuesto en el artículo 700 de la LEC. El tribunal así lo acordará siempre que el ejecutante preste caución suficiente para asegurar la indemnización que pueda corresponder al ejecutado en caso de que la estimación de la oposición sea confirmada, que se fijará en la propia resolución.

A TENER EN CUENTA. El art. 561 de la LEC ha sido modificado por el Real Decreto-ley 6/2023, de 19 de diciembre, en vigor desde el 20 de marzo de 2024.

3.5. Impugnación de los actos de ejecución del laudo

Como punto de partida conviene recordar los siguientes puntos destacados:

- Cuando se hayan alegado defectos formales, el plazo para contestar sobre los motivos de fondo comienza desde la notificación de la desestimación de los defectos formales.

- La no impugnación de la oposición por defectos formales o por motivos de fondo no supone aceptación del ejecutante. La impugnación se prevé como una posibilidad para el ejecutante.

- Se entiende que los motivos de oposición son *numerus clausus*, tasados.

- En la oposición por motivos de fondo, la celebración de la vista en la oposición no es preceptiva, aunque lo hubieran solicitado ambas partes.

- No se prevé expresamente el recurso de apelación frente al auto que estima la oposición por defectos formales. No existe un criterio uniforme al respecto de si cabe o no recurso de apelación.

- Es criterio casi unánime que, frente a infracciones legales en medidas concretas de ejecución, cabe recurso de apelación en los casos en que haya un precepto legal que prevea expresamente la posibilidad de interponer recurso de apelación contra el auto desestimatorio de la reposición.

Impugnación de los concretos actos de ejecución

La impugnación de infracciones legales en el curso de la ejecución es algo distinto de la oposición a la ejecución, y se encuentra regulado expresamente en el artículo 562 de la Ley de Enjuiciamiento Civil.

Las partes en la ejecución forzosa, es decir, la persona o personas que piden y obtienen el despacho de la ejecución y la persona o personas frente a las que ésta se despacha, podrán denunciar la infracción de normas que regulen los actos concretos del proceso de ejecución, independientemente de la oposición a la ejecución que pueda realizar el ejecutado.

Para ello, el art. 562 de la LEC contempla tres posibilidades:

- Hacerlo por medio del recurso de reposición establecido en la LEC, cuando la infracción constara o se cometiera en resolución del tribunal de la ejecución o del LAJ.

- Hacerlo por medio del recurso de apelación en los casos en que expresamente lo prevea la LEC.

- Hacerlo mediante escrito dirigido al tribunal, si no existiera resolución expresa frente a la que recurrir. En el escrito se expresará con claridad la resolución o actuación que se pretende para remediar la infracción alegada.

Es decir, «(…) el art. 562 de la Ley de Enjuiciamiento Civil prevé que, aparte de la oposición a la ejecución prevista en los arts. 556 y siguientes, puedan recurrirse las resoluciones judiciales dictadas en el curso de la ejecución mediante el recurso de reposición (todas) y mediante el de apelación sólo "en los casos en que expresamente se prevea en esta ley"(…)» (**auto de la Audiencia Provincial de Madrid n.º 45/2024, de 26 de enero, ECLI:ES:APM:2024:269A**).

Sobre la posibilidad de plantear estos recursos también podemos citar, por ejemplo, el **auto de la Audiencia Provincial de Tarragona n.º 310/2023, de 30 de noviembre, ECLI:ES:APT:2023:1646A**, en el que, con cita del art. 562 de la LEC, se señala lo siguiente:

> «Por tanto, **cabría con carácter general la reposición contra todas las resoluciones dictadas en ejecución y la apelación solo y exclusivamente en los casos expresamente previstos**. En conclusión, en ejecución las resoluciones dictadas solo son susceptibles de recurso apelación cuando así se disponga de forma expresa en la propia ley (art. 562-1-2.º LEC), con la única matización que, cuando se trate de título judicial, prevé el artículo 563-1 LEC, esto es, que el Tribunal competente o el Letrado de la Administración de Justicia provean en contradicción con el título ejecutivo, precepto que no es aplicable en el caso de autos.
>
> En estos términos se pronuncia la doctrina y así puede citarse el AAP de Barcelona, sección 13, del 2 de diciembre de 2021 (ROJ: AAP B 12382/2021 - ECLI:ES:APB:2021:12382A) Sentencia: 393/2021 Recurso: 804/2021, para considerar inadmisible la apelación contra un auto que resolvía el incidente de suspensión del lanzamiento:
>
> "En este sentido, cabe señalar que en el proceso de ejecución el acceso a la segunda instancia tiene una regulación específica que se impone a la regulación genérica contenida en el art. 455.1.º de la Ley de Enjuiciamiento Civil (LEC) para los procesos declarativos, siendo esta última la que se cita en el pie de recurso de la resolución aquí apelada.
>
> Así, **el art. 562 LEC prevé que, aparte de la oposición a la ejecución prevista en los arts. 556 y siguientes, puedan recurrirse las resoluciones judiciales dictadas en el curso de la ejecución mediante el recurso de reposición (todas) y mediante el de apelación sólo "en los casos en que expresamente se prevea en esta ley** ".
>
> (…)
>
> En definitiva, cualesquiera cuestiones que se planteen en el seno de la ejecución habrán de ser resueltas por el propio juzgado cuando el recurso de apelación no esté expresamente previsto (art. 562 de la LEC) y si no hubiera cauce para ello, se habrán de ventilar, si eso es posible, en el juicio declarativo que corresponda».

Establece el art. 562.2 de la LEC que cuando se alega que la infracción entraña la nulidad de las actuaciones o cuando el tribunal así lo estime, habrá que estar a lo dispuesto en los artículos 225 y siguientes de la LEC.

CUESTIÓN

¿Cuándo son nulos de pleno derecho los actos procesales?

El art. 225 de la LEC dispone que:

«Los actos procesales serán nulos de pleno derecho en los casos siguientes:

1.º Cuando se produzcan por o ante Tribunal con falta de jurisdicción o de competencia objetiva o funcional.

2.º Cuando se realicen bajo violencia o intimidación.

3.º Cuando se prescinda de normas esenciales del procedimiento, siempre que, por esa causa, haya podido producirse indefensión.

4.º Cuando se realicen sin intervención de abogado, en los casos en que la ley la establezca como obligatoria.

5.º Cuando se celebren vistas sin la preceptiva intervención del Letrado de la Administración de Justicia.

6.º Cuando se resolvieran mediante diligencias de ordenación o decreto cuestiones que, conforme a la ley, hayan de ser resueltas por medio de providencia, auto o sentencia.

7.º En los demás casos en que esta ley así lo establezca».

Cuando dicha nulidad hubiera sido alegada ante el LAJ o éste entendiera que hay causa para declararla, dará cuenta al tribunal que autorizó la ejecución para que resuelva sobre ello.

Impugnación de actos de ejecución contradictorios con laudo arbitral

El art. 563 de la LEC contempla la **posibilidad de interponer recurso de reposición y, si se desestimase, de apelación**, cuando, despachada ejecución en virtud de sentencias o resoluciones judiciales, el tribunal competente para la ejecución provea en contradicción con el título ejecutivo, en este caso, el laudo arbitral.

Además, en el párrafo segundo, se contempla que, si la resolución contraria al título fuere dictada por el LAJ, previo recurso de reposición cabría presentar recurso de revisión ante el tribunal, y, si fuere desestimatorio, de recurso de apelación.

Defensa jurídica del ejecutado fundada en hechos y actos no comprendidos en las causas de oposición a la ejecución

Cuando habiendo precluido las posibilidades de alegación en juicio, o con posterioridad a la producción de un título ejecutivo extrajudicial, se produjesen hechos o actos distintos de los admitidos por la LEC como causas de oposición, pero que puedan resultar jurídicamente relevantes respecto de los derechos de la parte ejecutante frente al ejecutado, o de los deberes del ejecutado para con el ejecutante, el art. 564 de la LEC establece que la eficacia jurídica de aquellos hechos o actos podrá hacerse valer en el proceso que corresponda.

La previsión que efectúa este precepto permite entender que, aunque la Ley de Enjuiciamiento Civil contemple un procedimiento de oposición a la ejecución basado en motivos tasados legalmente establecidos, no existe riesgo de indefensión para el ejecutado, ya que, de conformidad al mismo, puede plantear cualquier otro motivo a través del cauce del proceso declarativo correspondiente.

Sobre el **alcance de la cosa juzgada de la resolución dictada en el juicio ejecutivo respecto al posterior juicio declarativo, la STS n.º 313/2016, de 12 de mayo, ECLI:ES:TS:2016:2114,** recoge:

>«Esta sala ha establecido una doctrina consolidada acerca del ámbito de conocimiento que es posible en el proceso declarativo posterior al juicio ejecutivo cambiario. Así, la sentencia 175/2001, de 28 febrero, ha declarado:
>
>"[...] si bien no cabe plantear en el proceso ordinario las cuestiones resueltas en su integridad, o que pudieron ser totalmente discutidas en el ejecutivo -sentencias, entre otras de 26 de octubre de 1953, 2 de marzo de 1955, 5 de junio de 1956, 17 de noviembre de 1960, 20 de febrero de 1976, 6 de octubre de 1977, 1 de julio de 1988 'a sensu contrario', 17 de marzo de 1989, 23 de marzo de 1990, 24 de noviembre de 1993, 15 de julio de 1995, 29 de julio de 1998- no es menos cierto que según la doctrina de la misma Sala **no se produce la cosa juzgada respecto de aquellas cuestiones que por su entidad, índole o complejidad no han podido ser correcta y profundamente debatidas** -entre otras, sentencias de 9 de abril de 1985, 16 de septiembre de 1988, 30 de abril de 1991 y 26 de marzo de 1993- o que no han podido ser abordadas en toda su amplitud o extensión -sentencias de 8 de junio de 1968, 20 de febrero de 1976, 9 de febrero de 1977, 15 de octubre de 1991 y 29 de julio de 1998-.
>
>»Si de esta Sala pasamos al principal intérprete de nuestro Texto fundamental, el Tribunal Constitucional -sentencias 173/1988, 242/1991, 14/1992 y 26/1992- ha puesto de relieve que, pese a que **la jurisprudencia ha restringido consideradamente las posibilidades del posterior juicio declarativo, nunca ha impedido que quien sin incurrir en negligencia no gozó de una oportunidad razonable para defender sus legítimos intereses en el juicio ejecutivo, pueda realizar dicha defensa en un posterior declarativo ordinario,** según permite el artículo 1479 de la LEC y esta posibilidad legal se ve hoy solamente respaldada por el art. 24 de la Constitución"».

3.6. Suspensión, alzamiento y reanudación de la ejecución del laudo arbitral

Según se desprende del art. 45.1 de la Ley de Arbitraje, **el laudo es ejecutable de forma definitiva aun cuando contra él se haya ejercitado acción de anulación.** La ejecutividad del laudo no firme se ve matizada por la facultad del ejecutado de solicitar la suspensión de la ejecución, regulada en el propio art. 45 de la Ley de Arbitraje.

La solicitud de la suspensión de la ejecución

En el caso de que el ejecutado solicite al tribunal competente la suspensión de la ejecución, deberá ofrecer caución por el valor de la condena más los daños y perjuicios que pudieran derivarse de la demora en la ejecución del laudo (art. 45.1 de la Ley de Arbitraje).

La caución podrá constituirse en cualquiera de las formas previstas en el párrafo segundo del apartado 3 del artículo 529 de la Ley de Enjuiciamiento Civil, es decir, podrá constituirse:

– En dinero efectivo.

– Mediante aval solidario de duración indefinida y pagadero a primer requerimiento emitido por entidad de crédito o sociedad de garantía recíproca.

– Por cualquier otro medio que garantice la inmediata disponibilidad, en su caso, de la cantidad de que se trate.

Una vez que se haya presentado la solicitud de suspensión el tribunal deberá resolver sobre la caución tras oír al ejecutante.

CUESTIÓN

¿Cabe recurso contra la resolución que acuerde o deniegue la suspensión de la ejecución?

No, contra esta resolución no cabrá recurso alguno.

El alzamiento de la suspensión de la ejecución: desestimación de la acción de nulidad

Cuando al tribunal le conste la desestimación de la acción de anulación, el letrado de la Administración de Justicia alzará la suspensión y ordenará que continúe la ejecución, independientemente de que el ejecutante pueda reclamar una indemnización por los daños y perjuicios causados por la demora de la ejecución.

El ejecutado que quiera reclamar esta indemnización deberá acudir a los cauces previstos en los artículos 712 y siguientes de la LEC referidos a la liquidación de daños y perjuicios.

CUESTIONES

1. ¿Qué debe recoger el escrito en el que se reclamen daños y perjuicios?

Tal y como se recoge en el art. 713.1 de la LEC, además del escrito en que se solicite motivadamente la determinación judicial de los daños y perjuicios, deberá presentarse una relación detallada de los mismos, con su valoración, pudiendo acompañarse los dictámenes y documentos que se consideren oportunos.

2. ¿El deudor puede oponerse a los daños y perjuicios solicitados?

Si, tiene un plazo de 10 días para oponerse, recogiendo el art. 715 de la LEC que: «Si, dentro del plazo legal, el deudor se opusiera motivadamente a la petición del actor, sea en cuanto a las partidas de daños y perjuicios, sea en cuanto a su valoración

---

en dinero, se sustanciará la liquidación de daños y perjuicios por los trámites establecidos para los juicios verbales, pero podrá el tribunal que dictó la orden general de ejecución, mediante providencia, a instancia de parte o de oficio, si lo considera necesario, nombrar un perito que dictamine sobre la efectiva producción de los daños y su evaluación en dinero, tras la presentación del escrito de impugnación de la oposición. En tal caso, fijará el plazo para que emita dictamen y lo entregue en el juzgado y la vista oral no se celebrará hasta pasados diez días a contar desde el siguiente al traslado del dictamen a las partes».

El alzamiento de la ejecución: estimación de la acción de nulidad

El letrado de la Administración de Justicia también será el encargado de **alzar la ejecución, con los efectos previstos en los artículos 533 y 534 de la Ley de Enjuiciamiento Civil, cuando le conste al tribunal que ha sido estimada la acción de anulación** (art. 45.3 de la Ley de Arbitraje).

Según ello, con la salvedad de entender que no estamos propiamente ante una ejecución provisional serán de aplicación las siguientes previsiones:

|| Revocación de condena dineraria

Se sobreseerá por el letrado de la Administración de Justicia la suspensión de la ejecución, y el ejecutante deberá devolver la cantidad que, en su caso, hubiere percibido, reintegrar al ejecutado las costas que este hubiere satisfecho y resarcirle de los daños y perjuicios se le hubieren ocasionado (art. 533.1 de la LEC).

|| Revocación de condena no dineraria

En el caso de que se tratase de una **condena a la entrega de un bien determinado**, se restituirá este al ejecutado, en el concepto en que lo hubiere tenido, más las rentas, frutos o productos, o el valor pecuniario de la utilización del bien (párrafo primero, art. 534.1 de la LEC).

Cuando la restitución fuese imposible, de hecho o de derecho, el ejecutado podrá pedir que se le indemnicen los daños y perjuicios, que se liquidarán por el procedimiento establecido en los artículos 712 y siguientes de la LEC.

Para el supuesto de que se revocase una resolución que contuviese **condena a hacer**, y este ya hubiese sido realizado, se podrá pedir que se deshaga lo hecho y que se indemnicen los daños y perjuicios causados.

|| Anulación parcial

Si la anulación afectase solo a las cuestiones a que se refiere el apartado 3 del artículo 41 —pronunciamientos del laudo sobre cuestiones no sometidas a decisión de los árbitros o no susceptibles de arbitraje, siempre que puedan separarse de las demás— y subsistiesen otros pronunciamientos del laudo, se considerará estimación parcial, a los efectos previstos en el apartado 2 del artículo 533 de la Ley de Enjuiciamiento Civil (párrafo segundo, art. 45.3 Ley de Arbitraje).

Por lo tanto, en estos casos solo se devolverá la diferencia entre la cantidad percibida por el ejecutante y la que resulte de la confirmación parcial, con el incremento que resulte de aplicar a dicha diferencia, anualmente, desde el momento de la percepción, el tipo del interés legal del dinero (art. 533.2 de la LEC).

CUESTIÓN

¿Puede el obligado a devolver oponerse a determinadas actuaciones de apremio?

Sí, en el caso de condenas al pago de una cantidad de dinero, el obligado a devolver, reintegrar e indemnizar podrá oponerse a actuaciones concretas de apremio, en los términos del apartado 3 del artículo 528 (párrafo primero art. 533.3 de la LEC), debiendo indicar otras medidas o actuaciones ejecutivas que sean posibles y no provoquen situaciones similares a las que causaría, a su juicio, la actuación o medida a la que se opone y ofreciendo caución suficiente para responder de la demora en la ejecución, si las medidas alternativas no fuesen aceptadas por el tribunal.

Y en el caso de condenas no dinerarias, el obligado a restituir, deshacer o indemnizar podrá oponerse, dentro de la vía de ejecución, con arreglo a lo previsto en el artículo 528 de la LEC (art. 534.4 de la LEC).

Sobre el procedimiento para **obtener de la devolución de lo percibido**, resulta de interés la explicación que se contiene en el **auto de la Audiencia Provincial de Valencia n.º 43/2021, de 15 de febrero, ECLI:ES:APV:2021:444A**, que mentando el **AAP de Barcelona n.º 230/2011, de 2 de diciembre, ECLI:ES:APB:2011:8060A**, recoge que:

«Ahora bien, como también indica la AP Barcelona, sección 17, en A. 2 diciembre 2011, en lo que ahora nos atañe más directamente: la LEC no regula procedimiento alguno para dicho supuesto, como tampoco para el de revocación total, aunque permitiendo el artículo 533-3 LEC la vía de apremio, lo que presupone la existencia de bienes embargados previamente como se deriva de la regulación del procedimiento de apremio contenida en los artículos 634 y ss. LEC, ello no obstante, sin que la sentencia revocatoria, total o parcial, de una sentencia de condena a pago de dinero dictada en primera instancia, constituya título ejecutivo en los términos que contempla el artículo 517-1 y 527-2-1 LEC, pues aquélla no es un título que tenga aparejada ejecución, ya que no se trata de una sentencia de condena firme, sino de una sentencia que en caso de revocación total desestima la demanda de reclamación de cantidad y absuelve la parte demandada sin, por ello, condenar al actor a devolver la cantidad percibida en ejecución provisional que, lógicamente, no puede constituir, esto último, objeto de apelación, y en caso de revocación parcial lo que hace es concretar, disminuyéndola, la cantidad objeto de condena pero igualmente, y por lo mismo dicho, sin condena a devolución de cantidad alguna percibida en ejecución provisional. Consiguientemente, el procedimiento adecuado para obtener la devolución de la diferencia entre la cantidad percibida por el ejecutado y la que resulte de la confirmación parcial, no es el proceso de ejecución instado ex novo en base a la sentencia revocatoria parcial, pues es claro que no constituye un título ejecutivo que tenga aparejada ejecución, ya que no contiene un pronunciamiento de condena a favor del que ha sido objeto de ejecución provisional y, lógicamente, el ejecutado provisional no aparece como acreedor en dicha sentencia, sin perjuicio, claro está, de que tenga derecho a ser reintegrado en aquella cantidad que pagó en exceso. **Y para dicha reintegración es suficiente con una solicitud dirigida al Juzgado** a fin de que sean requeridos los que solicitaron la ejecución provisional y obtuvieron la cantidad objeto de la misma para que devuelvan la diferencia entre la que percibió y la que resulta de la sentencia revocatoria parcial, incrementada con los intereses, en el plazo que se les señale, con los apercibimientos correspondientes que, en caso de oposición por el ejecutante provisional, al ser necesaria la liquidación de intereses, habrá de resolverse, respecto a esto último, es decir, a la liquidación de los intereses, por el procedimiento previsto en el artículo 712 y ss. LEC, que es lo que contempla el artículo 533-3 LEC para la liquidación de los daños y perjuicios».

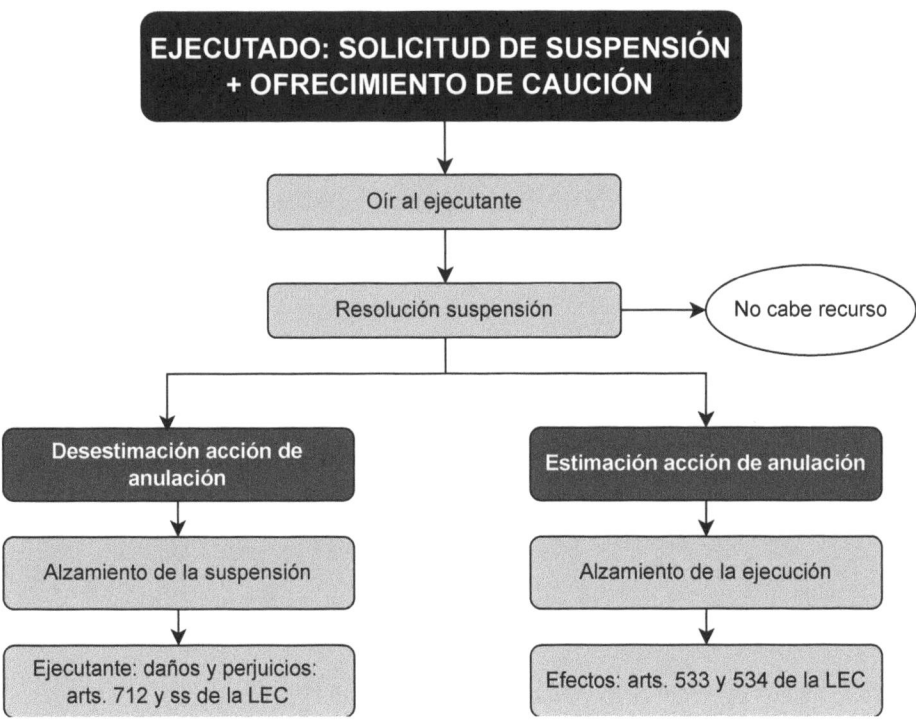

4.
ANULACIÓN Y REVISIÓN DEL LAUDO ARBITRAL

Las disposiciones relativas a la anulación y revisión del laudo arbitral se contienen en el título VII de la Ley de Arbitraje (arts. 40 a 43).

No solo el denominado laudo definitivo, que resuelve sobre todas las cuestiones objeto de controversia, es impugnable a través de la acción de anulación; también lo es el laudo parcial, sobre la propia competencia de los árbitros, o sobre las excepciones relativas a la existencia o a la validez del convenio arbitral, o cualesquiera otras cuya estimación impida entrar en el fondo de la controversia (art. 22.3 de la Ley Arbitraje). También a las decisiones arbitrales sobre medidas cautelares, les serán de aplicación las normas sobre anulación (art. 23 de la Ley de Arbitraje).

Se podrá solicitar la revisión del laudo conforme a lo establecido en la LEC para las sentencias firmes (art. 43 de la Ley de Arbitraje). El régimen jurídico para la revisión de sentencias firmes está contenido en los artículos 509 a 516 de la Ley de Enjuiciamiento Civil.

4.1. La acción de anulación

La acción de anulación del laudo **no es propiamente un recurso o un medio de impugnación**, sino **una acción autónoma y excepcional para controlar la validez del arbitraje realizado**, que solo es nulo en los supuestos expuestos de forma tasada en el artículo 41.1 de la Ley de Arbitraje. Se trata de un juicio externo, que impide o excluye nuevos pronunciamientos sobre la reclamación fallada y destierra cualquier posibilidad de inmiscuirse en su criterio valorativo (**STC 174/1995, de 23 de noviembre, ECLI:ES:TC:1195:174**).

Es decir, **no es una segunda instancia en la que el tribunal pueda realizar una nueva valoración de los hechos sometidos a arbitraje y la revisión del derecho aplicado**. De no ser así, se frustraría la finalidad que el arbitraje pretende conseguir de sustraer de la jurisdicción ordinaria la solución del conflicto surgido entre las partes.

La expresa voluntad de las partes de sustraerse de la actuación del poder judicial determina que la intervención judicial en el arbitraje tenga carácter de control extraordinario cuando no se trate de funciones de asistencia. La acción de anulación, de **carácter limitado a determinados supuestos**, es suficiente para la satisfacción del derecho a la tutela judicial efectiva, en su modalidad de acceso a los tribunales.

Tiene como objeto dejar sin efecto lo que pueda constituir un exceso del laudo arbitral, pero no corregir sus deficiencias u omisiones.

En el epígrafe VIII de la exposición de motivos de la Ley de Arbitraje, se advierte que, respecto de la anulación, **se evita la expresión** «recurso», por resultar técnicamente incorrecta. Lo que se inicia con la acción de anulación es un proceso de impugnación de la validez del laudo, partiendo de la base de que los motivos de anulación del laudo han de ser tasados y no han de permitir, como regla general, una revisión del fondo de la decisión de los árbitros. De este modo, de ser estimada, la sentencia solo puede anular total o parcialmente el laudo arbitral, pero no pronunciarse sobre aquello que es objeto del procedimiento arbitral, como consecuencia de la naturaleza del arbitraje, que se sustenta en que es voluntad de las partes someter sus conflictos a uno o varios árbitros.

La diferencia del procedimiento arbitral con respecto de los procesos jurisdiccionales radica en que no hay reposición de actuaciones al cesar los árbitros **en sus funciones cuando dictan el laudo definitivo** (art. 38.1 de la Ley de Arbitraje). Por tanto, la declaración de nulidad del laudo deja a las partes en la misma situación que si no hubiera habido arbitraje. De ahí que la jurisprudencia haya podido referirse a la existencia de un «juicio rescindente», así lo ha recogido el TSJ de Madrid en la **sentencia n.º 34/2018, de 26 de julio, ECLI:ES:TSJM:2018:10643**:

> «La diferencia del procedimiento arbitral con respecto de los procesos jurisdiccionales radica en que no hay reposición de actuaciones al cesar los árbitros en sus funciones cuando dictan el laudo definitivo (art. 38.1 LA). Por tanto, la declaración de nulidad del laudo deja a las partes en la misma situación que si no hubiera habido arbitraje, de ahí que la jurisprudencia haya podido referirse a la existencia de un "juicio rescindente" (SAP Cantabria de 22 de enero de 1993). Si la sentencia declara que el convenio arbitral no existe o no es válido las partes podrán optar por celebrar un nuevo convenio arbitral o por acudir a la vía judicial. En los demás supuestos del art. 41.1 LA, seguirá en vigor el convenio y la obligación de las partes de someter a arbitraje la resolución de su controversia».

Este **control judicial** se efectúa en una única instancia, a través de un procedimiento que, según indica la exposición de motivos, trata de conjugar las exigencias de rapidez y de mejor defensa de las partes, con una demanda y contestación escritas, siguiéndose después los trámites del juicio verbal, sin posibilidad de recurso frente a la sentencia que resuelve sobre la acción de nulidad.

RESOLUCIÓN RELEVANTE

STSJ de Madrid n.° 10/2024, de 14 de febrero, ECLI:ES:TSJM:2024:1727

Asunto: naturaleza de la acción de anulación

«En tal sentido, v.gr., las Sentencias de esta Sala de 24 de junio de 2014 (Rec. n.° 70/2013) y de 5 de noviembre de 2013 (Rec. n.° 14/2013), cuando dicen (FFJJ 8 y 4, respectivamente): "Como ha puesto de manifiesto esta Sala desde la sentencia de 3 de febrero de 2012, la acción de anulación de laudo arbitral diseñada en la Ley de Arbitraje no permite a la Sala de lo Civil y Penal del Tribunal Superior de Justicia, a la que ahora se atribuye la competencia para el conocimiento de este proceso, reexaminar las cuestiones debatidas en el procedimiento arbitral. La limitación de las causas de anulación del laudo arbitral a las estrictamente previstas en el artículo 41 de esa Ley de Arbitraje, restringe la intervención judicial en este ámbito a determinar si en el procedimiento y la resolución arbitrales se cumplieron las debidas garantías procesales, si el laudo se ajustó a los límites marcados en el convenio arbitral, si éste carece de validez o si la decisión arbitral invade cuestiones no susceptibles de arbitraje. Así lo indica con claridad la Exposición de Motivos de la Ley 60/2003 cuando precisa que "los motivos de anulación del laudo han de ser tasados y no han de permitir, como regla general, una revisión del fondo de la decisión de los árbitros...". "La esencia del arbitraje y el convenio arbitral, en cuanto expresa la voluntad de las partes de sustraerse a la actuación del poder judicial, determinan -como destaca la sentencia del Tribunal Supremo de del 22 de Junio del 2009 (ROJ: STS 5722/2009)- que la intervención judicial en el arbitraje tenga carácter de control extraordinario cuando no se trata de funciones de asistencia, pues la acción de anulación, de carácter limitado a determinados supuestos, es suficiente para la satisfacción del derecho a la tutela judicial efectiva, en su modalidad de acceso a los tribunales (SSTC 9/2005, y 761/1996 y 13/1927) y, según la jurisprudencia esta Sala, tiene como objeto dejar sin efecto lo que pueda constituir un exceso del laudo arbitral, pero no corregir sus deficiencias u omisiones (SSTS 17 de marzo de 1988, 28 de noviembre de 1988, 7 de junio de 1990)"».

Aproximación a los motivos de anulación

En atención a la finalidad y naturaleza propia del arbitraje, **dicha acción debe limitarse necesariamente a los supuestos de contravención grave del propio contrato de arbitraje o de las garantías esenciales de procedimiento sancionadas en el artículo 24 de la Constitución Española**, a través de los tasados motivos de nulidad que enumera el artículo 41.1 de la Ley, los cuales deben de ser interpretados de modo estricto.

Lo anterior deriva de la mínima intervención de los órganos jurisdiccional y en favor de la autonomía de la voluntad de las partes, tal y como ha señalado el Tribunal Supremo en el **auto, rec. 105/2016, de 20 de octubre, ECLI:ES:TS:2016:12700A:**

«Es consustancial al arbitraje, por lo tanto, la mínima intervención de los órganos jurisdiccionales por virtud y en favor de la autonomía de la voluntad de las partes, intervención mínima que, tratándose de actuaciones de control, se resume en el de la legalidad del acuerdo de arbitraje, de la arbitrabilidad -entendida en términos de disponibilidad, como precisa la exposición de Motivos de la Ley 60/2003- de la materia sobre la que ha versado, y de la regularidad del procedimiento de arbitraje».

En el art. 41.1 Ley de Arbitraje se recogen los motivos por los que el laudo puede ser anulado:

a) Que el convenio arbitral no existe o no es válido.

b) Que no ha sido debidamente notificada de la designación de un árbitro o de las actuaciones arbitrales o no ha podido, por cualquier otra razón, hacer valer sus derechos.

c) Que los árbitros han resuelto sobre cuestiones no sometidas a su decisión.

d) Que la designación de los árbitros o el procedimiento arbitral no se han ajustado al acuerdo entre las partes, salvo que dicho acuerdo fuera contrario a una norma imperativa de esta ley, o, a falta de dicho acuerdo, que, no se han ajustado a esta ley.

e) Que los árbitros han resuelto sobre cuestiones no susceptibles de arbitraje.

f) Que el laudo es contrario al orden público.

Plazo de ejercicio de la acción de anulación de un laudo

La acción de anulación del laudo **habrá de ejercitarse dentro de los dos meses siguientes a su notificación o, en caso de que se haya solicitado corrección, aclaración o complemento del laudo, desde la notificación de la resolución sobre esta solicitud, o desde la expiración del plazo para adoptarla** (art. 41.4 de la Ley de Arbitraje).

La exposición de motivos de la Ley de Arbitraje indica que la regla contenida en el art. 5 de la misma ley respecto al cómputo de plazos por días es aplicable a los plazos para la iniciación de los procedimientos judiciales de control del arbitraje, como, por ejemplo, el ejercicio de la acción de anulación del laudo.

Se entiende que es un **plazo de caducidad, de naturaleza civil o sustantiva, y no un plazo de prescripción**. En consecuencia, dicho plazo debe computarse de fecha a fecha, conforme establece el art. 5 del Código Civil, sin excluir el mes de agosto ni los días festivos, que solo son inhábiles a efectos procesales. Este cómputo debe iniciarse el día siguiente de la notificación del laudo [art. 5.b) de la Ley de Arbitraje], y puede prorrogarse hasta el primer día laborable siguiente, si el último fuera festivo en el lugar de recepción de la notificación o comunicación [art. 5.b) de la Ley de Arbitraje]. Siendo un plazo de caducidad, no es susceptible de interrupción o suspensión.

La **STS n.º 60/2014, de 24 de febrero, ECLI:ES:TS:2014:732**, dispuso que «Mediante la caducidad el legislador pretende limitar el tiempo de ejercicio del derecho de que se trate, porque valora la conveniencia de que las situaciones jurídicas afectadas estén sólo temporalmente sometidas a la posibilidad de revisión. Por ello, que se produzca o no la caducidad depende del hecho objetivo de la falta de ejercicio del derecho en el tiempo establecido».

Debe tenerse en cuenta que:

– En el caso de solicitud de reconocimiento del derecho a la asistencia gratuita, puede solicitarse la suspensión hasta que se produzca la decisión sobre su reconocimiento o su denegación, o la designación provisional de abogado y procurador (art. 16 de la Ley de Asistencia Jurídica Gratuita).

– Puesto que el laudo, aún impugnado, produce el efecto de cosa juzgada y tiene fuerza ejecutiva, puede instarse su ejecución transcurrido el tiempo de espera legal de 20 días (art. 45 de la Ley de Arbitraje).

RESOLUCIÓN RELEVANTE

STSJ de Madrid n.º 34/2023, de 3 de octubre, ECLI:ES:TSJM:2023:10776

Asunto: naturaleza del plazo para interponer demanda de anulación

«Según vienen entendiendo los diversos tribunales que actualmente ostentan competencias en la materia y que han resuelto cuestiones similares (Vid. ATSJ Navarra 12/2011 de 12 de diciembre; AATSJ Comunidad Valenciana 18/2011 de 6 de octubre, 22/2011 de 10 de noviembre y 6/2012 de 6 de marzo; y STSJ Comunidad Valenciana 16/2012 de 18 de mayo), el mencionado plazo de dos meses desde la notificación del laudo para la interposición de la demanda de anulación es -al igual que los previstos para el ejercicio de las acciones de revisión de sentencias judiciales firmes (art. 512 LEC) o de reclamación de indemnización por error judicial (art. 293.1.a LOPJ), entre otras- es un plazo de caducidad (no de prescripción) de naturaleza civil o sustantiva (no procesal)».

Conforme establece el art. 41.2 de la Ley de Arbitraje también es posible que algunos motivos de anulación sean apreciados de oficio por el tribunal, o a instancia del Ministerio Fiscal con relación a los intereses cuya defensa le está legalmente atribuida. Esta posibilidad se da en los supuestos de:

– Que no ha sido debidamente notificada de la designación de un árbitro o de las actuaciones arbitrales o no ha podido, por cualquier otra razón, hacer valer sus derechos.

– Que los árbitros han resuelto sobre cuestiones no susceptibles de arbitraje.

– Que el laudo es contrario al orden público.

Para el caso de que la anulación se base en que los árbitros han resuelto sobre cuestiones no susceptibles de arbitraje o cuestiones no sometidas a su decisión, la anulación afectará solo a los pronunciamientos del laudo sobre estas cuestiones siempre que puedan separarse de las demás, en estos casos hablamos de **anulación parcial**.

A TENER EN CUENTA. El art. 6 de la Ley de Arbitraje señala: «Si una parte, conociendo la infracción de alguna norma dispositiva de esta ley o de algún requisito del convenio arbitral, no la denunciare dentro del plazo previsto para ello o, en su defecto, tan pronto como le sea posible, se considerará que renuncia a las facultades de impugnación previstas en esta ley».

4.2. Órgano competente para la revisión y anulación del laudo arbitral

Conforme establece la Ley de Arbitraje en el art. 8.5 la competencia para conocer de la acción de anulación del laudo le corresponde a la sala civil y de lo penal del tribunal superior de justicia (TSJ) de la comunidad autónoma donde se hubiera dictado el laudo.

En el mismo sentido se pronuncia el art. 73.1.c) de la LOPJ el cual señala que la sala civil y penal del TSJ conocerá, como sala de lo civil:

> «c) De las funciones de apoyo y control del arbitraje que se establezcan en la ley, así como de las peticiones de exequátur de laudos o resoluciones arbitrales extranjeros, a no ser que, con arreglo a lo acordado en los tratados o las normas de la Unión Europea, corresponda su conocimiento a otro Juzgado o Tribunal».

Competencia en la revisión de un laudo arbitral

El art. 43 de la Ley de Arbitraje, respecto al procedimiento de revisión de los laudos, hace una remisión a la regulación de la LEC sobre la revisión de sentencias que se regula en los arts. 509 y siguientes de la LEC.

El primero de estos artículos establece:

> «La revisión de sentencias firmes se solicitará a la Sala de lo Civil del Tribunal Supremo o a las Salas de lo Civil y Penal de los Tribunales Superiores de Justicia, conforme a lo dispuesto en la Ley Orgánica del Poder Judicial».

La LOPJ en materia de competencia para la revisión señala que la Sala Civil del Tribunal Supremo conocerá de los recursos de revisión que establezca la ley (art. 56.1 de la LOPJ). En cuanto a la competencia de los tribunales superiores de justicia el art. 73.1 de la LOPJ establece que, conocerá del recurso extraordinario de revisión que establezca la ley contra sentencias dictadas por órganos jurisdiccionales del orden civil con sede en la comunidad autónoma, en materia de derecho civil, foral o especial, propio de la comunidad autónoma, si el correspondiente estatuto de autonomía ha previsto esta atribución.

Por tanto, el conocimiento de la revisión le corresponde a los tribunales superiores de justicia cuando concurran los siguientes requisitos:

– Que se trate de sentencias dictadas por órganos jurisdiccionales radicados en la comunidad autónoma.

– Que el Estatuto de Autonomía haya previsto esta competencia.

– Que la demanda de revisión se interponga contra sentencias que apliquen normas propias del derecho civil, foral o especial, propio de la comunidad.

La necesidad de que concurran estos tres requisitos lo ha reflejado el TSJ de Aragón en el **auto n.º 32/2020, de 28 de octubre, ECLI:ES:TSJAR:2020:78A**:

> «Así pues, la Ley Orgánica del Poder Judicial, a la que se remite la Ley de Enjuiciamiento Civil, condiciona la competencia de la Sala Civil de los Tribunales Superiores de Justicia para conocer de las demandas de revisión de sentencias firmes civiles a que se cumplan tres requisitos: en primer lugar, que la sentencia se haya dictado por un órgano judicial cuya sede radique en la Comunidad Autónoma correspondiente a dicho Tribunal Superior; en segundo lugar, que el Estatuto de Autonomía haya previsto dicha atribución competencial; y, en tercer lugar, que la sentencia se dicte en materia de Derecho Civil, foral o especial, propio de esta Comunidad Autónoma».

4.3. Análisis de los casos tasados en los que procede la anulación

El art. 41.1 de la Ley de Arbitraje establece los casos en los que el laudo puede ser anulado, siendo esta enumeración *numerus clausus*, no pudiendo alegarse ninguna otra causa. Por tanto, el laudo sólo podrá ser anulado cuando la parte que solicita la anulación alegue y pruebe:

- Que el convenio arbitral no existe o no es válido.
- Que no ha sido debidamente notificada de la designación de un árbitro o de las actuaciones arbitrales o no ha podido, por cualquier otra razón, hacer valer sus derechos.
- Que los árbitros han resuelto sobre cuestiones no sometidas a su decisión.
- Que la designación de los árbitros o el procedimiento arbitral no se han ajustado al acuerdo entre las partes, salvo que dicho acuerdo fuera contrario a una norma imperativa de esta ley, o, a falta de dicho acuerdo, que no se han ajustado a esta ley.
- Que los árbitros han resuelto sobre cuestiones no susceptibles de arbitraje.
- Que el laudo es contrario al orden público.

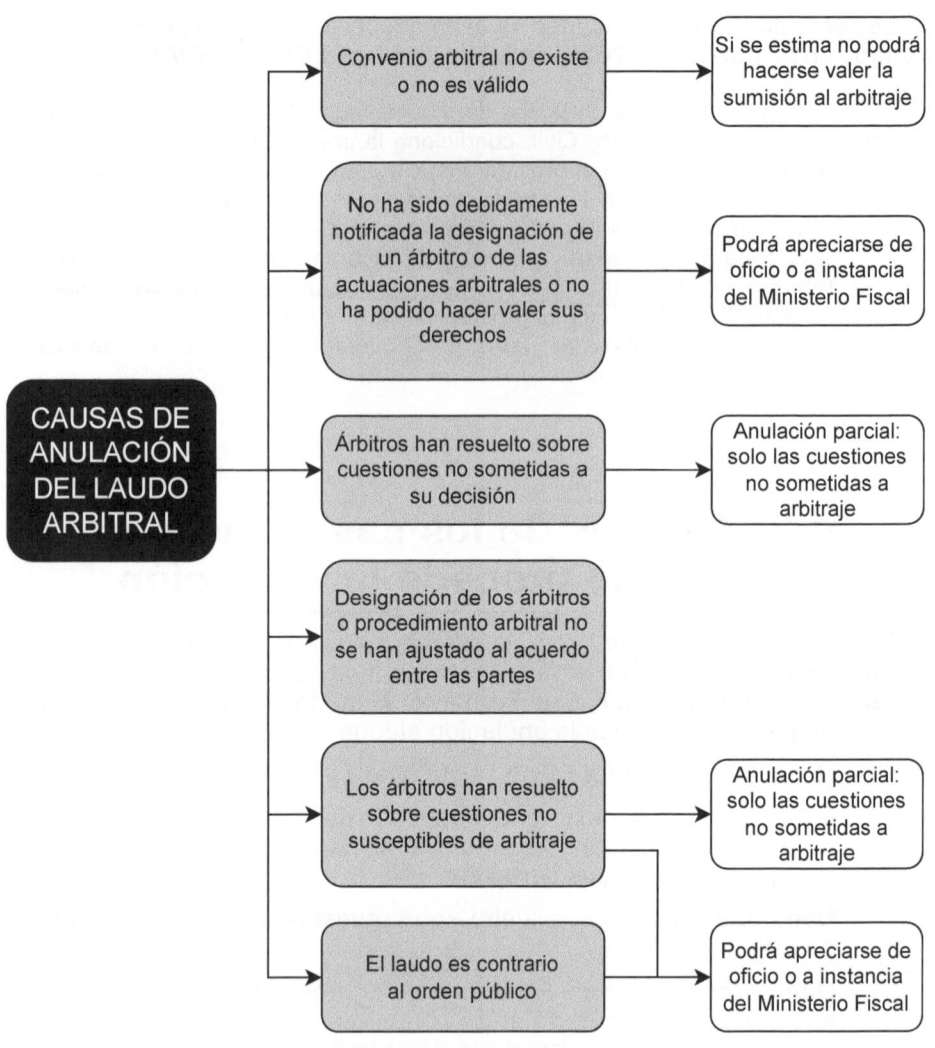

Anulación por convenio no existente o no válido

Con carácter previo, ha de indicarse la **diferencia entre los efectos de la anulación por este motivo respecto a los demás motivos del art. 41.1 ley de Arbitraje**: si la sentencia declara que el convenio arbitral no existe o no es válido, las partes no podrán hacer valer la sumisión a arbitraje, sino optar entre suscribir un nuevo convenio arbitral o acudir a los tribunales; en tanto que, en los demás supuestos del artículo 41, seguirá en vigor el convenio y la obligación de las partes de someter a arbitraje la resolución de su controversia.

El convenio arbitral tiene carácter contractual. Debe tenerse en cuenta la capacidad legal de los intervinientes, y la existencia de un consentimiento válido. Se le aplican las normas sobre inexistencia, nulidad y anulabilidad de los contratos. El artículo 1265 del CC dispone que será nulo el consentimiento prestado por error, violencia, intimidación o dolo. La concurrencia de un vicio del consentimiento, en cuanto permite la declaración de nulidad y, por tanto, de la inexistencia del contrato o cláusula sobre el que recaiga, puede ser alegada a través de este motivo.

En relación con la posible alegación o la oposición a esta causa de nulidad, debe tenerse en cuenta que, si bien deberá constar por escrito, la Ley de Arbitraje en el artículo 9 recoge un criterio flexible al contemplar las diversas formas de constancia del convenio:

> «1. El convenio arbitral, que podrá adoptar la forma de cláusula incorporada a un contrato o de acuerdo independiente, deberá expresar la voluntad de las partes de someter a arbitraje todas o algunas de las controversias que hayan surgido o puedan surgir respecto de una determinada relación jurídica, contractual o no contractual.
>
> 2. Si el convenio arbitral está contenido en un contrato de adhesión, la validez de dicho convenio y su interpretación se regirán por lo dispuesto en las normas aplicables a ese tipo de contrato.
>
> 3. El convenio arbitral deberá constar por escrito, en un documento firmado por las partes o en un intercambio de cartas, telegramas, télex, fax u otros medios de telecomunicación que dejen constancia del acuerdo. Se considerará cumplido este requisito cuando el convenio arbitral conste y sea accesible para su ulterior consulta en soporte electrónico, óptico o de otro tipo.
>
> 4. Se considerará incorporado al acuerdo entre las partes el convenio arbitral que conste en un documento al que éstas se hayan remitido en cualquiera de las formas establecidas en el apartado anterior.
>
> 5. Se considerará que hay convenio arbitral cuando en un intercambio de escritos de demanda y contestación su existencia sea afirmada por una parte y no negada por la otra.
>
> 6. Cuando el arbitraje fuere internacional, el convenio arbitral será válido y la controversia será susceptible de arbitraje si cumplen los requisitos establecidos por las normas jurídicas elegidas por las partes para regir el convenio arbitral, o por las normas jurídicas aplicables al fondo de la controversia, o por el derecho español».

Debe también tenerse en cuenta que el artículo 22 de la Ley de Arbitraje establece la regla de que los árbitros tienen potestad para decidir sobre su competencia. Es la regla que la doctrina ha bautizado con la expresión alemana «**Kompetenz-Kompetenz**». Las resoluciones de los distintos tribunales indican que no solo viene referida la competencia objetiva y funcional en el conocimiento del conflicto, sino también todas aquellas que se refieren y guardan conexión con la existencia o validez del convenio arbitral. Por ello, de no plantearse a los árbitros la cuestión sobre la existencia o validez del convenio, se entiende por los tribunales que se está en el supuesto de renuncia tácita a las facultades de impugnación recogida en el art. 6 de la Ley de Arbitraje.

Convenio arbitral en acuerdo comunitario

Del examen de las distintas resoluciones recaídas en procedimientos de anulación de laudo arbitral, se comprueba que, en relación con laudos arbitrales dictados en resolución de litigios de comunidades de propietarios, se ha planteado el debate sobre la **existencia o validez de convenio arbitral en acuerdo comunitario** ante la situación, habitual en este tipo de litigios, de que el propietario contra el que la comunidad de propietarios promueve el procedimiento arbitral en el que se dicta el laudo impugnado hubiera votado en contra, se hubiera abstenido o no hubiera asistido a la junta general, ni impugnado el acuerdo comunitario mediante el ejercicio de la acción prevista en el art. 18 de la Ley de Propiedad Horizontal. La cuestión que se plantea entonces es si el acuerdo comunitario contiene un convenio arbitral consentido contra el que se dirige la reclamación por vía arbitral.

Se plantea en estos casos una doble posición de los tribunales, por un lado, encontramos el sector que entiende que el hecho de que el propietario que no ha votado a favor del convenio y que no lo ha impugnado judicialmente no puede suponer que se entienda que el mismo acepta la sumisión al arbitraje. Así lo ha señalado la **AP de Madrid en el auto n.º 92/2012, de 27 de marzo, ECLI:ES:APM:2012:6193A**:

> «El tribunal llamado a conocer de la demanda ejecutiva se encuentra ante un documento del que se desprende que la sumisión a arbitraje fue consentida por la Comunidad de Propietarios-ejecutante, de manera expresa mediante la adopción de un acuerdo comunitario, y un propietario-ejecutado que ha observado la siguiente conducta: A pesar de tener conocimiento de que uno de los puntos del orden del día era la sumisión a arbitraje no tuvo a bien asistir a la junta de propietarios (o se abstuvo o votó en contra), y, después de ser notificado del acuerdo comunitario favorable a la sumisión a arbitraje no lo impugnó judicialmente, mediante el ejercicio de la acción prevista en el artículo 18 de la Ley 49/1960, de 21 de julio, sobre Propiedad Horizontal .
>
> La cuestión queda reducida a determinar si, esa conducta del propietario-ejecutado, debe considerarse como una declaración de voluntad tácita que tendría cabida en el párrafo primero del apartado 3 del artículo 9 de la Ley 60/2003, de 23 de diciembre, de Arbitraje ("El convenio arbitral deberá constar por escrito, en... o en un intercambio de cartas, telegramas, télex, fax u otros medios de telecomunicación que dejen constancia del acuerdo") y posibilitaría el despacho de ejecución.
>
> La conducta del propietario-ejecutado no puede ser considerada como una declaración de voluntad tácita, dado que se trata de una renuncia a que, la tutela judicial efectiva reconocida en el artículo 24 de la Constitución, sea dispensada por el Estado, a través de los órganos integrantes de uno de sus Poderes, en concreto el Poder Judicial (reconocido en el Titulo VI de la Constitución), pasando a ser dispensada por una asociación privada que se ofrece publicitariamente a las Comunidades de Propietarios de casas. Ante lo cual, la consideración de la declaración de voluntad como tácita, precisa de una conducta del propietario ejecutado más concluyente».

Sin embargo, muestra de la posición contraria es la sentencia del **TSJ de las Islas Canarias n.° 13/2022, de 22 de diciembre, ECLI:ES:TSJICAN:2022:3435,** que señala:

> «En el mismo sentido, el Auto núm. 387/2012 de 14 noviembre de la Audiencia Provincial de Madrid (Sección 10 .ª) señala: "La adopción de acuerdos en Junta General Ordinaria o Extraordinaria, es una de las funciones que legalmente se atribuyen a la Junta de propietarios, en virtud del Art. 14. Ley sobre Propiedad Horizontal, el cual establece que "Corresponde a la Junta de propietarios: d) Aprobar o reformar los estatutos y determinar las normas de régimen interior y e) Conocer y decidir en los demás asuntos de interés general para la comunidad acordando las medidas necesarias o convenientes para el mejor servicio común… El sometimiento a arbitraje de las posibles controversias que puedan surgir dentro de la Comunidad, queda comprendido, entre las funciones de acordar las medidas necesarias o convenientes en interés general para la comunidad, para un mejor servicio común… No es necesaria la concurrencia de todos los vecinos en las Juntas para adoptar determinados acuerdos, tal y como establece la Ley sobre Propiedad Horizontal, en su artículo 17.1 "la unanimidad solo será exigible para la validez de los acuerdos que impliquen la aprobación o modificación de las reglas contenidas en el titulo constitutivo de la propiedad horizontal o en los estatutos de la comunidad"… Para el acuerdo adoptado respecto al sometimiento de las posibles controversias que se pudieran suscitar en la Comunidad, no era necesaria la citada unanimidad, con lo que queda más que reafirmada la legalidad del acuerdo adoptado… Cabe recordar, las múltiples posibilidades que la ley concede a las partes interesadas, para poner de manifiesto el desacuerdo o la ilegalidad de los acuerdos adoptados…, de lo que se ha de deducir, que si … no han hecho uso de los mecanismos que la ley prevé, es porque estaban del todo de acuerdo con las decisiones adoptadas en la Junta General… La parte demandada podía haber ejercitado el mecanismo legal establecido en el Artículo 18, de la Ley sobre Propiedad Horizontal, impugnando ante los tribunales los acuerdos adoptados en la Junta de Propietarios."
>
> Así pues, la no impugnación del acuerdo y la mera presentación de la demanda no ampara a priori su disconformidad respecto del acuerdo en el plazo establecido, lo que conlleva la formación de la mayoría necesaria y el consiguiente nacimiento del carácter obligatorio del acuerdo, lo que unido a su falta de impugnación determina que el acuerdo de sumisión a arbitraje existe y que es válido y vinculante para el demandante».

Nulidad de la cláusula de sumisión a arbitraje privado en arbitraje de consumo

El art. 56 del TRLGCU establece el sistema arbitral de consumo, señalando:

> «1. El Sistema Arbitral del Consumo es el sistema extrajudicial de resolución de resolución de conflictos entre los consumidores y usuarios y los empresarios a través del cual, sin formalidades especiales y con carácter vinculante y ejecutivo para ambas partes, se resuelven las reclamaciones

de los consumidores y usuarios, siempre que el conflicto no verse sobre intoxicación, lesión o muerte o existan indicios racionales de delito.

2. La organización, gestión y administración del Sistema Arbitral de Consumo y el procedimiento de resolución de los conflictos, se establecerá reglamentariamente por el Gobierno. En dicho reglamento podrá preverse la decisión en equidad, salvo que las partes opten expresamente por el arbitraje de derecho, el procedimiento a través del cual se administrará el arbitraje electrónico, los supuestos en que podrá interponerse una reclamación ante la Junta Arbitral Nacional frente a las resoluciones de las Juntas arbitrales territoriales sobre admisión o inadmisión de las solicitudes de arbitraje y los casos en que actuará un árbitro único en la administración del arbitraje de consumo.

3. Los órganos arbitrales estarán integrados por representantes de los sectores empresariales interesados, de las organizaciones de consumidores y usuarios y de las Administraciones públicas.

4. No serán vinculantes para los consumidores los convenios arbitrales suscritos con un empresario antes de surgir el conflicto. La suscripción de dicho convenio, tendrá para el empresario la consideración de aceptación del arbitraje para la solución de las controversias derivadas de la relación jurídica a la que se refiera, siempre que el acuerdo de sometimiento reúna los requisitos exigidos por las normas aplicables».

Del apartado 4 del mencionado precepto se deduce que no son válidos los convenios arbitrales que se suscriben con anterioridad al conflicto.

RESOLUCIÓN RELEVANTE

Auto del TSJ de Madrid n.º 8/2022, de 5 de mayo, ECLI:ES:TSJM:2022:221A

«1. No serán vinculantes para el consumidor los acuerdos suscritos antes del surgimiento de un litigio entre un consumidor y un empresario con objeto de someterse a un procedimiento con resultado vinculante.

2. Para el empresario el acuerdo celebrado antes del surgimiento del litigio será vinculante si reúne las condiciones de validez exigidas por la normativa aplicable a dicho acuerdo. Este acuerdo no será necesario cuando el empresario se encuentre obligado, por ley o por su adhesión previa, a participar en dicho procedimiento.

3. El sometimiento del consumidor y del empresario al procedimiento ante una entidad de resolución alternativa de litigios de consumo cuya decisión sea vinculante requerirá, junto a la existencia de un acuerdo posterior al surgimiento del litigio, que en el momento de la prestación del consentimiento las partes sean informadas de que la decisión tendrá carácter vinculante, y de si la misma les impide acudir a la vía judicial, debiendo constar por escrito, o por otro medio equivalente, su aceptación expresa. Esta garantía de consentimiento informado no será de aplicación al empresario cuando se encuentre obligado, por ley o por su adhesión previa, a participar en dicho procedimiento.

Es innegable la virtualidad de esa Directiva de 2013, como un elemento más de interpretación del nuevo art. 57.4 añadido a la dicción expresa, v.gr., de los arts. 82 y 90 TRLGDCU y de los arts. 3 y 6 de la Directiva 1993/13/CEE: el consentimiento ex ante del consumidor nunca es posible, aun a arbitraje de consumo, requiriéndose con posterioridad al surgimiento del litigio una aceptación expresa del propio consumidor. Y esa aceptación expresa, incompatible con la tácita sumisión, ha de ser, además, negociación individualizada cuando estamos en presencia de un arbitraje que no es de consumo».

Extensión subjetiva de la cláusula arbitral a terceros

En relación con la problemática que se plantea con frecuencia en los procedimientos arbitrales de la extensión subjetiva de la cláusula arbitral a terceros, y, en concreto, a **sociedad no firmante que pertenece al grupo de la sociedad matriz** que lo firmó, podemos hacer referencia en este punto a lo señalado por el TSJ de la Comunidad Valenciana en la **sentencia n.° 13/2015, de 5 de mayo, ECLI:ES:TSJCV:2015:3413** la cual establece que la extensión subjetiva de la cláusula arbitral a sociedades no firmantes de un grupo societario, de la que si fue parte a través de la sociedad matriz, tiene su fundamento en los siguientes elementos:

- Pertenencia de la sociedad no suscriptora a un grupo de sociedades.

- Participación efectiva de la sociedad no suscriptora en la relación contractual litigiosa requerida para la extensión, dicha participación puede producirse en cualquiera de las fases o etapas del contrato, esto es, en su negociación, ejecución y/o en su terminación.

- Valoración pormenorizada de los elementos fácticos y la asunción de los mismos en determinada figura jurídica que posee más bien un valor confirmatorio de la solución adoptada por los árbitros en base a los hechos y cada caso concreto. La referencia es a las figuras de la representación, estipulación en beneficio de un tercero, la doctrina de los actos propios *(estoppel)* y a la del levantamiento del velo social.

Con relación a la extensión de la cláusula arbitral a terceros no firmantes, según establece la **sentencia del TSJ de Madrid n.° 20/2018, de 24 de abril, ECLI:ES:TSJM:2018:3981** existen varias teorías doctrinales:

- La del mecanismo contractual o societario, en el que, salvo pacto en contrario, la cláusula arbitral se transmite con el contrato automáticamente, sin necesidad de examinar la intención de las partes que quedan vinculadas por la cláusula arbitral, ya que el nuevo titular quedará vinculado en virtud del derecho contractual (cesión, asunción simple o solidaria de la deuda, transferencia de patrimonio...) o societario (fusión, escisión, transformación de empresas, transferencia de patrimonio...).

- La del levantamiento del velo, cuya base no es el consentimiento de las partes, sino la extensión subjetiva, basada en el principio de buena fe; una parte que controla una entidad, no se puede refugiar bajo la forma jurídica de dicha entidad separada cuando en realidad utiliza dicha forma de manera abusiva, para eludir o limitar la responsabilidad.

- La teoría de los actos propios, que implica que una parte que no ha firmado un contrato que contiene una cláusula arbitral, pero que ejercita derechos con base en el mismo, no puede luego pretender que no está sujeta la cláusula arbitral contenida en dicho contrato.

Debe tenerse presente que el Tribunal Supremo en ocasiones ha rechazado la extensión de la cláusula arbitral a partes que no la habían firmado, a modo de ejemplo podemos hacer referencia a:

- STS n.º 567/2007, de 27 de mayo, ECLI:ES:TS:2007:4499, en la que se pretende hacer extensiva a la comunidad la cláusula de arbitraje que se establece en los estatutos de la comunidad para la resolución de conflictos entre los propietarios, la sentencia señala:

> «En suma, nada hace pensar que la sumisión a la decisión arbitral de la junta de gobierno del art. 9, que parece pensada para facilitar la resolución de las controversias entre pariguales, los propietarios de la comunidad (frente a los cuales la junta de la comunidad aparece en posición de árbitro decisor cuando la diferencia se proyecta sobre el uso de los elementos propios y comunes), haya querido extenderse, más allá del tenor literal del art. 35, a las controversias entre los propietarios y la comunidad, que presentan perfiles muy distintos a las controversias entre propietarios que los estatutos textualmente contemplan y dicha conclusión no puede obtenerse de una correlación lógica entre los dos artículos citados, cuya ubicación sistemática, contenido y efectos son distintos.
>
> Las argumentaciones de la sentencia en relación con la falta de personalidad jurídica de la comunidad y con el carácter vinculante de la cláusula de sumisión al arbitraje tienen un carácter accesorio en relación con el argumento principal, que se funda en la interpretación, según las normas hermenéuticas que rigen en nuestro Derecho, de las cláusulas de sumisión a arbitraje, por lo que los detallados razonamientos que la parte recurrente expone en relación con estas cuestiones carecen de verdadera trascendencia para la decisión del motivo».

- STS n.º 26/2010, de 11 de febrero, ECLI:ES:TS:2010:1669 ante una cláusula arbitral que rige entre sociedades no la entiende extensible al administrador de una de las sociedades:

> «Como ha declarado la jurisprudencia, para ser tenida por eficaz es necesario que se manifieste la voluntad inequívoca de las partes de someter todas o algunas de las cuestiones surgidas o que puedan surgir de relaciones jurídicas determinadas a la decisión de uno o más árbitros (SSTS de 18 de marzo de 2002, 20 de junio de 2002 y 31 de mayo de 2003).
>
> C) En el caso examinado consta que la cláusula arbitral se aceptó por la sociedad demandante frente a la sociedad demandada, pero no frente a su administrador, que intervino en el contrato exclusivamente en su calidad de representante orgánico de aquélla, por lo que la cláusula de sumisión a arbitraje contenida en este contrato no podía afectarle, a diferencia de lo que ocurre con la sociedad demanda».

Supuesta invalidez del convenio arbitral por caducidad

En el supuesto que examina la STSJ de Cataluña n.º 78/2018, 4 de octubre, ECLI:ES:TSJCAT:2018:8878, se desestima la demanda de anulación sustentada en la afirmación de inexistencia o invalidez del convenio por razón de caducidad del procedimiento arbitral. Se advierte que, según la redacción actual del artículo 37.2 de la Ley de Arbitraje, salvo acuerdo en contrario de las partes, la expiración del plazo sin que se haya dictado laudo definitivo no afectará a la eficacia del convenio ni a la validez del laudo dictado, sin perjuicio de la responsabilidad en que hayan podido incurrir los árbitros.

Anulación del laudo por falta de notificación de designación de árbitro o de actuaciones

El art. 41.1.b) de la Ley de Arbitraje establece como motivo de anulación del laudo: «Que no ha sido debidamente notificada de la designación de un árbitro o de las actuaciones arbitrales o no ha podido, por cualquier otra razón, hacer valer sus derechos».

Conforme este precepto para la anulación del laudo la parte que solicita debe alegar y probar:

- La falta de notificación de la designación de un árbitro.
- Que no ha sido debidamente notificada de las actuaciones arbitrales.
- Que no ha podido, por cualquier otra razón, hacer valer sus derechos.

Este motivo debe vincularse a los principios fundamentales de igualdad, audiencia y contradicción que deben regir el procedimiento arbitral y que expresamente recoge el artículo 24.1 de la Ley de Arbitraje. Por ello es uno de los motivos que **puede ser apreciado de oficio o a instancia del Ministerio Fiscal (art. 41.2 de la Ley de Arbitraje).**

Para que pueda ser admitida la anulación del laudo conforme a este motivo no es suficiente con alegar que se ha producido una infracción procesal, sino que es preciso que esto haya producido una indefensión material. Así lo recoge la **sentencia del TSJ de Cataluña n.° 6/2024, de 12 de febrero, ECLI:ES:TSJCAT:2024:1354**: «(...) en relación con las irregularidades del proceso cabe proclamar con carácter general que no toda irregularidad procedimental puede dar lugar a la nulidad el procedimiento arbitral seguido sino únicamente aquellas que por su gravedad han afectado a los principios de igualdad, audiencia o contradicción, incidiendo en efectiva indefensión». Es por ello fundamental que en la demanda de anulación se haga ver el modo en que la infracción procesal ha impedido a la parte hacer valer sus derechos y la transcendencia de esta situación.

La doctrina, tanto del Tribunal Supremo, como del Constitucional, es reiterada en cuanto señala que el artículo 24.1 de la Constitución Española no protege situaciones de simple indefensión formal sino de indefensión material que razonablemente haya podido causar perjuicio al recurrente. La **sentencia del Tribunal Constitucional n.° 73/2002, de 8 de abril, ECLI:ES:TC:2002:73**, recogiendo la consolidada doctrina recaída al respecto establece:

> «Para ello, es necesario tener muy presente que este Tribunal ha declarado reiteradamente que la vulneración del derecho fundamental a no padecer indefensión, reconocido en el artículo 24.1 CE, exige que la situación en que se haya encontrado el recurrente y que éste considera como limitativa de sus posibilidades de defensa, le haya causado un perjuicio real y

efectivo en sus derechos e intereses legítimos (por todas, STC 114/2000, de 5 de mayo, FJ 3). Por eso, tal y como se desprende de lo que afirmamos en las SSTC 205/1994, de 11 de julio (FJ 4), y 62/1998, de 17 de marzo (FJ 4), corresponde al recurrente en amparo ofrecer a este Tribunal la argumentación precisa para que éste pueda apreciar que, efectivamente, las circunstancias producidas han tenido auténtica transcendencia sobre sus derechos e intereses legítimos, ocasionándole un perjuicio real y efectivo en los mismos».

JURISPRUDENCIA

Sentencia del Tribunal Supremo n.º 493/2022, de 22 de junio, ECLI:ES:TS:2022:2462

Asunto: falta de diligencia del afectado en la defensa de sus derechos e intereses

«Los actos de comunicación producen efectos cuando su frustración se debe, únicamente, a la voluntad expresa o tácita de su destinatario, o a la pasividad, desinterés, negligencia, error, o impericia de la persona a la que va destinada, y, en este caso, no consta que la parte demandada no recogiera la comunicación remitida por la arrendadora por alguna causa justificada distinta de su propia voluntad e interés.

Como ha dicho el Tribunal Constitucional no se produce indefensión cuando la omisión o frustración de los actos de comunicación procesal tienen su causa en la falta de diligencia del afectado en la defensa de sus derechos e intereses, bien porque se ha colocado al margen del proceso mediante una actitud pasiva, bien cuando resulte probado que poseía un conocimiento extraprocesal de la existencia del litigio en el que no fue personalmente emplazado (sentencias del Tribunal Constitucional núm. 149/2002, de 15 de julio, 6/2003, de 20 de enero, 55/2003, de 24 de marzo, 90/2003, de 19 de mayo, 191/2003, de 27 de octubre, 43/2006, de 13 febrero, 161/2006, de 22 de mayo, y 93/2009, de 20 de abril).

La naturaleza receptiva, que corresponde a toda notificación o requerimiento, legalmente practicado, exige la colaboración del destinatario, en el sentido de que admita y no obstaculice intencionada o negligentemente su recepción, de manera tal que la frustración de su práctica no responda a causas que le sean directamente imputables y no al requirente. No es posible que la eficacia de un acto jurídico penda de la voluntad del requerido».

Se exige un especial deber de diligencia en la realización de los actos de comunicación a través de los cuales se pone en **conocimiento de las partes la propia existencia del proceso,** por la transcendencia que tiene para garantizar el principio de contradicción o audiencia bilateral de las partes. La incorrecta o defectuosa constitución de la relación jurídica procesal puede ser causa de indefensión. La indefensión no se apreciará en aquellos casos en que haya mediado pasividad o negligencia por quien la invoca, tal y como ha señalado la **STC n.º 219/1999, de 29 de noviembre, ECLI:ES:TC:1999:219:**

«(...) Hemos señalado también que no todo defecto o irregularidad en su establecimiento posee relevancia constitucional, sino sólo aquellas irregularidades que provoquen indefensión en quien las haya sufrido, lo que sucederá si la resolución judicial se dicta inaudita parte por causas que no sean imputables a la parte, bien por su pasividad o su negligencia, y sin que haya podido tener la oportunidad efectiva de alegar y probar lo alegado en un proceso con todas las garantías (SSTC 117/1983, 77/1997, 143/1998, 176/1998, 26/1999, 78/1999). Sin olvidar que la posible negligencia, descuido o impericia imputables a la parte, o el conocimiento extraprocesal de la causa judicial tramitada supuestamente sin conocimiento del interesado, que vaciaría de contenido constitucional su queja, no puede fundarse sin más en una presunción cimentada en simples conjeturas, sino que debe acreditarse para que surta su efecto invalidante de la tacha de indefensión, pues lo presumido es, justamente, el desconocimiento del proceso si así se alega (SSTC 161/1998, 26/1999, 126/1999)».

Conforme a la doctrina constitucional, la validez constitucional de un emplazamiento, cuando de ello **depende la personación de la parte en el proceso,** no se colma con el mero envío de la notificación, si no se tiene **constancia fehaciente en las actuaciones de que la citación ha llegado efectivamente a su destinatario** en la fecha requerida, ya que, de lo contrario, la exigencia de citación se convertiría en un mero formalismo, ignorándose su verdadera esencia de medio de comunicación que posibilita el ejercicio del derecho a la defensa **(STC n.° 155/1994, de 23 de mayo, ECLI:ES:TC:1994:155).**

Otra de las causas por las cuales es posible solicitar la anulación al entender que se ha causado indefensión por razón de no haberse llevado a la práctica alguno de los medios de prueba propuestos. En este caso para entender que se ha producido la violación del derecho a la defensa debe tenerse en cuenta lo establecido por el Tribunal Constitucional en la **sentencia n.° 3/2005, de 17 de enero, ECLI:ES:TC:2005:3:**

> «En concreto, para que se produzca violación del indicado derecho fundamental, este Tribunal ha exigido reiteradamente que concurran dos circunstancias: a) la denegación o inejecución han de ser imputables al órgano judicial; y b) la prueba denegada o impracticada ha de ser decisiva en términos de defensa, debiendo justificar el recurrente en su demanda la indefensión sufrida. Esta última exigencia de acreditación de la relevancia de la prueba denegada se proyecta, según nuestra jurisprudencia, también en un doble plano: por un lado, el recurrente ha de demostrar la relación entre los hechos que se quisieron y no se pudieron probar y las pruebas inadmitidas o no practicadas; y, por otro lado, ha de argumentar el modo en que la admisión y la práctica de la prueba objeto de la controversia habrían podido tener una incidencia favorable a la estimación de sus pretensiones; sólo en tal caso -comprobado que el fallo del proceso a quo pudo, tal vez, haber sido otro si la prueba se hubiera practicado- podrá apreciarse también el menoscabo efectivo del derecho de quien por este motivo solicita el amparo constitucional"».

Anulación del laudo por resolver cuestiones no sometidas a los árbitros

El art. 41.1.c) de la Ley de Arbitraje señala como motivo a alegar para la anulación del laudo que los árbitros hayan resuelto sobre cuestiones que no estuvieran sometidas a su decisión. Este motivo es consecuencia de la exigencia de congruencia del laudo arbitral, y equivalente al art. 218.1 de la Ley de Enjuiciamiento Civil que hace referencia a la necesidad de que las sentencias sean congruentes.

Podemos encontrarnos ante supuestos de incongruencia *extra petita* —fuera de lo solicitado por las partes—, *ultra petita* —más de lo solicitado por las partes— o *infra petita* —menos de lo solicitado por las partes—.

En caso de que prosperara el motivo, la anulación solo afectaría a los pronunciamientos del laudo sobre aquellas cuestiones no sometidas a decisión de los árbitros, si fuese posible separar estas de las demás (art. 41.3 de la Ley de Arbitraje).

El ejercicio de la acción de anulación sobre la base de un exceso o defecto de jurisdicción de los árbitros viene condicionado por la posibilidad de que **en sede arbitral pueda solicitarse la corrección, aclaración, complemento y rectificación extralimitación del laudo** (art. 39 de la Ley de Arbitraje); lo cual, a efectos de la posibilidad de apreciación de esta causa de anulación, debe ponerse en relación lo establecido en el artículo 6 de la Ley de Arbitraje: si una parte, conociendo la infracción de alguna norma dispositiva de esta ley o de algún requisito del convenio arbitral, no la denunciare dentro del plazo previsto para ello o, en su defecto, tan pronto como le sea posible, se considerará que renuncia a las facultades de impugnación previstas en esta ley. Por tanto, para poder apreciar esta causa de anulación es necesario haber agotado el procedimiento arbitral conforme han señalado los tribunales, entre los cuales se encuentra el TSJ de Canarias que, en la **sentencia n.º 1/2022, de 3 de marzo, ECLI:ES:TSJICAN:2022:456**, ha señalado:

«Debemos señalar, en primer lugar, que la parte actora no ha agotado el procedimiento arbitral. Así lo reconoce expresamente en el fundamento cuarto de la demanda. El art. 39 de la Ley de Arbitraje prevé: 1. Dentro de los diez días siguientes a la notificación del laudo, salvo que las partes hayan acordado otro plazo, cualquiera de ellas podrá, con notificación a la otra, solicitar a los árbitros: (.) d) La rectificación de la extralimitación parcial del laudo, cuando se haya resuelto sobre cuestiones no sometidas a su decisión o sobre cuestiones no susceptibles de arbitraje. Cuando se invoca como motivo de nulidad el art. 41 1 c) de la Ley de Arbitraje resulta preceptivo haber acudido previamente al cauce que habilita el citado art. 39 1 d). En tal sentido cabe citar la reciente sentencia del TSJ Galicia (Civil y Penal), sec. 1.ª, S 11-03-2021, n.º 8/2021, rec. 28/2019 y las que en ella se mencionan (SSTSJG 45 y 60/2015, de 10 de noviembre y de 3 de diciembre, y 3 y 28/2018, de 24 de enero y 15 de noviembre), constituyendo reiterada doctrina de esta Sala la que efectivamente enseña que no cabe suscitar ahora o en sede jurisdiccional el motivo de que se trata cuando el demandante no intentó la corrección del laudo a través del susodicho cauce del artículo 39 LA, cuya finalidad última estriba en "agilizar el proceso arbitral y evitar actuaciones judiciales", siendo la demanda de nulidad un remedio excepcional que exige el agotamiento de los incidentes pertinentes, tal cual el mencionado de corrección, y de ahí que el artículo 40 LA prevea que dicha demanda pueda ejercitarse solo contra "un laudo definitivo", esto es, una vez intentado su complemento, aclaración o corrección».

La cuestión sobre la correspondencia entre la controversia que se ha suscitado en el arbitraje y lo que puede ser decidido por los árbitros debe ser apreciada con cierta flexibilidad tal como ha señalado el TSJ de Madrid en la **sentencia n.º 77/2021, de 10 de diciembre, ECLI:ES:TSJM:2021:10535**, la cual remitiéndose a la jurisprudencia del Tribunal Supremo, establece:

> «De todos modos, no está de más recordar lo expuesto por esta misma Sala, por ejemplo, en la STSJM de 27 de septiembre de 2016 (ROJ: 9397/2016) a propósito de la congruencia: "la jurisprudencia ha venido insistiendo en la flexibilidad con que ha de ser apreciada la correspondencia entre lo controvertido y lo que puede ser decidido por los árbitros; así, la sentencia del Tribunal Supremo de 25 de octubre de 1982 ya señaló que las facultades de los árbitros vienen determinadas por el thema decidendi establecido por la voluntad de las partes, estando ciertamente aquéllos sometidos al principio de congruencia, sin que puedan traspasar los límites del compromiso resolviendo cuestión no sometida a su decisión; pero eso no implica que estén obligados a interpretarlo tan restrictivamente que se coarte su misión decisoria de conflictos de forma extrajudicial, sino que la naturaleza y finalidad del arbitraje permite una mayor elasticidad en la interpretación de las estipulaciones que describen las cuestiones a decidir, las que deben apreciarse no aisladamente, sino atendiendo a aquella finalidad y a sus antecedentes, pudiendo reputarse comprendidas en el compromiso aquella facetas de la cuestión a resolver íntimamente vinculadas a la misma y sin cuya aportación quedaría la controversia insuficientemente fallada; en el mismo sentido, las SSTS de 9 de octubre de 1984, 17 de septiembre de 1985, 17 de junio de 1987, 28 de noviembre de 1988 y 20 de noviembre de 1989».

En distintas resoluciones en las que los tribunales han tenido que pronunciarse sobre la existencia o no de incongruencia en el fallo de un laudo arbitral, se ha insistido en que la nota de flexibilidad permite una **interpretación amplia y extensiva, tanto del ámbito del convenio arbitral, como de la delimitación del objeto de la controversia** en el seno del procedimiento arbitral, que se extiende a cuantas cuestiones instrumentales o derivadas pudieran surgir en relación con la controversia principal. En estos términos se ha pronunciado el TSJ de Madrid en la **sentencia n.º 42/2023, de 14 de noviembre, ECLI:ES:TSJM:2023:12970**.

La propia Exposición de Motivos de la Ley de Arbitraje señala que «(...) la determinación del objeto de la controversia, siempre dentro del ámbito del convenio arbitral, se produce de forma progresiva (...)», de manera que «(...) la función de la demanda y de la contestación a que se refiere el art. 29 Ley de Arbitraje no es sino la de ilustrar a los árbitros sobre el objeto de la controversia, sin perjuicio de alegaciones ulteriores (...)», teniendo en cuenta que «(...) No entran aquí en juego las reglas propias de los procesos judiciales en cuanto a requisitos de demanda y contestación, documentos a acompañar o preclusión. El procedimiento arbitral, incluso en defecto de acuerdo de las partes, se configura con gran flexibilidad, acorde con las exigencias de la institución».

Anulación del laudo porque la designación de los árbitros o el procedimiento no se han ajustado al acuerdo

El art. 41.1.d) de la Ley de Arbitraje indica como posible causa de anulación del laudo:

> «Que la designación de los árbitros o el procedimiento arbitral no se han ajustado al acuerdo entre las partes, salvo que dicho acuerdo fuera contrario a una norma imperativa de esta Ley, o, a falta de dicho acuerdo, que no se han ajustado a esta ley».

En lo que se refiere a la **designación de árbitros** en la práctica judicial, se presentan con frecuencia casos en los que el tribunal debe examinar si se ha observado el mandato legal de que en el procedimiento para la designación de árbitros no se puede vulnerar el principio de igualdad (art. 15.2 de la Ley de Arbitraje), y que se haya respetado la prohibición establecida en el art. 17.1 de la Ley de Arbitraje de que el árbitro «(...) no podrá mantener con las partes relación personal, profesional o comercial». Muestra de lo anterior lo encontramos en la **sentencia del TSJ de Madrid n.° 11/2024, de 27 de febrero, ECLI:ES:TSJM:2024:2185**, «La observancia del principio de igualdad en la ratificación del convenio arbitral, en el procedimiento de designación de árbitros y, más en general, durante todo el procedimiento arbitral tiene, como una de sus plasmaciones legales, lo dispuesto en la interdicción que establece el art. 17.1 LA, cuando, tras afirmar que "todo árbitro debe ser y permanecer durante el arbitraje independiente e imparcial", añade: " En todo caso, no podrá mantener con las partes relación personal, profesional o comercial "».

Para que esta causa de anulación pueda ser estimada es imprescindible que la **inobservancia de lo pactado prive de eficacia a la institución arbitral**, tal y como ha razonado el TSJ de Castilla-La Mancha en la **sentencia n.° 2/2018, de 14 de diciembre, ECLI:ES:TSJCLM:2018:3058**:

> «(...) por tanto es imprescindible que la inobservancia de lo pactado prive de eficacia a la institución arbitral cuyo fundamento es precisamente la autonomía de la voluntad de las partes, que deciden someter sus controversias a arbitraje, con sujeción a las normas que pactan dentro de lo previsto por la Ley de Arbitraje (el arbitraje sólo puede resolver los conflictos que las partes convienen y en la forma en que lo pactan, en otro caso la competente para dirimir el pleito es la jurisdicción). La norma preferente en el arbitraje es la pactada por las partes, con el límite de no vulnerar de esta forma normas imperativas».

Anulación de un laudo por resolver cuestiones no susceptibles de arbitraje

El art. 41.1.e) de la Ley de Arbitraje señala como causa de anulación que los árbitros hayan resuelto sobre cuestiones que no son susceptibles de arbitraje. Esta causa de anulación se entiende que está en relación con lo establecido en el art. 2.1 de la Ley de Arbitraje, acerca de la disponibilidad de la materia objeto de controversia: «Son susceptibles de arbitraje las controversias sobre materias de libre disposición conforme a derecho».

Se consideran no arbitrables determinadas **materias en razón al interés público que subyace en ciertos derechos**, como pueden ser: los procesos sobre capacidad, filiación, matrimonio y menores, los derechos cuya renuncia puede contrariar el interés público o el derecho a los alimentos.

En la práctica judicial se deduce que esta causa posibilita instar la nulidad del laudo arbitral en aquellos casos en los que la materia que se someta a su decisión quede al margen del ámbito objetivo expresamente recogido en el convenio. En este sentido se ha pronunciado el TSJ de Galicia en la **sentencia n.° 64/2015, de 3 de diciembre, ECLI:ES:TSJGAL:2015:9492:**

> «(...) El ámbito objetivo del convenio arbitral queda delimitado por aquellas materias sobre las que los árbitros podrán y habrán de resolver, de tal modo que las que queden fuera de aquél estarán vedadas a su conocimiento. Consecuencia de lo anterior, tal y como se previene en el artículo 41.1, e) de la Ley de arbitraje, es la posibilidad de instar la nulidad del laudo arbitral en aquellos casos en los que los árbitros resuelvan cuando no exista ese convenio arbitral o no sea éste válido o cuando la materia que se someta a su decisión quede al margen del ámbito objetivo expresamente recogido en el convenio».

A TENER EN CUENTA. Se planteó una especial problemática en cuanto al arbitraje en materia de arrendamientos urbanos, ya que la mayor parte de su regulación tiene carácter imperativo y por tanto no disponible para las partes. Esta cuestión fue resuelta por medio del apartado 5 del art. 4 de la LAU que señala «Las partes podrán pactar la sumisión a mediación o arbitraje de aquellas controversias que por su naturaleza puedan resolverse a través de estas formas de resolución de conflictos, de conformidad con lo establecido en la legislación reguladora de la mediación en asuntos civiles y mercantiles y del arbitraje».

Esta causa de anulación puede ser apreciada de oficio o apreciada a instancia del Ministerio Fiscal en relación con los intereses cuya defensa le está legalmente atribuida.

Finalmente, el art. 41.3 de la Ley de Arbitraje establece que si la anulación se basa en la causa prevista en el apartado e) del art. 41.1 de la Ley de Arbitraje afectará solo a los pronunciamientos que se hayan dictado sobre materias no susceptibles de arbitraje, siempre que puedan separarse de las demás.

Anulación del laudo por ser contrario al orden público

Señala el art. 41.1.f) de la Ley de Arbitraje que la parte puede solicitar la anulación cuando alegue y pruebe que el laudo es contrario al orden público. Este motivo de anulación es el que más se invoca en la práctica, como último recurso, o de modo alternativo o subsidiario y, en relación con el cual, desestimados otros motivos alegados, finalmente, se suelen pronunciar los tribunales y, también, porque cabe su apreciación de oficio.

> **A TENER EN CUENTA.** Conforme el art. 41.2 de la Ley de Arbitraje este motivo puede ser apreciado de oficio o ser alegado por el Ministerio Fiscal.

El Tribunal Constitucional en la **sentencia n.º 65/2021, de 15 de marzo, ECLI:ES:TC:2021:65,** ha expuesto la jurisprudencia relativa a la infracción del orden público como causa de anulación de los laudos arbitrales y su proyección sobre el derecho a la tutela judicial efectiva reconocido en el art. 24.1 de la CE. Expone que «El tribunal declara en la STC 46/2020 que "por orden público material se entiende el conjunto de principios jurídicos públicos, privados, políticos, morales y económicos, que son absolutamente obligatorios para la conservación de la sociedad en un pueblo y en una época determinada (SSTC 15/1987, de 11 febrero; 116/1988, de 20 junio, y 54/1989, de 23 febrero), y, desde el punto de vista procesal, el orden público se configura como el conjunto de formalidades y principios necesarios de nuestro ordenamiento jurídico procesal, y solo el arbitraje que contradiga alguno o algunos de tales principios podrá ser tachado de nulo por vulneración del orden público (...)».

El tribunal concluye, tal como había establecido en la **sentencia n.º 17/2021, de 15 de febrero, ECLI:ES:TC:2021:17,** que debe quedar firme la idea de que el motivo que se recoge en el art. 41.1.f) de la Ley de Arbitraje no permite sustituir el criterio alcanzado por el árbitro por parte de los jueces que conocen de la anulación del laudo, así como que la noción de orden público no puede ser tomada como un cajón de sastre o una puerta falsa que permita el control de la decisión arbitral.

A los efectos de previstos en el art. 41.1.f) de la Ley de Arbitraje los tribunales han indicado que «a los efectos previstos en el citado artículo, debe considerarse contrario al orden público, aquel Laudo que vulnere los derechos y libertades fundamentales reconocidos en el Capítulo II, Título I de la Constitución, garantizados a través de lo dispuesto en términos de generalidad en el artículo 24 de la misma, incluyendo la arbitrariedad patente referida en el art. 9.3 de la Constitución, y desde luego, quedando fuera de éste concepto la posible justicia del Laudo, las deficiencias del fallo o el modo más o menos acertado de resolver la cuestión"» **(STSJ de Madrid n.º 43/2023, de 5 de diciembre, ECLI:ES:TSJM:2023.13587).**

Se ha indicado también que **no cabe relacionar el orden público con el conjunto de normas de un sistema jurídico no renunciables** por las partes. Al carácter imperativo de las mismas ha de unirse necesariamente su trascendencia constitucional. Así lo ha señalado la **STSJ de la Comunidad Valenciana n.º 14/2021, de 29 de noviembre, ECLI:ES:TSJCV:2021:5672,** la cual razona:

> «Como también es sabido, nos hallamos ante una figura confusa y de difícil concreción. Tradicionalmente ha venido unida al conjunto de valores que, considerados intangibles, constituyen el fundamento de una sociedad soberana en un momento y una realidad histórica determinada. Conceptuación ésta que se mantiene en la actualidad y que nos dirige hacia criterios que se identifican con los derechos fundamentales y libertades públicas garantizados por la Constitución Española o con ciertos principios internacionalmente admitidos (SSTC 54/1989, de 23 de febrero, y, más recientemente, 46/2020, de 15 de junio, 17/2021, de 15 de febrero, y 55/2021 y 65/2021, de 15 de marzo)».

Los distintos tribunales que han tenido competencia objetiva en demandas de anulación se han pronunciado sobre la gravedad requerida de las infracciones para poder considerar la existencia de una violación del orden público:

Falta de motivación del laudo arbitral como cuestión de orden público

Cuando la infracción de orden público que se denuncia es la falta de motivación del laudo arbitral, los tribunales resuelven por analogía a las normas y jurisprudencia elaborada sobre los requisitos internos y la finalidad de la motivación de las sentencias, desde la perspectiva de que la acción de anulación no puede ser un cauce para cuestionar o revisar la decisión arbitral.

RESOLUCIÓN RELEVANTE

STSJ del País Vasco n.º 4/2020, de 23 de abril, ECLI:ES:TSJPV:2020:28

«Según esta doctrina jurisprudencial, la exigencia de motivación no requiere una argumentación exhaustiva y pormenorizada de todos los aspectos y perspectivas que las partes puedan tener de la cuestión que se decide, pero el art. 24.1 CE sí exige la consideración de las que son sustanciales (STC 4/2006, de 16 de enero, (FJ 3), -y así lo ha declarado el Tribunal Europeo de Derechos Humanos en los casos Hiro Balani c. España y Ruiz Torija c. España de 9 de diciembre de 1994, y lo han reconocido las SSTC 85/2000, de 27 de marzo; 1/2001, de 15 de enero; 5/2001, de 15 de enero; 148/2003, de 14 de julio; 8/2004, de 9 de febrero, y posteriormente, las SSTC, 85/2006, de 27 de marzo, y 144/2007, de 18 de junio-); la falta de respuesta del órgano judicial a la cuestión debidamente planteada no debe hacerse equivaler a la falta de respuesta expresa, pues los requisitos constitucionales mínimos de la tutela judicial pueden satisfacerse con una respuesta tácita. La desestimación tácita se produce cuando de los razonamientos contenidos en la resolución pueda deducirse razonablemente los motivos fundamentadores de la misma. No existe una incongruencia omisiva cuando la falta de respuesta judicial se refiere a pretensiones cuyo examen venga subordinado a la decisión que se adopte respecto de otras también planteadas en el proceso que, al ser de enjuiciamiento preferente -por su naturaleza o por conexión procesal-, hacen innecesario un pronunciamiento sobre aquéllas otras (SSTC, 138/2007, de 4 de junio, y 87/2008, de 21 de julio); el derecho de los litigantes a una motivación jurídica no les faculta a exigir que la argumentación sea exhaustiva en sentido absoluto, de modo que alcance a todos los aspectos y perspectivas de la cuestión litigiosa (STC 165/99, de 27 de septiembre), dado que es bastante con que se expongan las razones decisivas, que permitan, en último término, la impugnación de la decisión (STC 100/1987, de 9 de julio, 218/2006, de 3 de julio); y, finalmente, en resolución de esta Sala de lo Civil de 9 de diciembre de 2019 (NLA 11/2019, FJ5), además de recoger lo ya consignado, señalábamos "resulta, no obstante, cuando menos discutible que este canon de motivación sea extrapolable automáticamente y en toda su extensión al arbitraje y más aún cuando se trata de un arbitraje de equidad. Ya respecto del arbitraje de Derecho se ha discutido la propia noción de equivalente jurisdiccional del arbitraje y su traslación automática a la exigencia de motivación, al no tener en cuenta la base contractual del arbitraje y el alcance del principio de autonomía de la voluntad. Por tanto, siendo exigible la motivación del laudo arbitral por mor del art. 37.4 de la Ley de Arbitraje, la misma no puede ser exigida en el laudo arbitral dictado en equidad con el mismo rigor que en una resolución judicial o en un laudo dictado en arbitraje de Derecho."».

Cuando nos encontramos ante un laudo de equidad debemos tener presente que la motivación exigida no es la misma que en el supuesto de laudos en derecho, sobre esto tiene especial transcendencia lo dispuesto en la **sentencia del TSJ de Galicia n.° 20/2013, de 10 de mayo, ECLI:ES:TSJGAL:2013:3425**:

> «(...) la motivación, como antídoto al servicio de la interdicción de la arbitrariedad de los poderes públicos (artículo 9.3 de la Constitución Española), en la medida en que el laudo lleva aparejada, igual que una sentencia firme, acción ejecutiva (artículo 44 de la Ley de arbitraje y 517.2 de la Ley de Enjuiciamiento Civil), es un pilar básico del Estado de Derecho y por lo tanto, cuestión de orden público constitucional regulada en normas imperativas de ineludible cumplimiento para todo árbitro cuya resolución de fondo es, por lo demás, inapelable.
>
> Dicho lo anterior, tampoco podemos desconocer que no puede tener el mismo alcance en el arbitraje de equidad que en el de Derecho. Mientras el primero exige exponer unas razones conforme a máximas de experiencia, reglas lógicas, conocimientos científicos, así como los usos, los criterios éticos y de convivencia generalmente aceptados en cada sector de las relaciones sociales, el segundo impone, además, una resolución fundada en Derecho, con sujeción al Ordenamiento Jurídico, porque así lo han querido las partes en el convenio arbitral de modo que, en el decir de la exposición de motivos de la L.A., el árbitro ha de decidir "sobre la base de los mismos criterios jurídicos que si hubiere de resolver un tribunal". Así, entendemos, se produce una equiparación sustantiva entre el contenido de la motivación de un laudo de derecho y el de una sentencia y se pueden aplicar por analogía las normas positivas y la jurisprudencia elaborada sobre los requisitos internos y la finalidad de la motivación de las sentencias, que son sobradamente conocidas. Sea suficiente afirmar, no obstante, (STSJG de 16 de septiembre de 2008, 9/2011 de 28 de marzo, 1/2012 de 10 de enero, T.S de 29 de marzo de 2005 o del TC 165/99, de 27 de septiembre), que "la necesaria motivación no faculta a las partes a exigir una argumentación jurídica exhaustiva que alcance a todos los aspectos y perspectivas que puedan tener de la cuestión que se decide"».

|| Incongruencia del fallo como cuestión de orden público

El examen de la alegación de incongruencia del laudo arbitral como constitutiva infracción de orden público se efectúa bajo el prisma de que la jurisprudencia relativa a la congruencia de las sentencias afirma que no exige una correspondencia absolutamente rígida entre lo pedido y lo acordado, sino que tal exigencia también se cumple cuando el fallo, pese a no concordar literalmente con lo pedido, se adecue racionalmente a las pretensiones de las partes y a los hechos que las fundamenten, hasta el punto de ser admisibles pronunciamientos complementarios del juzgador no pedidos por las partes pero sí encaminados a facilitar la ejecución del fallo o a evitar nuevos pleitos, así lo ha recogido el TSJ de Madrid, con referencia a la jurisprudencia del Tribunal Supremo en la **sentencia n.° 38/2022, de 2 de noviembre, ECLI:ES:TSJM:2022:13266**.

Se señala que esta doctrina ha de aplicarse con mayor razón en el caso del laudo arbitral en consideración al principio de flexibilidad que inspira el procedimiento arbitral, sin olvidar que la intervención ha de ser mínima por parte del tribunal y que la demanda de anulación no es una instancia de apelación a través de la cual se pueden subsanar errores u omisiones en que pudiera incurrir el auto para completarlo, o examinar la corrección de lo resuelto (STSJ de Madrid n.º 42/2017, de 20 junio, ECLI:ES:TSJM:2017:7177).

Valoración de la prueba como supuesto de infracción de orden público

En el supuesto que examina la **STSJ de Madrid n.º 11/2017, de 7 de febrero, ECLI:ES:TSJM:2017:1718** se denunciaba que en el laudo había un error gravísimo en la valoración de la prueba. El tribunal señala que no puede revisar la valoración probatoria en la que se basa el laudo arbitral, ni la acción de nulidad, para cuya resolución es competente, le facultaría a subsanar eventuales errores en la decisión del árbitro, salvo que dicha valoración fuese expresión de una motivación patentemente lesiva del derecho a la tutela judicial efectiva. En el fundamento jurídico 3.º se resume la jurisprudencia que determina en qué circunstancias una valoración de la prueba puede vulnerar el derecho a la tutela judicial efectiva.

A modo de ejemplo, la sentencia referenciada señala:

> «En este mismo sentido, la STS, 1.ª, de 29 de octubre de 2013 (FJ 11.º, ROJ STS 5358/2013) reprueba la valoración arbitraria de la prueba, por error patente, arbitrariedad o por infracción de una norma tasada, con la consiguiente conculcación del test de razonabilidad exigible para respetar el art. 24.1 CE, y ello 'por haber reputado la Audiencia un hecho como probado sin explicar ni justificar las razones que había tomado en consideración para ello, ante una actividad probatoria manifiestamente insuficiente (emisión unilateral de una factura en que se fija el importe de unos costes que se pretende repercutir), ausente de cualquiera explicación o justificación que permita otorgarle un valor probatorio suficiente al haber sido expresamente cuestionada por la parte contraria'.
>
> De nuevo a modo de ejemplo, la STS, 1.ª, de 5 de febrero de 2010 (ROJ STS 329/2010) estima ilógica e irrazonable la valoración de la prueba efectuada por el Tribunal a quo 'por incurrir en contradicciones internas y rechazar las conclusiones de la prueba pericial por causas incomprensibles' (FJ 5). Como también es posible 'invocar el carácter ilógico de una presunción judicial para demostrar la existencia de una valoración de la prueba manifiestamente errónea o arbitraria, al amparo del art. 24 CE ' (STS, 1.ª, de 23 de febrero de 2010, ROJ 988/2010, FJ 7)».

4.4. Análisis de los casos tasados en los que procede la revisión del laudo arbitral

Los motivos por los que habrá lugar a la revisión de una sentencia firme, de aplicación a la revisión de un laudo arbitral, se enumeran en el art. 510 de la LEC.

Causas de revisión de los laudos

El art. 43 de la Ley de Arbitraje señala: «El laudo produce efectos de cosa juzgada y frente a él sólo cabrá ejercitar la acción de anulación y, en su caso, solicitar la revisión conforme a lo establecido en la Ley 1/2000, de 7 de enero, de Enjuiciamiento Civil para las sentencias firmes».

Conforme a lo establecido en el precepto transcrito para conocer las causas por las cuales el laudo es susceptible de revisión debemos acudir a la regulación de la LEC sobre la revisión de sentencias firmes. Así, los motivos de revisión serán los que se recogen en el art. 510 de la LEC:

> «1. Habrá lugar a la revisión de una sentencia firme:
> 1.º Si después de pronunciada, se recobraren u obtuvieren documentos decisivos, de los que no se hubiere podido disponer por fuerza mayor o por obra de la parte en cuyo favor se hubiere dictado.
> 2.º Si hubiere recaído en virtud de documentos que al tiempo de dictarse ignoraba una de las partes haber sido declarados falsos en un proceso penal, o cuya falsedad declarare después penalmente.
> 3.º Si hubiere recaído en virtud de prueba testifical o pericial, y los testigos o los peritos hubieren sido condenados por falso testimonio dado en las declaraciones que sirvieron de fundamento a la sentencia.
> 4.º Si se hubiere ganado injustamente en virtud de cohecho, violencia o maquinación fraudulenta.
> 2. Asimismo se podrá interponer recurso de revisión contra una resolución judicial firme cuando el Tribunal Europeo de Derechos Humanos haya declarado que dicha resolución ha sido dictada en violación de alguno de los derechos reconocidos en el Convenio Europeo para la Protección de los Derechos Humanos y Libertades Fundamentales y sus Protocolos, siempre que la violación, por su naturaleza y gravedad, entrañe efectos que persistan y no puedan cesar de ningún otro modo que no sea mediante esta revisión, sin que la misma pueda perjudicar los derechos adquiridos de buena fe por terceras personas».

Documentos de los que no se hubiera podido disponer por fuerza mayor o por obra de la otra parte (art. 510.1.1.º de la LEC)

El primer motivo que puede dar lugar a la revisión del laudo es que después de pronunciado, se recobraren u obtuvieren documentos decisivos, de los que no se hubiera podido disponer por fuerza mayor o por obra de la parte en cuyo favor se hubiere dictado.

La jurisprudencia, como la **STS n.º 264/2022, de 29 de marzo, ECLI:ES:TS:2022:1209**, exige los siguientes requisitos para que pueda prosperar este motivo de revisión:

- Que los documentos se recuperen u obtengan con posterioridad al momento preclusivo para su aportación al proceso, aunque no necesariamente en momento posterior al dictado del laudo.

- Que se trate de documentos decisivos, esto es, con valor y eficacia bastante para que la resolución del laudo hubiese sido distinta en caso de haber podido ser tenidos en cuenta

- Que los documentos no hayan podido aportarse al proceso en momento hábil por fuerza mayor o por obra de la parte favorecida por el laudo cuya revisión se pretende.

En este caso estamos ante documentos que existían antes de que precluyera para la parte la posibilidad de aportarlos al proceso, ya que el fundamento de este motivo radica en la imposibilidad de aportarlo por fuerza mayor o intervención de la otra parte y no porque el mismo no existiese en aquel momento, esta necesaria preexistencia la ha establecido el Tribunal Supremo tal como recoge la **sentencia n.º 963/2022, de 21 de diciembre, ECLI:ES:TS:2022:4779**:

> «"También tiene dicho esta sala que el documento recobrado ha de tener existencia con anterioridad al momento en que precluyó para la parte la posibilidad de aportarlo al proceso, en cualquiera de las instancias, ya que la causa de no haber podido el demandante de revisión disponer de él ha de ser, en tal previsión legal, no su inexistencia en aquel momento, sino la fuerza mayor o la actuación de la otra parte (STS de 22 de diciembre de 2010, que cita las sentencias de 4 de mayo de 2005, 31 de marzo de 2006, 26 de febrero de 2007 y 18 de marzo de 2009). En consecuencia, la prueba practicada, no evidencia la concurrencia de la causa de revisión prevista en el n.º 1 del artículo 510 de la Ley de Enjuiciamiento Civil, siendo doctrina reiterada de esta sala, que los hechos en que se funda la causa alegada deben ser debidamente acreditados por la parte que los alegue, de tal manera que esa prueba evidencie de manera incuestionable el vicio el que incurrió la sentencia firme impugnada"».

CUESTIÓN

Una persona tiene un documento, pero no recuerda su ubicación y una vez dictado el laudo lo encuentra, en este caso, ¿puede solicitar la revisión?

No, ya que el motivo de revisión se refiere a que se recobre el documento lo cual supone que haya perdido la posesión. En este sentido se ha pronunciado la STS n.º 327/1996, de 20 de abril, ECLI:ES:TS:1996:2360, que señala:

«Por recobro hay que entender readquirir o recuperar lo que se tuvo y cuya posesión se perdió o de la que se privó por fuerza mayor, conforme al mandato de la norma, para que, una vez cesada la interrupción posesoria, reintegrarse a la libre disponibilidad de quien corresponda. De esta manera no asiste condición de documento recobrado al que está en poder del propio interesado y no salió de su ámbito y posible

> *decisión, utilización y aprovechamiento, aunque ignore momentáneamente su situación y destino, ya que no se da estado de ocultación o pérdida impuesta (sentencias de 27-1-1962, 6-.5-1988, 13-11- 1991 y 21-11-1995)».*

La demanda de revisión no puede prosperar cuando se justifique en la aportación de una sentencia y ello por las razones que el Tribunal Supremo ha señalado en la **sentencia n.° 81/2016, de 18 de febrero, ECLI:ES:TS:2016:515**:

> «(i) La sentencia no es un documento a los efectos procesales pretendidos (sentencias de esta Sala de 8 de junio de 1992, 17 de junio de 1995, 24 de septiembre y 23 de noviembre de 2002 y 25 de enero de 2005), sino una resolución jurisdiccional que establece determinada doctrina legal. El citado art. 510.1.a) LEC se refiere a los documentos mismos, es decir, al soporte material que los constituye y no, de entrada, a los datos en ellos constatados o a su contenido. (ii) En todo caso, la sentencia del TJUE es de fecha posterior a la resolución cuya revisión se pretende, por lo que no tiene encaje en el art. 510.1 LEC . Como fácilmente se puede colegir, una sentencia posterior no puede constituir tal documento decisivo, por la razón evidente de que no existía al dictarse la que se pretende revisar. (iii) Tampoco es un documento retenido por la otra parte, ni su falta de disposición por la demandante se debió a fuerza mayor».

Documentos que ignoraba una de las partes haber sido declarados falsos o cuya falsedad se declare después (art. 510.1.2.° de la LEC)

En primer lugar, debe tenerse presente que para que la revisión prospere resulta necesario que la resolución de que se trate haya sido dictada como consecuencia de defectos o vicios que de haberse conocido hubieren provocado una resolución distinta (**STS n.° 408/2010, de 18 de junio, ECLI:ES:TS:2010:2959**). Esto supone que para que pueda admitirse este motivo el documento debe haber sido sido determinante de la resolución cuya rescisión se pretende (**STS n.° 61/2016, de 12 de febrero, ECLI:ES:TS:2016:522**).

Testigos o los peritos hubieren sido condenados por falso testimonio dado en las declaraciones que sirvieron de fundamento (art. 510.1.3.° de la LEC)

El apartado 3.° del art. 510.1 de la LEC señala: «Si hubiere recaído en virtud de prueba testifical o pericial, y los testigos o los peritos hubieren sido condenados por falso testimonio dado en las declaraciones que sirvieron de fundamento a la sentencia».

En este momento, con la redacción del art. 458 del Código Penal, el falso testimonio ha de prestarse en «causa judicial», por lo que, no obstante, en la remisión de la Ley de Arbitraje a la revisión de las sentencias judiciales difícilmente podría acordarse la revisión de un laudo arbitral por este motivo, cuando se exige una sentencia penal que declare el falso testimonio.

Ganado injustamente en virtud de cohecho, violencia o maquinación fraudulenta (art. 510.1.4.º de la LEC)

El CP define dos modalidades de **cohecho**:

- El art. 419 del CP se refiere a «La autoridad o funcionario público que, en provecho propio o de un tercero, recibiere o solicitare, por sí o por persona interpuesta, dádiva, favor o retribución de cualquier clase o aceptare ofrecimiento o promesa para realizar en el ejercicio de su cargo un acto contrario a los deberes inherentes al mismo o para no realizar o retrasar injustificadamente el que debiera practicar (...)».

- El art. 420 del CP establece «La autoridad o funcionario público que, en provecho propio o de un tercero, recibiere o solicitare, por sí o por persona interpuesta, dádiva, favor o retribución de cualquier clase o aceptare ofrecimiento o promesa para realizar un acto propio de su cargo (...)».

En cuanto al cohecho de los árbitros el art. 423 del CP hace extensible la regulación del cohecho a los árbitros. Por tanto, la revisión del laudo es posible cuando en la decisión del árbitro haya sido determinante una actuación de cohecho.

La definición de la **violencia** en el ámbito civil la podemos encontrar en el art. 1267 del CC que establece: «Hay violencia cuando para arrancar el consentimiento se emplea una fuerza irresistible». En el caso de laudos arbitrales, podría constituir este supuesto que se hubiera ejercido esa fuerza irresistible sobre los árbitros, sobre alguna de las partes del proceso o quienes asuman su defensa, con el objeto de obtener una decisión que beneficie a la parte en cuyo favor se ejerce la violencia.

Con relación a la **maquinación fraudulenta** esta consiste en una actuación maliciosa que comporte el aprovechamiento deliberado de determinada situación, llevada a cabo por el litigante vencedor, mediante actos procesales voluntarios que ocasionan una grave irregularidad procesal y originan indefensión, tal y como ha señalado el Tribunal Supremo en la **sentencia n.º 130/2019, de 5 de marzo, ECLI:ES:TS:2019:684**.

Lo determinante, en este caso, es probar que la maquinación fraudulenta constituya una novedad respecto del proceso, que venga de fuera de él y que haya determinado el contenido de la resolución cuya revisión se pretende. La **STS n.º 718/2022, de 31 de octubre, ECLI:ES:TS:2022:4050**, reitera las condiciones necesarias para la estimación de este motivo señalando:

> «La sala ha reiterado que la estimación de este motivo exige "una irrefutable verificación de que se ha llegado al fallo por medio de argucias, artificios o ardides encaminados a impedir la defensa del adversario, de suerte que exista nexo causal suficiente entre el proceso malicioso y la resolución judicial y ha de resultar de hechos ajenos al pleito, pero no de los alegados y discutidos en él" (STS n.º 32/2011, de 10 de febrero, con cita de múltiples precedentes). No solo ha de quedar perfectamente definida y acreditada en cuanto a su propia existencia, sino que ha de ser determinante para el sentido de la resolución firme dictada, de modo que habrá que considerar

que -si la misma no hubiera existido- no se habría "ganado" la sentencia, y que precisamente se ha vencido en juicio "injustamente" en virtud de dicha maquinación que ha llevado al tribunal a dictar una resolución que posiblemente no habría dictado de haber conocido la maquinación. De ahí que haya de examinarse la "ratio decidendi" de la sentencia firme objeto de revisión para determinar si, en su caso, la actuación fraudulenta de la parte contraria ha podido tener dicha influencia en la decisión (SSTS n.º 505/2018, de 19 de septiembre; 215/2017, de 4 abril)».

Una de las manifestaciones de la maquinación fraudulenta que permite la revisión es aquella en que incurre quien ejercita una acción judicial cuando oculta el domicilio de la persona contra la que va dirigida a fin de que se le emplace o cite por edictos y se sustancie el procedimiento en rebeldía. Esta concurre no solo cuando se acredita la intención torticera en quien lo ocultó, sino también cuando consta que tal ocultación se produjo por causa imputable al demandante y no al demandado. En el sentido expuesto se ha pronunciado el Tribunal Supremo en la **sentencia n.º 1822/2023, de 21 de diciembre, ECLI:ES:TS:2023:5598**, en la que razona:

«(...) Esta causa de revisión ha sido relacionada por la jurisprudencia con el derecho a la tutela judicial efectiva y con el carácter subsidiario que, según la jurisprudencia constitucional, debe tener el emplazamiento o citación por edictos, de tal manera que solo cabe acudir a él como última solución cuando no se conoce el domicilio de la persona que deba ser notificada o se ignora su paradero por haber cambiado de domicilio.

En estos casos, la revisión tiene su fundamento en que no cabe prescindir de la llamada a juicio en forma personal cuando existe una posibilidad directa o indirecta de localizar al interesado y hacerle llegar el contenido del acto de comunicación. El demandante tiene la carga procesal de promover que se intente el emplazamiento en cuantos lugares exista base racional suficiente para estimar que pueda hallarse la persona contra la que se dirige la demanda y debe desplegar la diligencia adecuada en orden a adquirir el conocimiento correspondiente, aunque no cabe exigirle una diligencia extraordinaria».

Violación de alguno de los derechos del CEDH (art. 510.2 de la LEC)

El art. 510.2 de la LEC establece:

«Asimismo se podrá interponer recurso de revisión contra una resolución judicial firme cuando el Tribunal Europeo de Derechos Humanos haya declarado que dicha resolución ha sido dictada en violación de alguno de los derechos reconocidos en el Convenio Europeo para la Protección de los Derechos Humanos y Libertades Fundamentales y sus Protocolos, siempre que la violación, por su naturaleza y gravedad, entrañe efectos que persistan y no puedan cesar de ningún otro modo que no sea mediante esta revisión, sin que la misma pueda perjudicar los derechos adquiridos de buena fe por terceras personas».

El Tribunal Supremo en la **sentencia n.° 55/2024, de 16 de enero, ECLI:ES:TS:2024:748** ha señalado que la operatividad de este precepto posee varios presupuestos:

- Que la resolución cuya revisión se solicita hubiera motivado una demanda ante el Tribunal Europeo de Derechos Humanos.

- Que una sentencia del citado Tribunal declare que la resolución había sido dictada en violación de alguno de los derechos reconocidos en el Convenio Europeo para la Protección de los Derechos Humanos y Libertades Fundamentales y sus Protocolos.

- Que la violación, por su naturaleza y gravedad, entrañe efectos que persistan y no puedan cesar de ningún otro modo que no sea mediante esta revisión.

- Que con la revisión no se perjudiquen derechos adquiridos por terceros de buena fe.

4.5. Procedimiento de anulación del laudo arbitral

El art. 42 de la Ley de Arbitraje señala que la acción de anulación se sustanciará por los trámites del juicio verbal, sin embargo, prevé una serie de especialidades en cuanto a la presentación de la demanda, su traslado y contestación.

Demanda

La demanda se presentará conforme a lo establecido en el art. 399 de la LEC lo que supone que la misma debe contener:

- Datos y circunstancias de identificación del actor y del demandando y el domicilio o residencia en que pueden ser emplazados.

- Narración de los hechos de forma ordenada y clara.

- Fundamentos de derecho.

- Petición, en caso de que sean varios los pronunciamientos que se pretendan se expresarán con la debida separación.

Como la acción de anulación debe sustentarse en alguno o algunos de los motivos tasados que se contemplan en el art. 41.1 de la Ley de Arbitraje, las alegaciones habrán de desarrollarse enmarcándose en alguno o algunos de ellos.

Conforme al art. 42.1.a) de la Ley de Arbitraje la demanda deberá ir acompañada de los documentos justificativos de su pretensión, del convenio arbitral y del laudo, y, en su caso, contendrá la proposición de los medios de prueba cuya práctica interese al actor.

Contestación a la demanda

El letrado de la Administración de Justicia dará traslado de la demanda al demandado, para que **conteste en el plazo de veinte días**. En la contestación, acompañada de los documentos justificativos de su oposición, deberá proponer todos los medios de prueba de que intente valerse.

Del escrito de contestación, así como de los documentos que lo acompañan, se dará traslado al actor para que pueda presentar documentos adicionales o proponer la práctica de prueba.

Celebración de vista

Contestada la demanda o transcurrido el correspondiente plazo, el letrado de la Administración de Justicia citará a la **vista**, si así lo solicitan las partes en sus escritos de demanda y contestación. Si en sus escritos no hubieren solicitado la celebración de vista, o cuando la única prueba propuesta sea la de documentos, y estos ya se hubieran aportado al proceso sin resultar impugnados, o en el caso de los informes periciales no sea necesaria la ratificación, el tribunal dictará sentencia, sin más trámite.

Sentencia

El art. 42.2 de la Ley de Arbitraje establece que frente a la sentencia que se dicte resolviendo la acción de anulación del laudo **no cabrá recurso alguno**.

A TENER EN CUENTA. En materia de costas se entiende aplicable el art. 394 de la LEC al no existir una específica regulación y remitirse el art. 42 de la Ley de Arbitraje a la tramitación del juicio verbal.

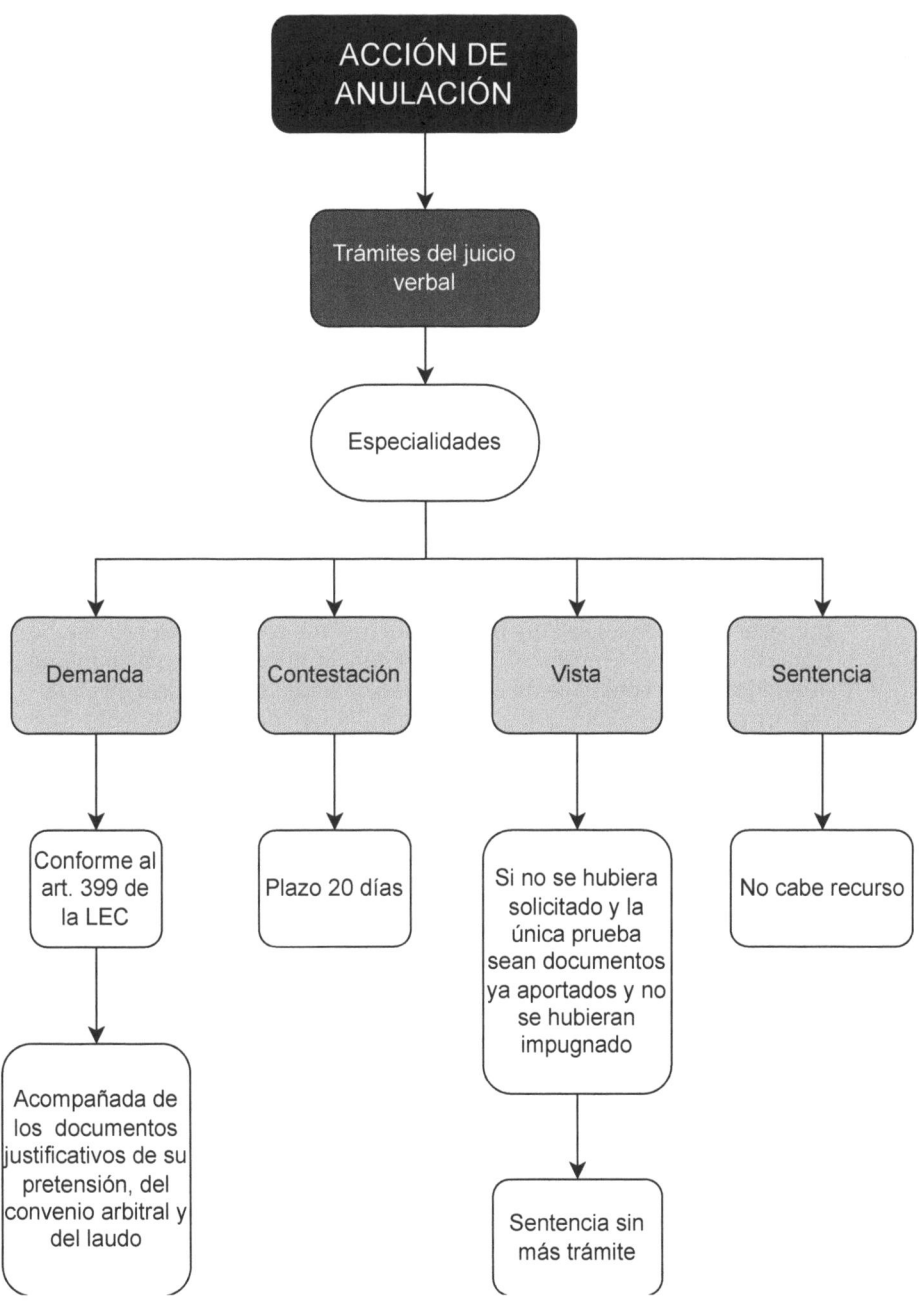

4.6. Procedimiento de revisión del laudo arbitral

Naturaleza, finalidad y objeto del recurso de revisión

La naturaleza jurídica del «recurso» de revisión es objeto de discusión de la doctrina, enfrentándose aquellos que sostienen que se trata un recurso, aunque tenga el carácter de extraordinario, y los que mantienen que es una acción autónoma que como tal da lugar a un proceso autónomo. Ha esta discusión doctrinal se ha referido el Tribunal Constitucional en la **sentencia n.º 158/1986, de 20 de octubre, ECLI:ES:TC:1986:158**:

> «La naturaleza jurídica del recurso de revisión, aparece sobremanera discutida desde un punto de vista doctrinal, enfrentándose las opiniones que sostienen que se trata de un recurso, aunque de carácter extraordinario, a las que sostienen que se trata de una acción autónoma que da lugar a un proceso autónomo. Los sostenedores del carácter de recurso se fundan en que se trata de la impugnación de una Sentencia, que presenta una cognición limitada por virtud de las causas tasadas que lo permiten. Frente a esta tesis, los sostenedores del carácter autónomo de la acción y del proceso revisorio entienden que el objeto de la pretensión procesal y del debate es aquí distinto del que fue en el proceso inicial. Se trata de decidir si ese proceso, y la Sentencia, fueron o no válidamente obtenidos y por consiguiente si la Sentencia debe rescindirse o invalidarse. Por ello se ha dicho que el llamado en la Ley de Enjuiciamiento Civil recurso de revisión no entra en puridad en la categoría de los recursos puesto que la posibilidad de acudir a éstos indica que el proceso está aún pendiente, por no haber adquirido la Sentencia el carácter de firme, habiendo señalado también algún autor que la demanda de revisión presupone la existencia de una Sentencia firme y que por ello no se la puede encuadrar dentro del derecho a recurrir y puede considerarse como una acción de pretensión impugnativa de la Sentencia firme ya que el interés que mueve dicha acción está apoyado en una base fáctica nueva y diferente de la que fue tratada en el proceso anterior. Esta línea de construcción aparece marcadamente en la jurisprudencia del Tribunal supremo donde se ha insistido en que el llamado por la Ley de Enjuiciamiento Civil, recurso de revisión es en realidad un proceso especial y autónomo de carácter impugnativo o una acción provista de finalidad resolutoria de Sentencias firmes».

Se considera que, dado que supone una excepción al principio esencial de la irrevocabilidad de las sentencias que hayan ganado firmeza, **en su apreciación debe seguirse un criterio restrictivo**, pues en caso contrario podríamos vulnerar el principio de seguridad jurídica, plasmado en el art. 9.3 CE, al mermar la autoridad de cosa juzgada de las resoluciones judiciales firmes, tal y como tiene declarado el Tribunal Supremo en varias de sus sentencias como la **STS n.º 157/2018, de 21 de marzo, ECLI:ES:TS:2018:961**.

La revisión comprende un doble enjuiciamiento: el *iudicium rescindens* y el *iudicium rescisorium*. En el primero el tribunal decide sobre la existencia del vicio producido por el hecho nuevo con carácter puramente negativo. En el segundo, se dicta una nueva sentencia (**STS n.º 788/2012, de 14 de diciembre, ECLI:ES:TS:2012:9035**).

Procedimiento de revisión de un laudo arbitral

Según lo dispuesto en el art. 43 de la Ley de Arbitraje para el proceso de revisión de los laudos se seguirán los trámites que la LEC establece para la revisión de sentencias, resulta por tanto de aplicación lo dispuesto en los arts. 509 a 516 de la LEC.

|| Legitimación

El art. 511 de la LEC establece la **legitimación activa** señalando que puede solicitar la revisión quien **hubiere sido parte perjudicada por el laudo**. En caso de que la revisión se interponga con causa en que el TEDH haya declarado que la resolución ha sido dictada en violación de alguno de los derechos reconocidos en el CEDH, la revisión solo podrá ser solicitada por quien hubiera sido demandante ante el TEDH.

No obstante, el Tribunal Supremo, en el caso de las sentencias judiciales, reconoce la legitimación a todos los que por estar interesados directamente en el resultado debieron ser llamados al proceso, así lo recoge la **STS, rec. 29/2010, de 18 de diciembre, ECLI:ES:TS:2013:6461**:

> «(...) Es cierto que también ha declarado que tienen legitimación y por tanto capacidad para promover recurso de revisión no sólo quienes fueran interpelados en el litigio, sino también todos aquellos que por estar interesados directamente en el resultado debieron ser llamados a él, pues admitir lo contrario equivaldría a tolerar que, a más de no ser oídos en el proceso, negándoles los medios de defensa de sus posibles derechos, se les privaría de uno de los recursos que la ley concede con carácter extraordinario (sentencias de 23 de noviembre de 1.962, 19 de enero de 1.981 y 4 de noviembre de 1.992) (...)».

En lo relativo a la **legitimación pasiva,** de lo dispuesto en el art. 514 de la LEC podemos deducir que, serán parte demandada **quienes hubieren litigado, o sus causahabientes**. Por causahabientes se entiende tanto los que lo son *mortis causa*, como por sucesión *inter vivos*.

|| Plazo de presentación de la solicitud de revisión de un laudo

En ningún caso podrá solicitarse la revisión después de transcurridos cinco años desde la fecha de la publicación de la sentencia que se pretende impugnar. Se rechazará toda solicitud de revisión que se presente pasado este plazo (art. 512.1 de la LEC).

Lo dispuesto en el párrafo anterior no será aplicable cuando la revisión esté motivada en una sentencia del Tribunal Europeo de Derechos Humanos. En este caso la solicitud deberá formularse en el plazo de un año desde que adquiera firmeza la sentencia del referido Tribunal.

El art. 512 de la LEC, refiriéndose a sentencias, señala que el plazo comienza a computarse desde la fecha de la publicación. En el caso de los laudos arbitrales debe plantearse que, no siendo necesaria su publicación, el plazo que se establece en el art. 512 de la LEC empiece a contarse desde su notificación.

El plazo que se establece en el mentado precepto es un plazo de caducidad y por tanto no es susceptible de interrupción. El que el plazo tenga esta naturaleza se justifica en que el proceso de revisión es un remedio extraordinario que supone una excepción al principio esencial de la irrevocabilidad de las resoluciones que sean firmes. En este sentido se ha pronunciado el Tribunal Supremo en el **auto, rec. 19/2017, de 19 de diciembre, ECLI:ES:TS:2017:12106A**:

> «4.- Es pacífico que la naturaleza de este plazo es la de un plazo de caducidad, no susceptible de interrupción. La existencia de un plazo de esta naturaleza se justifica por la naturaleza del proceso de revisión. Los términos empleados en el precepto son muy rigurosos, puesto que además de establecer que «en ningún caso» pueda solicitarse la revisión transcurrido ese plazo, se prevé el rechazo de toda solicitud de revisión que se presente pasado el plazo, que este tribunal ha interpretado como una previsión de rechazo de la propia admisión a trámite de la solicitud de revisión.
>
> 5.- Este tribunal ha considerado el proceso de revisión como un remedio extraordinario que, solo por causas muy excepcionales y en plazos determinados con mucha precisión, permite destruir la regla fundamental de la cosa juzgada, ya que el proceso de revisión, por su naturaleza extraordinaria, supone una excepción al principio esencial de la irrevocabilidad de las sentencias que hayan ganado firmeza, de forma que la interpretación de los casos que lo enmarcan debe efectuarse con un criterio sumamente restrictivo ya que, en caso contrario, el principio de seguridad jurídica proclamado en el artículo 9.3 de la Constitución quedaría vulnerado y se provocaría una quiebra del principio procesal de la autoridad de la cosa juzgada».

En cuanto al cómputo del plazo de 5 años para la interposición del recurso de revisión el Tribunal Supremo, en la **sentencia, rec. 7/2013, de 13 de febrero de 2014, ECLI:ES:TS:2014:769**, ha señalado que en los casos en que el motivo de la revisión sea el previsto en el art. 510.1.3.° de la LEC —si hubiere recaído en virtud de prueba testifical o pericial, y los testigos o los peritos hubieren sido condenados por falso testimonio dado en las declaraciones que sirvieron de fundamento a la sentencia— el plazo debe comenzar a computarse desde la firmeza de la sentencia condenatoria por falso testimonio, que es la que servirá de fundamento al recurso de revisión. Esta interpretación se extiende también al motivo del art. 510.1.2.° de la LEC, —si hubiere recaído en virtud de documentos que al tiempo de dictarse ignoraba una de las partes haber sido declarados falsos en un proceso penal, o cuya falsedad se declare después penalmente— conforme a la **STS n.º 539/2015, de 29 de septiembre, ECLI:ES:TS:2015:4158**.

El art. 512 de la LEC después de fijar en el apartado 1, un plazo general de cinco años para la interposición del recurso de revisión, contempla en el apartado 2 un segundo plazo dentro de aquel, que se concreta en los tres meses desde el día en que se descubriesen los documentos decisivos, el cohecho, la violencia o el fraude o en que se hubiere conocido o declarado la falsedad.

El Tribunal Supremo en **sentencia, rec. 53/2013, de 17 de julio de 2014, ECLI:ES:TS:2014:3390** señala que compete al propio recurrente concretar el «dies a quo» para el cómputo de los tres meses. No debe olvidarse que el recurso de revisión tiene naturaleza extraordinaria, siendo rigurosa la exigencia de que los requisitos exigidos y restrictiva la interpretación de su concurrencia, de forma que, en caso de duda, el tribunal ha de resolver a favor de la cosa juzgada.

RESOLUCIÓN RELEVANTE

Auto del Tribunal Supremo, rec. 72/2017, de 13 de febrero de 2018, ECLI:ES:TS:2018:1175A

«(...) Como recuerda el auto de 5 de octubre de 2016 (revisión 23/2016), esta sala ha reiterado en multitud de ocasiones que el plazo para la interposición de la demanda de revisión tiene naturaleza civil y no procesal; que es de caducidad y no de prescripción; y que no cabe interrupción del mismo. Asimismo, que la presentación del recurso ante un Tribunal incompetente no interrumpe el plazo de caducidad y que el mes de agosto se tiene en cuenta como hábil a los efectos del cómputo de aquel plazo de caducidad.

Especialmente, en lo que ahora importa, hemos dicho que la interposición de un recurso de amparo ante el Tribunal Constitucional no afecta al plazo de caducidad de tres meses para la presentación de la demanda de revisión (autos de 26 de enero de 2010 y 30 de marzo de 2016)».

|| Necesidad de depósito para interponer recurso de revisión

En el art. 513 de la LEC se establece como requisito indispensable para interponer el recurso de revisión el acompañar a la demanda el documento justificativo de haberse depositado en el establecimiento destinado al efecto la cantidad de 300€. En caso de que la demanda de revisión sea estimada se devolverá el depósito a la parte demandante.

Si el letrado de la Administración de Justicia detecta que falta el depósito o que el mismo es insuficiente concederá plazo, que en ningún caso será superior a cinco días, para que se subsane el defecto. El hecho de que no se subsane la falta o insuficiencia del depósito determinará que el tribunal repela de plano la demanda.

A TENER EN CUENTA. El art. 6.5 de la Ley de Asistencia Jurídica Gratuita exime a quienes se les reconozca el derecho a la asistencia jurídica gratuita del pago de los depósitos necesarios para la interposición de recursos.

‖ Sustanciación del recurso de revisión

El art. 514 de la LEC establece las especialidades relativas a la sustanciación del recurso de revisión.

Una vez **presentada y admitida** la demanda el letrado de la Administración de Justicia solicitará que se remitan al tribunal todas las actuaciones del pleito cuya sentencia —en el caso del arbitraje el laudo— se impugne y emplazará a cuantos en él hubieran litigado, o a sus causahabientes, para que dentro del plazo de 20 días **contesten a la demanda**, sosteniendo lo que convenga a su derecho.

Aunque la LEC no lo contempla, por el «Acuerdo adoptado por los magistrados de la Sala Primera del Tribunal Supremo, en junta general celebrada el día 04 de abril de 2006», se acuerda habilitar tanto en error judicial como en revisión, un **trámite de admisión de la demanda**, solicitándose siempre al respecto informe previo del Ministerio Fiscal. Si procediera la inadmisión a trámite de la demanda, se acordará la devolución del depósito en los procedimientos de revisión y, en ambos casos, no procederá la imposición de costas.

Una vez contestada la demanda o transcurrido el plazo para contestar sin haberlo hecho, el letrado de la Administración de Justicia convocará a las partes a una **vista** que se sustanciará con arreglo a lo dispuesto en los arts. 440 y siguientes, en los que se regula la vista en el juicio verbal.

Tras la reforma llevada a cabo por el Real Decreto-ley 6/2023, de 19 de diciembre, en vigor desde el 20 de marzo de 2024, salvo en aquellos procedimientos en los que alguna de las partes esté representada y defendida por el abogado del Estado, el letrado de la Administración de Justicia dará traslado a la Abogacía General del Estado de la presentación de la demanda de revisión, así como de la decisión sobre su admisión en los casos en que se alegue el motivo previsto en el art. 510.2 de la LEC. En estos casos la Abogacía del Estado podrá intervenir, sin tener la condición de parte, por propia iniciativa o a instancia del órgano judicial, mediante la aportación de información o presentación de observaciones escritas sobre cuestiones relativas a la ejecución de la sentencia del TEDH.

A TENER EN CUENTA. Si se suscitaren cuestiones prejudiciales penales durante la tramitación de la revisión, se aplicarán las normas generales establecidas en el artículo 40 de la LEC, sin que opere ya el plazo absoluto de caducidad a que se refiere el apartado 1 del artículo 512 de la misma ley (art. 514.4 de la LEC).

Antes de que se dicte sentencia el Ministerio Fiscal deberá informar sobre si ha o no lugar a la estimación de la demanda.

CUESTIÓN

¿La interposición de la demanda de revisión supone la suspensión de la ejecución?

No, conforme señala el art. 515 las demandas de revisión no suspenderán la ejecución de las sentencias firmes que las motiven, salvo lo dispuesto en el art. 566 de la LEC para los casos de sentencias dictadas en rebeldía.

‖ Resolución del recurso de revisión

Si el tribunal **estimare procedente la revisión solicitada, lo declarará así y rescindirá la sentencia impugnada**. A continuación, mandará expedir certificación del fallo, y devolverá los autos al tribunal del que procedan para que las partes usen de su derecho, según les convenga, en el juicio correspondiente. En el caso de revisión de laudos el tribunal rescinde la resolución y le hace entrega a la parte demandante de certificación de la sentencia para que pueda usar su derecho ante la junta arbitral, tal y como se refleja en la **STS n.° 832/2013, de 30 de diciembre, ECLI:ES:TS:2013:6345**.

En el artículo 516.1 de LEC, se establece que en ese otro juicio habrán de tomarse como base y no podrán discutirse las declaraciones hechas en la sentencia de revisión.

Si el tribunal desestimare la revisión solicitada, se condenará en costas al demandante y perderá el depósito que hubiere realizado (art. 516.2 de la LEC).

Contra la **sentencia** que dicte el **tribunal de revisión no se dará recurso alguno** (art. 516.3 de la LEC).

La reforma llevada a cabo por el Real Decreto-ley 6/2023, de 19 de diciembre, añadió un apartado 4 al art. 516 de la LEC en el que se establece:

> «En el supuesto del apartado 2 del artículo 510, el letrado o letrada de la Administración de Justicia notificará igualmente la decisión a la Abogacía General del Estado. Devueltos los autos al tribunal del que procedan conforme a lo dispuesto en el apartado 1 del presente artículo, el letrado o letrada de la Administración de Justicia de dicho tribunal informará a la Abogacía del Estado de las principales actuaciones que se lleven a cabo como consecuencia de la revisión».

5.
RECONOCIMIENTO Y EJECUCIÓN DE LAUDOS Y SENTENCIAS ARBITRALES EXTRANJERAS

A la hora de analizar la eficacia de los laudos extranjeros, resulta importante diferenciar el laudo extranjero del laudo internacional.

El **laudo extranjero** aparece definido en el art. 46.1 de la Ley de Arbitraje como aquel laudo pronunciado fuera del territorio español. Por lo tanto, para determinar si un laudo es extranjero o no, ha de estarse únicamente al criterio de la territorialidad.

En contraposición, son nacionales todos los dictados dentro de las fronteras españolas, sean internos o internacionales.

El art. 3 de la Ley de Arbitraje establece cuándo el arbitraje tendrá **carácter internacional** enumerando tres circunstancias que conllevan que estemos ante un laudo internacional:

- Que, en el momento de celebración del convenio arbitral, las partes tengan sus domicilios en Estados diferentes.

- Que el lugar del arbitraje, determinado en el convenio arbitral o con arreglo a este, el lugar de cumplimiento de una parte sustancial de las obligaciones de la relación jurídica de la que dimane la controversia o el lugar con el que esta tenga una relación más estrecha, esté situado fuera del Estado en que las partes tengan sus domicilios.

- Que la relación jurídica de la que dimane la controversia afecte a intereses del comercio internacional.

Eficacia del laudo extranjero en España: previo reconocimiento a través de un proceso declarativo

El artículo 523.1 de la LEC dispone que: «Para que las sentencias firmes y demás títulos ejecutivos extranjeros lleven aparejada ejecución en España se estará a lo dispuesto en los Tratados internacionales y a las disposiciones legales sobre cooperación jurídica internacional».

Por su parte, el art. 50.1 de la Ley 29/2015, de 30 de julio, de cooperación jurídica internacional en materia civil (LCJI), señala que: «Las **resoluciones judiciales extranjeras que tengan fuerza ejecutiva en el Estado de origen serán ejecutables en España una vez se haya obtenido el exequátur de acuerdo con lo previsto en este título**».

Cabe citar aquí la explicación que contiene el **auto de la Audiencia Provincial de Barcelona n.º 38/2019, de 7 de febrero, ECLI:ES:APB:2019:366A**, en el que se recoge que las sentencias o resoluciones extranjeras no son título ejecutivo. Solo tendrá fuerza ejecutiva si un juez o tribunal español se la concede expresamente y de modo individualizado, mediante un procedimiento especial e interno de homologación denominado *exequatur*, a través de una resolución constitutiva, que convierte la resolución extranjera, sin modificar su naturaleza, en título ejecutivo. Se entiende que el *exequatur* es un requisito de procedibilidad para la ejecución del laudo arbitral.

Según se expresa en el **ATSJ de Madrid n.º 11/2016, de 28 de septiembre, ECLI:ES:TSJM:2016:424A**, con el *exequatur* «(...) se obtiene una resolución declarativa de la eficacia de la decisión extranjera en España, en principio con el alcance y contenido propio de los efectos que el ordenamiento de origen dispensa a dicha decisión, que de este modo pueden hacerse valer en España con dicha extensión, alcance y contenido, sin más correcciones que las impuestas por el respeto al orden público del foro, en esa medida, decimos, no es propio del *exequatur* el examen del fondo del asunto, sin otra excepción que la que representa la salvaguardia del orden público; a la par que se ha de deslindar este proceso de homologación, de naturaleza declarativa, aunque especial, del posterior proceso de ejecución que deba abrirse en el foro una vez reconocida la eficacia de la resolución extranjera».

En el ámbito del arbitraje internacional, este procedimiento de «homologación» de laudos arbitrales extranjeros se denomina «reconocimiento». Este es el término que utiliza la Convención de Nueva York de 1958 sobre el Reconocimiento y Ejecución de las Sentencias Arbitrales Extranjeras, y el que se ha adoptado en la mayoría de las legislaciones y decisiones jurisprudenciales. Y, no debe confundirse este procedimiento, al que pone término una resolución meramente declarativa del reconocimiento de los efectos del laudo (o sentencia arbitral) y de su ejecución en España, con actos propios de ejecución que correspondan, una vez obtenida aquella.

CUESTIÓN

¿Cuál es la finalidad última del *exequatur*?

Citando el auto del Tribunal Superior de Justicia del País Vasco n.º 7/2023, de 21 de junio, ECLI:ES:TSJPV:2023:102A, podemos responder a esta cuestión señalando que «(...) la finalidad que persigue dicho procedimiento, que no es otra que posibilitar la actuación de los efectos derivados de la decisión extranjera con el contenido, extensión y alcance conferido por el ordenamiento de origen, sin otra limitación que aquellos que pudieran ser desconocidos para el orden interno o contrario al orden público del foro; es decir, no es propio del *exequatur* el examen del fondo del asunto, quedando fuera de su ámbito, en consecuencia, aquellas alegaciones y excepciones que suponen un nuevo análisis de la cuestión de fondo, sin otra excepción que la que representa la salvaguardia del orden público».

La normativa aplicable en el *exequatur* de laudos arbitrales

La **Ley 29/2015, de Cooperación Jurídica Internacional** en materia civil, en su disposición adicional primera, a los efectos de determinar cuáles son las normas especiales de Derecho interno, que rigen la cooperación jurídica internacional, recoge que tendrán la consideración de normas especiales en materia de cooperación jurídica internacional en materia civil y mercantil, entre otras, al **art. 46 de la Ley 60/2003, de 23 de diciembre, de Arbitraje**.

La Ley de Arbitraje regula el *exequatur* de laudos extranjeros en el título IX, compuesto solo por el artículo 46, en el que, en lo relativo a la normativa aplicable, se establece en su apartado segundo: «El *exequatur* de laudos extranjeros se regirá por el **Convenio sobre reconocimiento y ejecución de las sentencias arbitrales extranjeras, hecho en Nueva York, el 10 de junio de 1958**, sin perjuicio de lo dispuesto en otros convenios internacionales más favorables a su concesión; y se sustanciará según el procedimiento establecido en el ordenamiento procesal civil para el de sentencias dictadas por tribunales extranjeros».

El Convenio de Nueva York (CNY) fue ratificado por España por Instrumento de Adhesión de 29 de abril de 1977 (publicado en el BOE de 11 de julio de 1977), sin haber formulado ninguna de las reservas a que se refiere el artículo I, por lo que resulta aplicable con independencia de la naturaleza comercial o no de la controversia, y de si el laudo ha sido o no dictado en el territorio de otro Estado contratante. Se entiende que, al no haber hecho uso España de esta reserva, el Convenio de Nueva York constituye la norma general sobre reconocimiento de laudos extranjeros.

En este sentido podemos citar el **auto del Tribunal Superior de Justicia de Madrid n.º 17/2023, de 31 de octubre, ECLI:ES:TSJM:2023:165A**, del que podemos extraer que:

> «En la resolución del presente exequátur ha de estarse a los términos del Convenio de Nueva York (CNY) de 1958 sobre reconocimiento y ejecución de sentencias arbitrales, que resulta aplicable por razón de la materia (arts. 46.2 LA y 523.1 LEC). Convenio que para España presenta un carácter universal, ya que, como recuerda reiteradamente el Tribunal Supremo (AATS de 1 y 8 de febrero de 2000, 11 de abril de 2000 y 4 de marzo de 2003), no realizó reserva alguna a lo dispuesto en su artículo 1.º al adherirse al mismo por Instrumento de 12 de mayo de 1977. Dicho Convenio pretende establecer normas legislativas comunes para el reconocimiento de los acuerdos o pactos de arbitraje y el reconocimiento y la ejecución de las sentencias o laudos arbitrales extranjeros y no nacionales, figurando como su finalidad principal evitar que las sentencias arbitrales, tanto extranjeras como no nacionales, sean objeto de discriminación, por lo que obliga a los Estados parte a velar por que dichas sentencias sean reconocidas en su jurisdicción y puedan ejecutarse en ella, en general, de la misma manera que las sentencias o laudos arbitrales nacionales».

El propio convenio recoge el **principio de mayor favorabilidad** como criterio para resolver los problemas de concurrencia normativa que puedan surgir entre este y otros convenios internacionales en los que España sea parte, al prever en el apartado 1 de su artículo VII que: «Las disposiciones de la presente Convención no afectarán la validez de los acuerdos multilaterales o bilaterales relativos al reconocimiento y la ejecución de las sentencias arbitrales concertados por los Estados Contratantes ni privarán a ninguna de las partes interesadas de cualquier derecho que pudiera tener a hacer valer una sentencia arbitral en la forma y medida admitidas por la legislación o los tratados del país donde dicha sentencia se invoque».

5.1. Procedimiento de reconocimiento o *exequatur* de laudo extranjero

El artículo 46.2 de la Ley de Arbitraje establece que el *exequatur* de laudos extranjeros se sustanciará según el ordenamiento procesal civil para el de sentencias dictadas por tribunales extranjeros. Dicho procedimiento es el regulado en los artículos 52 a 55 de la Ley 29/2015 de cooperación jurídica internacional en materia civil (LCJI).

En el artículo 42.1 de la LCJI se expresa que el procedimiento para declarar a título principal el reconocimiento de una resolución judicial extranjera y, en su caso, para autorizar su ejecución, se denominará **procedimiento de *exequatur***. En el Convenio de Nueva York el término utilizado es «reconocimiento».

El art. 42.2 de la LCJI admite una acción de contenido contrario, al establecer la posibilidad de utilizar el mismo procedimiento para declarar que una resolución extranjera no es susceptible de reconocimiento en España por concurrir alguna de las causas de denegación previstas en el artículo 46. La aplicabilidad de este precepto a los laudos arbitrales se planteó en el supuesto examinado en el **ATSJ del País Vasco n.º 22/2018, de 7 de noviembre, ECLI:ES:TSJPV:2018:277A**, con ocasión de una demanda de «no reconocimiento de un laudo extranjero» y, si bien, el tribunal coincide con la parte demandada en lo tocante a la inaplicación del artículo 42 de la LCJI en el caso concreto, afirma que la acción de no reconocimiento no parece que sea ningún obstáculo para el desarrollo de un eficaz sistema arbitral, la admite y examina si el laudo extranjero vulnera o no el orden público español.

Órgano competente para conocer la solicitud de *exequatur*

De acuerdo con el artículo 52.1 de la LCJI, la competencia para el conocimiento de las solicitudes de *exequatur* «(...) corresponde a los **Juzgados de Primera Instancia** del domicilio de la parte frente a la que se solicita el reconocimiento o ejecución, o de la persona a quien se refieren los efectos de la resolución judicial extranjera. Subsidiariamente la competencia territorial se determinará por el lugar de ejecución o por el lugar en el que la resolución deba producir sus efectos, siendo competente, en último caso, el Juzgado de Primera Instancia ante el cual se interponga la demanda de *exequatur*».

Sin embargo, el artículo 8.6 de la Ley de Arbitraje establece que: «Para el reconocimiento de laudos o resoluciones arbitrales extranjeros será competente la **Sala de lo Civil y de lo Penal del Tribunal Superior de Justicia de la Comunidad Autónoma** del domicilio o lugar de residencia de la parte frente a la que se solicita el reconocimiento o del domicilio o lugar de residencia de la persona a quien se refieren los efectos de aquellos, determinándose subsidiariamente la competencia territorial por el lugar de ejecución o donde aquellos laudos o resoluciones arbitrales deban producir sus efectos».

Y, el art. 73.1 c) de la Ley Orgánica del Poder Judicial sigue atribuyendo la competencia a la sala de lo civil y penal de los tribunales superiores de justicia, actuando como salas de lo civil, para el conocimiento del procedimiento de *exequatur* de laudos extranjeros.

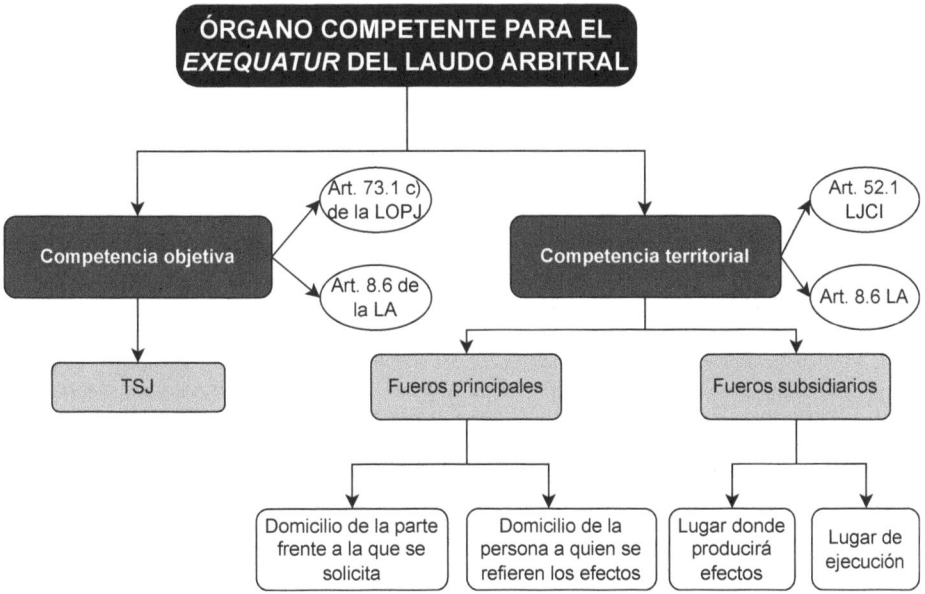

|| Competencia objetiva

Se ha entendido que esta supuesta contradicción entre normas jurídicas ha de ser resuelta en favor de la competencia de las salas civiles y penales de los tribunales superiores de justicia al aplicar el principio *lex especialis derogat lex generalis*, tal como reconoce la Ley de Cooperación Jurídica Internacional en su artículo segundo (**auto del Tribunal Superior de Justicia de Cataluña, rec. 36/2015, de 19 de diciembre de 2016, ECLI:ES:TSJCAT:2016:495A**).

Puesto que la competencia para el reconocimiento viene atribuida a la sala de lo civil y penal de los TSJ y la ejecución a los juzgados de primera instancia, se entiende que no sería procedente la acumulación de ambas acciones en el mismo escrito prevista en el art. 54.1 de la LCJI, ya que, de conformidad con el artículo 73.1.1.º de la Ley de Enjuiciamiento Civil, no es posible la acumulación de acciones cuando la jurisdicción o competencia para conocer de alguna de las acciones esté atribuida a órgano jurisdiccional distinto, cual es el caso que nos ocupa.

Resulta de interés el **ATSJ de Navarra, rec. 3/2012, de 30 de mayo, ECLI:ES:TSJNA:2012:2A**, en el que se estima la falta de competencia objetiva por la existencia de un Tratado entre España y China, que otorga la competencia al juzgado de primera instancia, dándole **preferencia a los tratados internacionales sobre la normativa interna**.

CUESTIÓN

En el caso de concurso, ¿a quién corresponde la competencia para el *exequatur* del laudo extranjero?

En la SAP de Barcelona n.° 306/2017, de 12 de julio, ECLI:ES:APB:2017:6207, encontramos respuesta a esta cuestión, ya que en la misma se indica que, en el caso del **concurso**, la competencia para el reconocimiento del laudo extranjero corresponde al juez del concurso, en virtud de lo dispuesto en el art. 44 de la LCJI, en el que se señala que cuando el reconocimiento de una resolución extranjera se plantee de forma incidental en un procedimiento judicial, el juez que conozca del mismo deberá pronunciarse respecto a dicho reconocimiento en el seno de cada procedimiento judicial según lo dispuesto en las leyes procesales:

«(...) En el caso de un laudo arbitral extranjero, como es el caso de la Cámara de Comercio Internacional de París, de acuerdo con lo establecido en el art. 523.1 LEC 'se estará a lo dispuesto en los Tratados internacionales y a las disposiciones legales sobre cooperación jurídica internacional'. En el mismo sentido el art. 46.2 Ley 60/2003, de 23 de diciembre, de Arbitraje establece que 'el exequátur de laudos extranjeros se regirá por el Convenio sobre reconocimiento y ejecución de las sentencias arbitrales extranjeras, hecho en Nueva York, el 10 de junio de 1958, sin perjuicio de lo dispuesto en otros convenios internacionales más favorables a su concesión, y se sustanciará según el procedimiento establecido en el ordenamiento procesal civil para el de sentencias dictadas por tribunales extranjeros'. Es conveniente aclarar que en el caso del concurso, la competencia para el reconocimiento del laudo extranjero corresponde al juez del concurso, conforme lo previsto en el art. 44 de la Ley 29/2015, de 30 de julio, de cooperación jurídica internacional en materia civil, en el que se establece que 'cuando el reconocimiento de una resolución extranjera se plantee de forma incidental en un procedimiento judicial, el juez que conozca del mismo deberá pronunciarse respecto a dicho reconocimiento en el seno de cada procedimiento judicial según lo dispuesto en las leyes procesales'».

‖ Competencia territorial

Para determinar la competencia territorial en el reconocimiento de laudos o resoluciones arbitrales extranjeros se establecen, tanto en el art. 52.1 de la LJCI, como en el art. 8.6 de la Ley Arbitraje, varios fueros, dos de ellos principales —el domicilio de la parte frente a la que se solicita el reconocimiento o el domicilio de la persona a quien se refieren los efectos de la resolución judicial extranjera— y los otros dos subsidiarios —lugar de ejecución o donde la resolución deba producir sus efectos—.

En relación con un caso en que se cuestionaba la competencia de los tribunales españoles, aduciendo que la sociedad frente a la que se solicitaba el reconocimiento tenía su domicilio social en Alemania, el **ATSJ de Madrid n.° 4/2018, de 18 de abril, ECLI:ES:TSJM:2018:113A**, asume la competencia, según razona, porque, a la vista del contenido del laudo, no podía desconocerse el interés de la parte demandante —que tenía su residencia en Madrid, y había sido parte en el proceso arbitral— para poder utilizar en su beneficio, en cualquier proceso que quiera iniciar en España, las declaraciones efectuadas en el laudo dictado en Zúrich; en la consideración que le sería negado cualquier valor probatorio si no contara con el reconocimiento en España que se pretende.

RESOLUCIÓN RELEVANTE

Auto del Tribunal Superior de Justicia de Valencia, rec. 19/2021, de 5 de agosto, de 2021, ECLI:ES:TSJCV:2021:163A

Asunto: normativa aplicable para determinar la competencia objetiva y territorial del *exequatur* de laudos

«La competencia de este Tribunal en materia de reconocimiento de laudo extranjero viene determinada por lo dispuesto en el artículo 73.1 c) de la Ley Orgánica del Poder Judicial, de un lado y en tanto en cuanto conocerá "de las funciones de apoyo y control del arbitraje que se establezcan en la ley, así como de las peticiones de exequátur de laudos o resoluciones arbitrales extranjeros". Y, de otro, por lo establecido en el artículo 8.6 de la Ley 60/2003, de 23 diciembre, de Arbitraje, según el cual: "para el reconocimiento de laudos o resoluciones arbitrales extranjeros será competente la Sala de lo Civil y de lo Penal del Tribunal Superior de Justicia de la Comunidad Autónoma del domicilio o lugar de residencia de la parte frente a la que se solicita al reconocimiento o del domicilio o lugar de residencia de la persona a quien se refieren los efectos de aquéllos, determinándose subsidiariamente la competencia territorial por el lugar de ejecución o donde aquellos laudos o resoluciones arbitrales deban producir sus efectos"(...)».

|| Examen de oficio de la competencia objetiva

El art. 52.4 de la LCJI prevé que el órgano jurisdiccional español controlará de oficio la competencia objetiva para conocer de estos procesos.

Si se suscita a instancia del demandado la ausencia de competencia objetiva o de competencia territorial, entendemos que habrá de formularse por los cauces generales de la declinatoria.

Representación y defensa

En el proceso de *exequatur*, las partes deberán estar representadas por procurador y asistidas de letrado (art. 54.1 de la LCJI).

El Ministerio Fiscal intervendrá siempre en estos procesos, y deberá dársele traslado de todas las actuaciones (art. 54.8 de la LCJI).

Procedimiento de *exequatur*

El procedimiento de *exequatur* debe iniciarse por demanda a instancia de cualquier persona que acredite un interés legítimo y se dirigirá contra aquella parte o partes frente a las que se quiera hacer valer la resolución judicial extranjera.

|| Demanda de *exequatur*

El art. 54 de la LCJI establece la manera en que debe comenzar el procedimiento de *exequatur*, disponiendo que se hará mediante **demanda**. En cuanto a la legitimación activa para solicitar el *exequatur* alude a que podrá iniciarse por cualquier persona que acredite un **interés legítimo**, mientras que la legitimación pasiva se recoge en el art. 54.3 de la LCJI que recoge que la demanda habrá de dirigirse contra aquella parte o partes frente a las que se quiera hacer valer la resolución judicial extranjera.

Entre los requisitos formales que establece, se encuentra que ha de ajustarse a los requisitos del artículo 399 de la Ley de Enjuiciamiento Civil (54.4 de la LCJI), es decir, debe de cumplir principalmente los siguientes requisitos:

– Debe de incluir los datos y circunstancias de identificación del actor y del demandado, así como el domicilio en el que puedan ser emplazados.

– Junto a la designación del actor se hará mención del nombre y apellidos del procurador y del abogado.

– Tiene que exponer de forma numerada y separada los hechos y los fundamentos de derecho. Además, los hechos se narrarán de forma ordenada y clara.

– Con igual orden y claridad se expresarán los documentos, medios e instrumentos que se aporten en relación con los hechos que fundamenten las pretensiones y, finalmente, se formularán, valoraciones o razonamientos sobre éstos, si parecen convenientes para el derecho del litigante.

– Fijará con claridad y precisión lo que se pida.

– Además de incluirse los fundamentos de derecho referidos al fondo del asunto, también se incluirán las alegaciones que correspondan sobre:

  • Capacidad de las partes.

  • Representación.

  • Jurisdicción.

  • Competencia.

  • Clase de juicio.

  • Cualquier otro hecho del que pueda depender la validez del juicio y la procedencia de una sentencia sobre el fondo.

CUESTIONES

1. En el procedimiento de *exequatur*, ¿es preceptiva la intervención mediante procurador y abogado?

Sí, en el proceso de *exequatur*, las partes deberán estar representadas por procurador y asistidas de letrado en virtud de lo establecido en el art. 54.1 de la LCJI.

2. ¿Puede solicitarse el reconocimiento de la asistencia jurídica gratuita para un procedimiento de *exequatur*?

Sí, la Ley 29/2015, de 30 de julio, de cooperación jurídica internacional en materia civil, contempla, en su art. 53, la posibilidad de que, en los procedimientos de *exequatur*, cualquiera de las partes pueda solicitar las prestaciones que pudieren corresponderles conforme a la Ley 1/1996, de 10 de enero, de asistencia jurídica gratuita.

|| Documentos que han de acompañar a la demanda

El artículo IV del Convenio de Nueva York de 1958 determina los documentos que la parte que pida el reconocimiento ha de presentar con la demanda:

a) El original debidamente autenticado de la sentencia, o una copia de ese original que reúna las condiciones requeridas para su autenticidad.

b) El original del acuerdo a que se refiere el artículo II, o una copia que reúna las condiciones requeridas para su autenticidad.

Además, se especifica que cuando esa sentencia o ese acuerdo no estuvieran en un idioma oficial del país en que se invoca, la parte que pida el reconocimiento y la ejecución de esta última también deberá presentar una traducción a ese idioma de dichos documentos. Como requisito de esta traducción, el mentado artículo establece que la misma deberá ser certificada por un traductor oficial o un traductor jurado, o por un agente diplomático o consular.

Las traducciones e interpretaciones de carácter oficial aparecen reguladas en la disposición adicional décimo sexta de la Ley 2/2014, de 25 de marzo, de la Acción y del Servicio Exterior del Estado, así como en el art. 17 del Real Decreto 724/2020, de 4 de agosto, por el que se aprueba el Reglamento de la Oficina de Interpretación de Lenguas del Ministerio de Asuntos Exteriores, Unión Europea y Cooperación.

Por su parte, también la Ley 29/2015, de 30 de julio, en su artículo 54.4 a), exige que, en el proceso de *exequatur*, a la demanda se acompañe el original o copia auténtica de la resolución extranjera, debidamente legalizados o apostillados.

A TENER EN CUENTA. El art. II del CNY impone el reconocimiento de los acuerdos de arbitraje que reúnan los requisitos establecidos en dicho precepto: «1. Cada uno de los Estados Contratantes reconocerá el acuerdo por escrito conforme al cual las partes se obliguen a someter a arbitraje todas las diferencias o ciertas diferencias que hayan surgido o puedan surgir entre ellas respecto a una determinada relación jurídica, contractual o no contractual, concerniente a un asunto que pueda ser resuelto por arbitraje», para a continuación aclarar que dentro de la expresión «acuerdo por escrito» se entenderán incluidas las cláusulas compromisarias incluidas en un contrato firmado por las partes o contenidas en un canje de cartas o telegramas.

CUESTIONES

1. La falta de presentación de la documentación requerida, ¿puede conllevar la denegación del *exequatur*?

Sí, y así lo recoge el Tribunal Supremo en su auto rec. 539/1996, de 26 de octubre de 2004, ECLI:ES:TS:2004:12148A, en el que se dice que:

«La parte promovente del exequátur no ha cumplido con la carga procesal de aportar con la demanda el original o la copia del acuerdo o de aquellos documentos que permitan constatar la existencia de un acuerdo de sumisión a arbitraje entre ella y la entidad frente a la que se quiere hacer valer la eficacia del laudo arbitral extranjero, no obstante haber sido requerida por esta Sala a fin de que subsanase la falta de presentación de dichos documentos, cuya presentación por el solicitante se erige en presupuesto necesario para poder dictar una resolución sobre el objeto de este especial procedimiento homologador. La inobservancia de dicha obligación procesal, y, en consecuencia, la imposibilidad de verificar la concurrencia del presupuesto a que se refiere el repetido art. IV.1-b) del Convenio, en relación con su art. II, determina la improcedencia de dictar una resolución de fondo favorable a la pretensión homologadora que integra el objeto de este procedimiento, en la medida en que no se ha acreditado el cumplimiento del requisito impuesto por los señalados preceptos, cuya carga incumbe a la parte que solicita el reconocimiento y la declaración de ejecutoriedad, facilitando a esta Sala los elementos materiales para que pueda verificar la existencia del convenio sumisorio».

2. ¿Puede subsanarse la falta de presentación de la documentación requerida?

Tal y como señala el auto del Tribunal Superior de Justicia de Madrid n.º 4/2018, de 18 de abril, ECI:ES:TSJM:2018:113A, dicho defecto formal sí podría ser subsanado:

«Frente a la tesis que mantiene la demandada de la insubsanabilidad de los defectos formales que señala, el propio auto del Tribunal Supremo de 7 de octubre de 2003 que cita en su escrito de oposición al laudo arbitral señala, en efecto, con carácter general que ' no le es dable a la parte que solicita el reconocimiento aprovechar el trámite de alegaciones que se le confiere tras la oposición de la parte contraria para justificar o completar la justificación del cumplimiento de aquellos presupuestos cuya alegación y prueba le incumbía y correspondía hacer en el momento inicial del proceso, pues de permitirse tal cosa se estaría quebrantando la igualdad de armas y se estaría situando a la parte frente a la que se solicita la homologación, por ello, en una evidente posición de indefensión '. Pero el mismo auto considera, sin embargo, a continuación subsanable el obstáculo procesal que se alegaba en ese caso, como era la falta de la debida representación procesal de la actora traída por la falta de acreditación de las facultades de representación del otorgante, y por la falta de constancia de la autorización de la entidad para efectuar el acto de apoderamiento; irregularidad formal que permitió en ese caso que se subsanara con posterioridad a la solicitud inicial de reconocimiento de laudo arbitral.

Esta resolución del Tribunal Supremo no obsta, por tanto, a admitir la oportuna subsanación de deficiencias meramente formales de la demanda de reconocimiento de laudo arbitral, siempre y cuando se cumplieran en su presentación los requisitos esenciales y se tratara de defectos susceptibles de ser subsanados por la parte demandante y corregidos en el plazo que se le hubiera concedido al efecto. En este caso, por tanto, donde no se niega por la parte demandada la existencia del convenio arbitral que figura en la copia del contrato aportada por la parte demandante con su demanda, ni la exactitud de la copia del laudo arbitral sometido al reconocimiento aquí solicitado, sino que solamente se dice que no se ha aportado el original del acuerdo por escrito en el que las partes se obliguen a someter las diferencias surgidas a arbitraje, ni tampoco una traducción certificada por un traductor oficial o un traductor jurado, o por un agente diplomático o consular del laudo arbitral ni del original del acuerdo por escrito en el que las partes se obligan a someter a arbitraje las diferencias surgidas, debe considerarse plenamente subsanable tal irregularidad meramente formal».

Además el propio art. 54.6 de la LCJI reconoce esta posibilidad, y tal y como recoge el auto de la Audiencia Provincial de Ourense n.º 209/2021, de 14 de diciembre, ECLI:ES:APOU:2021:797A: «(...) cuando la demanda adolezca de defectos formales o la documentación presentada fuera incompleta, es preciso que el Letrado de Administración de Justicia lo advierta al promovente, concediéndole el plazo de cinco días para la debida subsanación. Y si no lo hiciese, se procederá a dar cuenta al órgano jurisdiccional para resolver en el plazo de diez días sobre la admisión»

Debe tenerse presente que la **resolución aportada debe ser un laudo arbitral** (sentencia arbitral en la terminología del CNY), ya que de otro modo no cabría la aplicación del CNY, ni tendría competencia objetiva la sala de lo civil y penal del TSJ. Existe alguna resolución en la cual el tribunal, a la vista de la documentación aportada, ha comprobado que la resolución adjuntada no se trataba de un laudo arbitral, sino que el tribunal ajeno a la jurisdicción del Estado del que dimanaba se trataba de un órgano judicial especializado en controversias comerciales. (**ATSJ de Cataluña n.º 1/2015, 7 de enero, ECLI:ES:TSJCAT:2015:15A**).

Es doctrina reiterada que en relación con la **constancia del convenio arbitral predomina un criterio antiformalista**, de modo que, si el CNY exige la forma escrita del convenio arbitral, lo es a efectos de que quede constancia de la exigencia del pacto. Al respecto en el **ATSJ de Cataluña, rec. 195/2011, de 29 de marzo de 2012, ECLI:ES:TSJCAT:2012:103A**, se indica:

«De esta forma, como criterio interpretativo, resulta de interés la recomendación relativa a la interpretación del párrafo 2 del art. II del CNY aprobada por la Comisión de las Naciones Unidas para el derecho mercantil internacional (CNUDMI) de 7 de julio de 2006, conforme a la cual, considerando lo extendido del comercio y de las comunicaciones electrónicas, el art. II ha de interpretarse en el sentido de que los mecanismos allí recogidos no son exhaustivos sino que debe incluirse entre los medios aptos para acreditar el acuerdo, la comunicación electrónica. Lo que por otra parte admite ya el artículo 9.3 de la Ley de Arbitraje española».

A TENER EN CUENTA. Los documentos de los países firmantes del Convenio de la Haya de 5 de octubre de 1961, se entenderán legalizados con un sello denominado «apostilla» impuesto por la autoridad competente del país de origen.

|| Medidas cautelares

La posibilidad de solicitar la adopción de medidas cautelares aparece regulada en el apartado segundo del art. 54 de la LCJI. Estas medidas, que aseguren la efectividad de la tutela judicial que se pretende, podrán solicitarse con arreglo a las previsiones de la LEC.

A pesar de dicha afirmación, hay que tener en cuenta que, en el caso del *exequatur* de los laudos, los tribunales superiores de justicia han optado por no considerarse competentes para resolver sobre la adopción de las medidas cautelares, y en este sentido el **auto del Tribunal Superior de Justicia de la Comunidad Valenciana, rec. 19/2021, de 5 de agosto, ECLI:ES:TSJCV:2021:163A,** cuya lectura íntegra recomendamos, concluye que:

> «(...) en procedimientos de exequatur de laudos arbitrales competencia de las Salas de lo Civil y Penal -como Salas de los Civil- de los Tribunales Superiores de Justicia, la competencia para la adopción de las medidas cautelares instrumentales del fallo condenatorio y dirigidas a asegurar su ejecución corresponde los Juzgados de Primera Instancia a quien se atribuye el conocimiento, caso de estimarse la solicitud de reconocimiento, del proceso de ejecución ulterior».

‖ Examen por el tribunal

El letrado de la Administración de Justicia será el encargado de examinar la **demanda y documentos presentados**, así como de dictar **decreto admitiendo la misma** y dando traslado de ella a la parte demandada para que pueda oponerse a la misma en el plazo de 30 días, aportando, en su caso, aquellos documentos que permitan impugnar la autenticidad de la resolución extranjera, la corrección del emplazamiento al demandado, o la firmeza y fuerza ejecutiva de la resolución extranjera. (Art. 54.5 de la LCJI).

Puesto que es un procedimiento en el que interviene el Ministerio Fiscal, lo procedente es darle también traslado de la demanda.

Según lo indicado en el art. 54.6 de la LCJI, a *sensu contrario*, cuando la **demanda adoleciese defectos formales o la documentación fuese incompleta**, el letrado de la Administración de Justicia concederá el plazo de **5 días para subsanación**.

En el caso de que apreciase la falta de subsanación de un defecto procesal o de una posible causa de inadmisión, el LAJ dará cuenta al órgano jurisdiccional para que resuelva, en el plazo de 10 días, sobre la admisión:

– Cuando estime falta de jurisdicción o de competencia.

– Cuando la demanda adoleciese de defectos formales y no se hubiesen subsanado por el actor en plazo.

– Cuando la documentación fuese incompleta y no se hubiesen subsanado por el actor en plazo.

RESOLUCIÓN RELEVANTE

Auto n.º 17/2023, de 31 de octubre, ECLI:ES:TSJM:2023:165A

Asunto: la importancia de la verificación del cumplimiento de los requisitos formales

«Así, el Convenio sujeta la obtención del exequátur a la verificación del cumplimiento de los requisitos formales impuestos por el art. IV, al carácter arbitrable de la controversia (art. V.2 a), y al respeto al orden público (art. V.2 b) que deben ser examinados de oficio-, desplazando hacia la oponente, con las limitaciones expresadas, la prueba de los demás motivos de oposición que, de forma taxativa, establece el art. V.1 CNY.

> *Los presupuestos -de carácter formal- establecidos en el art. IV CNY consisten en la aportación con la demanda del original o copia autenticada -legalizada o apostillada- de la resolución arbitral, así como del original o copia autenticada -en su caso, también legalizada o apostillada- del acuerdo de sumisión descrito en el art. II, en ambos casos acompañados de la correspondiente traducción jurada o certificada al idioma oficial del país donde se invoca la sentencia.*
>
> *Las causas de oposición, que han de ser invocadas a instancia de parte, vienen reseñadas en el art. V.1 CNY, y han de ser acreditadas por el demandado sin subvertir, lo repetimos, principios insoslayables conforme a la lógica y a la común experiencia, que informan y rigen la carga de la prueba, como es el principio de facilidad probatoria.*
>
> *Los demás supuestos -que deben controlarse de oficio- son que el objeto de la diferencia resuelta por vía arbitral sea susceptible de arbitraje (art. V-2 a) según la Ley del Estado en que se intenta la homologación, y que el reconocimiento o ejecución de la sentencia no sean contrarios al orden público de ese país (art. V-2 b), sin alcanzar al examen del fondo del asunto, que queda al margen de la comprobación».*

Traslado a la parte demandada. Escrito de oposición a la demanda de *exequatur*

El demandado podrá oponerse en el referido plazo de treinta días, acompañando a su escrito de oposición los documentos, entre otros, que permitan impugnar:

– La autenticidad de la resolución extranjera.

– La corrección del emplazamiento al demandado.

– La firmeza y fuerza ejecutiva de la resolución extranjera.

Del escrito de oposición habrá de dársele traslado al Ministerio Fiscal (art. 54.8 de la LCJI) y a la parte demandante por exigencia de los principios de contradicción y defensa (**ATS, rec. 211/2002, de 3 de febrero de 2004, ECLI:ES:TS:2004:1179A**, dictado bajo la vigencia de los arts. 951 a 958 de la LEC de 1881).

A TENER EN CUENTA. Según indican distintas resoluciones, como por ejemplo el **ATSJ de Cataluña, rec. 120/2011, 6 de febrero, ECLI:ES:TSJCAT:2011:525A**, el Convenio de Nueva York, no hace coincidir el requisito de la obligatoriedad con la firmeza de la resolución.

5.2. Motivos de denegación de reconocimiento y ejecución de *exequatur* de laudo extranjero

Los motivos por los que podrá ser denegado el *exequatur* aparecen regulados en el Convenio de Nueva York (Instrumento de Adhesión de España al Convenio sobre reconocimiento y ejecución de sentencias arbitrales extranjeras, hecho en Nueva York el 10 de junio de 1958).

Citando el **auto del Tribunal Superior de Justicia de Cataluña, rec. 36/2015, de 19 de diciembre de 2016, ECLI:ES:TSJCAT:2016:495A**, podemos partir de tres premisas a la hora de analizar la denegación del reconocimiento de los laudos extranjeros:

> «A los efectos de su examen por este Tribunal, al amparo del CNY, hemos de precisar tres cuestiones, siguiendo la doctrina reiterada del TS (ad exemplum, AATS de 1 y de 8 de febrero de y 11 de abril de 2000 y de 4 de marzo de 2003), así como la de este Tribunal (por todos, ATSJC núm. 127/2011, de 17 de noviembre, como son que:
>
> a) **La LA 2003 realiza una remisión al CNY** que, para España, tiene y presenta un carácter universal, toda vez que no efectuó reserva alguna a lo dispuesto en su art. 1.º al adherirse al CNY, por Instrumento de 12 de mayo de 1977 (BOE 12 de julio de 1977) que entró en vigor el 10 de agosto de 1977.
>
> b) **El citado Convenio sujeta la obtención del exequátur a la verificación del cumplimiento de los requisitos formales** impuestos por el art. IV CNY, y
>
> c) Hemos de establecer un **principio favorable a la obtención del exequátur**, en tanto se ha de partir de la presunción de la regularidad, validez y eficacia del laudo arbitral extranjero que solamente cede cuando se pruebe la concurrencia de alguna de las causas tasadas que para la denegación del reconocimiento se establecen en el CNY, **pero desplazando hacia la parte frente a la que se pretende hacer valer la eficacia del laudo la carga de justificar la concurrencia del motivo o motivos que lo pudieran impedir,** como declaramos en los ATSJC núms. 127/2011, de 17 de noviembre y 67/2014, de 15 de mayo (extremo fundamental en la interpretación del CNY) y que no deban ser apreciados de oficio por el Tribunal, con la clara finalidad de constituir un instrumento eficaz para el desarrollo de las relaciones comerciales internacionales».

Es decir, si bien la jurisprudencia declara que debe establecerse un principio favorable a la obtención del *exequatur*, desplaza la carga de la prueba de los motivos que impiden el reconocimiento del laudo extranjero a la parte demandada, con excepción de los que deben ser apreciados de oficio.

El artículo V del Convenio de Nueva York (CNY) sobre reconocimiento y ejecución de sentencias arbitrales de 10 de junio de 1958 establece que **sólo podrá denegarse el reconocimiento y ejecución de la sentencia a instancia de la parte demandada,** cuando la misma pruebe alguno de los 5 puntos que analizamos a continuación:

1.- Que las partes en el acuerdo a que se refiere el artículo II estaban sujetas a alguna **incapacidad** en virtud de la ley que les es aplicable o que dicho **acuerdo no es válido** en virtud de la ley a que las partes lo han sometido, o si nada se hubiera indicado a este respecto, en virtud de la ley del país en que se haya dictado la sentencia.

El **ATSJ de Madrid n.º 40/2014, de 17 de diciembre, ECLI:ES:TSJM:2014:116A,** se dicta en un supuesto en que, según se recoge en el mismo, se alegó como causa de oposición que el convenio arbitral no era válido porque la cláusula arbitral estaba incorporada en las condiciones generales con infracción del art. 5 de la Ley de Condiciones Generales de la Contratación (LCGC). La sala pone de relieve que la validez del convenio arbitral deberá determinarse *ex* art. 9.2 de la Ley de Arbitraje con arreglo a la LCGC.

2.- Que la parte contra la cual se invoca la sentencia arbitral **no ha sido debidamente notificada** de la designación del árbitro o del procedimiento de arbitraje o **no ha podido**, por cualquier otra razón, **hacer valer sus medios de defensa**.

A modo de ejemplo de este supuesto, podemos citar el **ATSJ de Cataluña, rec. 195/2011, de 29 de marzo de 2012, ECLI:ES:TSJCAT:2012:103A**, se señala:

> «A estos efectos no cabe desconocer que en el motivo de oposición al reconocimiento que esgrime la demandada, si bien se dirige a preservar la regularidad de la actuación en el procedimiento de designación del árbitro o árbitros del colegio arbitral, subyace la evidente finalidad de evitar la lesión de las garantías y derechos de defensa del demandado, que pasan por el necesario conocimiento del inicio del arbitraje y la posibilidad de nombramiento de otro árbitro. Pero tampoco puede olvidarse que la indefensión que se alegue ha de tener un contenido material o efectivo, con independencia de cuál haya debido ser el procedimiento para llevar a cabo dichas notificaciones, que deben avenirse con la rapidez y agilidad que exige el tráfico mercantil (Auto TS de 13-3-2001 y Auto TS 3-2-2004)».

En relación con esta causa de oposición, en las distintas resoluciones, se examina, a la vista de las actuaciones, en que forma o medida se le habría impedido hacer valer sus derechos en el procedimiento de arbitraje. Así, por ejemplo, podemos referirnos al **ATSJ de Cataluña n.º 67/2014, de 15 mayo, ECLI:ES:TSJCAT:2014:184A**; al **ATSJ de Cataluña n.º 16/2014, de 19 febrero, ECLI:ES:TSJCAT:2014:434A**; o al **ATS, rec. 112/2002, de 7 octubre 2003, ECLI:ES:TS:2003:10137A**.

3.- Que la sentencia se refiere a una **diferencia no prevista en el compromiso** o no comprendida en las disposiciones de la cláusula compromisoria, o contiene decisiones que exceden de los términos del compromiso o de la cláusula compromisoria.

En estos casos es importante tener en cuenta que, si las disposiciones de la sentencia que se refieren a las cuestiones sometidas al arbitraje pueden separarse de las que no han sido sometidas al arbitraje, se podrá dar reconocimiento y ejecución a las primeras.

En relación con esta causa de denegación podemos invocar la **STS de 25 de octubre de 1982, ECLI:ES:TS:1982:1469**, sobre la flexibilidad en el examen de la congruencia del fallo en el laudo arbitral, en cuanto en ella se razona:

> «(…) las facultades y competencias del Árbitro de equidad, similares en este aspecto a las de los Árbitros de Derecho, vienen determinadas por el «thema decidendi», establecido por la voluntad de las partes, estando ciertamente sometidos aquéllos al principio de congruencia, sin que puedan traspasar los límites del compromiso resolviendo en el caso de los Árbitros de equidad cuestión no sometida a su decisión; pero esto no impide que estén obligados a interpretarlo tan restrictivamente que se coarte su misión decisoria de conflictos de forma extra judicial, sino que la naturaleza y finalidad del arbitraje permite una mayor elasticidad en la interposición

de las estipulaciones que describen las cuestiones de decidir, las que deben apreciarse no aisladamente, sino atendiendo a aquella finalidad y a sus antecedentes, **pudiendo reputarse comprendidas en el compromiso aquellas facetas de la cuestión a resolver íntimamente vinculadas a la misma y sin cuya aportación quedara la controversia insuficientemente fallada**, es decir, como declaró va la sentencia de esta Sala de 24 de abril de 1953, el Árbitro puede resolver cuestiones que sean consecuencia lógica y obligatoria de las que se han planteado: conclusiones derivadas de la naturaleza especifica del compromiso arbitral, que se hallan corroboradas por la interpretación que ha de citarse al acuerdo contractual delimitador de aquellas cuestiones controvertidas y pendientes objeto del arbitraje, en cuya operación ha de tenerse en cuenta el espíritu y finalidad que haya presidido el negocio infiriéndolos de las circunstancias concurrentes y de la total conducta de los interesados, teniendo importancia muy relevante, como va observó la sentencia de 14 de enero de 1964, la conexión que el acto o negocio guarde con otros que le hayan servido de antecedente».

En relación con la invocación de este motivo de oposición en un procedimiento de reconocimiento de un laudo arbitral extranjero, se explica en el **ATSJ de Madrid n.º 1/2018, de 23 de enero, ECLI:ES:TSJM:2018:14A** que: «(...) el árbitro puede resolver **cuestiones que sean consecuencia lógica y obligada de las que se han planteado**, conclusiones derivadas de la naturaleza jurídica del compromiso arbitral que se hallan corroboradas por la interpretación que ha de darse al acuerdo contractual delimitador de aquellas cuestiones controvertidas y pendientes objeto de arbitraje; en cuya operación han de tenerse en cuenta el espíritu y finalidad que hayan presidido el negocio, infiriéndolos de las circunstancias concurrentes y de la total conducta de los interesados, teniendo importancia muy relevante, como ya observó la sentencia de 14 de enero de 1964, la conexión que el acto o negocio guarde con otros que le hayan servido de antecedente. La nota de flexibilidad permite una interpretación amplia y extensiva tanto del ámbito del convenio arbitral como de la delimitación del objeto de la controversia en el seno del procedimiento arbitral, que se extiende a cuantas cuestiones instrumentales o derivadas pudieran surgir en relación con la controversia principal».

4.- Que la **constitución del tribunal arbitral o el procedimiento arbitral no se han ajustado al acuerdo celebrado entre las partes** o, en defecto de tal acuerdo, que la constitución del tribunal arbitral o el procedimiento arbitral no se han ajustado a la ley del país donde se ha efectuado el arbitraje.

Respecto a este motivo de oposición se pronuncia el **ATSJ de Cataluña n.º 114/2014, de 16 octubre, ECLI:ES:TSJCAT:2014:324A**, en el sentido de desestimarlo, en un supuesto en que se alegaba que la designación de árbitros no se había ajustado al acuerdo celebrado entre las partes, porque este exigía la intervención de tres árbitros, no pudiendo las partes alterar a *posteriori* la estructura del órgano jurisdiccional por tratarse de una materia indisponible:

«En el presente caso, es cierto que el acuerdo inicial preveía que el tribunal arbitral estaría integrado por "tres personas en Londres", pero, en la correspondencia cruzada entre los representantes jurídicos de las partes una vez iniciado el procedimiento arbitral -la propuesta fue del propio representante designado por FDP - y después de elegida una persona por cada una de ellas, se pactó que para la reclamación de los fletes, sus intereses y las costas presentada por MSC el laudo podía ser dictado solo por dos árbitros, con el fin de abaratar el coste del arbitraje, siempre que estos se mostrasen plenamente de acuerdo en la decisión, como ha sido el caso».

En dicha resolución la Sala toma en consideración que «(…) es perfectamente posible modificar o integrar el acuerdo inicial de las partes por el "canje" o "intercambio" de cartas entre ellas o sus representantes —así lo dispone el art. II.2 del Convenio de Nueva York, el art. 9.3 de nuestra LA y la jurisprudencia de nuestros TTSSJJ (por todas, STSJ Madrid 70/2013 de 16 sep. FD2)—, no es posible mantener que la constitución del tribunal no se haya adecuado a lo convenido».

5.- Que **la sentencia no es aún obligatoria para las partes o ha sido anulada o suspendida por una autoridad competente** del país en que, o conforme a cuya ley, ha sido dictada esa sentencia.

Al respecto de este motivo de oposición el **ATSJ de Cataluña, rec. 120/2011, de 6 de febrero, ECLI:ES:TSJCAT:2011:525A**, señala:

> «Se trata de un motivo de oposición apreciable a instancia de parte y, por tanto, **la no-obligatoriedad, debe ser justificada por quien la alega, en tanto que se presume su fuerza obligatoria**, sin necesidad de que se haya obtenido en el Estado de origen una declaración de ejecutividad, lo que supondría volver al sistema del 'doble exequátur' que establecía el sistema ginebrino, antecedente del CNY, como declara el ATS 20 julio 2004 ' …
>
> no se puede, como hace la parte frente a la que se pretende la homologación, vincular la obligatoriedad del laudo al exequátur de los tribunales del país donde fue dictado, pues se estaría identificando erróneamente el carácter obligatorio de la resolución arbitral, a los efectos de su reconocimiento, con la eficacia de éste en el Estado donde fue dictado, confundiendo condición de reconocimiento con condición de eficacia en aquel Estado que confiere en el mismo fuerza ejecutiva a la resolución arbitral '».

RESOLUCIÓN RELEVANTE

Auto del Tribunal Superior de Justicia de Madrid n.º 17/2023, de 31 de octubre, ECLI:ES:TSJM:2023:165A

Asunto: carga de la prueba de las causas de oposición

«Así, el Convenio sujeta la obtención del exequátur a la verificación del cumplimiento de los requisitos formales impuestos por el art. IV, al carácter arbitrable de la controversia (art. V.2 a), y al respeto al orden público (art. V.2 b) que deben ser examinados de oficio-, desplazando hacia la oponente, con las limitaciones expresadas, la prueba de los demás motivos de oposición que, de forma taxativa, establece el art. V.1 CNY.

(…)

Las causas de oposición, que han de ser invocadas a instancia de parte, vienen reseñadas en el art. V.1 CNY, y han de ser acreditadas por el demandado sin subvertir, lo repetimos, principios insoslayables conforme a la lógica y a la común experiencia, que informan y rigen la carga de la prueba, como es el principio de facilidad probatoria».

Además, el art. 5 del CNY, en su apartado segundo, dispone que **también se podrá denegar el reconocimiento y la ejecución de una sentencia arbitral cuando la autoridad competente del país en que se pide el reconocimiento y la ejecución comprueba:**

- Que, según la ley de ese país, **el objeto de la diferencia no es susceptible de solución por vía de arbitraje.**

- Que el reconocimiento o la ejecución de la sentencia serían **contrarios al orden público** de ese país.

Sobre el significado de orden público a efectos de reconocimiento de una resolución judicial o arbitral extranjera, en el **auto del Tribunal Superior de Justicia de Cataluña n.º 12/2021, de 12 de febrero, ECLI:ES:TSJCAT:2021:2705** se da una definición del mismo en los siguientes términos:

> «Como indicamos en la STSJCAT 39/2020 de 30 de noviembre de 2020 en relación con la causa de anulación del laudo referida al orden público hemos declarado —SSTSJ Cataluña 45/2012, de 12 de julio, 27/2013, de 2 de abril y 3/2014, de 7 de enero, 38/2019 de 23 de mayo— que el orden público debe ser entendido como el conjunto de principios y normas esenciales que inspiran la organización política, social y económica de España, con inclusión desde luego de los derechos fundamentales consagrados en la Constitución, pero no sólo de ellos; el orden público opera en consecuencia como un límite necesario e imprescindible a la autonomía de la voluntad, a fin de garantizar la efectividad de los derechos constitucionales de los ciudadanos, el fundamento de las instituciones y la protección de los conceptos y valores inspiradores del sistema de democracia social constitucionalmente consagrado, límite que se impone también.
>
> Por ello, el laudo arbitral no puede traspasar el orden público, y en caso que lo hiciere, aparece la posibilidad del control jurisdiccional de ese límite, a fin de garantizar que las decisiones arbitrales respeten ese conjunto de derechos y valores indisponibles».

Añadiendo el **ATSJ de Cataluña, rec. 14/2016, de 15 de diciembre, ECLI:ES:TSJCAT:2016:494A, o el ATSJ de Cataluña n.º 96/2021, de 10 de marzo, ECLI:ES:TSJCAT:2021:176A,** que:

> «(...) a través del mecanismo del exequátur, los órganos judiciales españoles han de pronunciarse sobre su validez constitucional, teniendo en cuenta que la CE también abarca la actuación extraterritorial de nuestras autoridades nacionales, de manera que, a partir de la promulgación de la Norma Suprema el orden público del foro ha adquirido así en España un contenido distinto, impregnado en particular por las exigencias del art. 24 de la Constitución, lo que implica que, a la hora de decidir sobre la ejecución en España de una resolución judicial -o arbitral- extranjera, los tribunales españoles han de tener en cuenta las garantías contenidas en el art. 24 CE y han de comprobar si, al dictarse la resolución cuya ejecución se solicita, las mismas se han respetado».

La jurisprudencia pone de relieve el carácter flexible y elástico de la excepción de orden público, en cuanto que está integrado por aquellos principios jurídicos y privados, políticos y económicos, morales e incluso religiosos, que son absolutamente obligatorios para la conservación del orden social en un pueblo y época determinada. En este sentido se pronuncia, por ejemplo, el **auto del TSJ de Asturias n.º 3/2017, de 25 de abril, ECLI:ES:TSJAS:2017:1416**, que en un procedimiento sobre nulidad de un laudo arbitral, destaca sobre el orden público que «(...) es indudable su carácter relativo ligado a la concepción social y política de cada momento histórico, aparte de que, en todo caso, en el campo internacional la excepción de orden público, por suponer una quiebra a la comunidad jurídica universal, ha de ser interpretada y aplicada restrictivamente (...)».

RESOLUCIÓN RELEVANTE

Auto del Tribunal Superior de Justicia de Madrid n.º 19/2023, de 21 de diciembre, ECLI:ES:TSJM:2023:191A

Asunto: resumen de la doctrina constitucional sobre el orden público, a efectos del arbitraje

«La referencia al "orden de público de ese país", determina que el concepto al que debemos referirnos es al orden público de España y a la interpretación que de él se haya dado en nuestro país. En este sentido cabe recordar lo establecido en la STC 46/2020, de 15 de junio de 2020: "Es jurisprudencia reiterada de este Tribunal la de que por orden público material se entiende el conjunto de principios jurídicos públicos, privados, políticos, morales y económicos, que son absolutamente obligatorios para la conservación de la sociedad en un pueblo y en una época determinada (SSTC 15/1987, de 11 febrero; 116/1988, de 20 junio, y 54/1989, de 23 febrero) y, desde el punto de vista procesal, el orden público se configura como el conjunto de formalidades y principios necesarios de nuestro ordenamiento jurídico procesal, y solo el arbitraje que contradiga alguno o algunos de tales principios podrá ser tachado de nulo por vulneración del orden público. Puede decirse que el orden público comprende los derechos fundamentales y las libertades garantizados por la Constitución, así como otros principios esenciales indisponibles para el legislador por exigencia constitucional o de la aplicación de principios admitidos internacionalmente."

La, igualmente, reciente sentencia del Tribunal Constitucional, de fecha 15 de febrero de 2021 (Recurso de amparo 3956-2018), concreta el concepto de orden público en relación al arbitraje y la función de esta Sala, estableciendo el siguiente criterio: "... la valoración del órgano judicial competente sobre una posible contradicción del laudo con el orden público, no puede consistir en un nuevo análisis del asunto sometido a arbitraje, sustituyendo el papel del árbitro en la solución de la controversia, sino que debe ceñirse al enjuiciamiento respecto de la legalidad del convenio arbitral, la arbitrabilidad de la materia y la regularidad procedimental del desarrollo del arbitraje. En este orden de ideas, ya hemos dicho que, "por orden público material se entiende el conjunto de principios jurídicos públicos, privados, políticos, morales y económicos, que son absolutamente obligatorios para la conservación de la sociedad en un pueblo y en una época determinada (SSTC 15/1987, de 11 de febrero; 116/1988, de 20 de junio; y 54/1989, de 23 de febrero), y, desde el punto de vista procesal, el orden público se configura como el conjunto de formalidades y principios necesarios de nuestro ordenamiento jurídico procesal, y solo el arbitraje que contradiga alguno o algunos de tales principios podrá ser tachado de nulo por vulneración del orden público. Puede decirse que el orden público comprende los derechos fundamentales y las libertades garantizados por la Constitución, así como otros principios esenciales indisponibles para el legislador por exigencia constitucional o de la aplicación de principios admitidos internacionalmente" (STC 46/2020, de 15 de junio, FJ

> *4). La acción de anulación, por consiguiente, sólo puede tener como objeto el análisis de los posibles errores procesales en que haya podido incurrir el proceso arbitral, referidos al cumplimiento de las garantías fundamentales, como lo son, por ejemplo, el derecho de defensa, igualdad, bilateralidad, contradicción y prueba, o cuando el laudo carezca de motivación, sea incongruente, infrinja normas legales imperativas o vulnere la intangibilidad de una resolución firme anterior."».*

Posibilidad de suspensión en caso de que la resolución sobre anulación o suspensión esté pendiente

El artículo VI del CNY establece:

> «Si se ha pedido a la autoridad competente prevista en el artículo V, párrafo 1, e), la anulación o la suspensión de la sentencia, la autoridad ante la cual se invoca dicha sentencia podrá, si lo considera procedente, aplazar la decisión sobre la ejecución de la sentencia y, a instancia de la parte que pida la ejecución, podrá también ordenar a la otra parte que dé garantías apropiadas».

Si obra la posibilidad de aplazamiento prevista en este precepto, resulta de interés lo indicado en el **ATSJ de Cataluña n.º 67/2014, de 15 de mayo, ECLI:ES:TSJCAT:2014:184A**:

> «Al respecto, debe tenerse presente que dicha decisión de aplazar la ejecución, se podrá solicitar cuando se haya instado la anulación del laudo, como consta en el caso de autos, pero ello queda condicionado a que: (a) La autoridad competente lo considere procedente, y (b) A instancia de la parte se den las garantías apropiadas, es decir, la correspondiente caución; estimándose por la Sala que no procede el aplazamiento pues la reversibilidad, en su caso, de la condena resulta posible y no se dan razones, aparte de los motivos indicados al amparo del CNY, para su aplazamiento, que han sido rechazados».

Debe tenerse en cuenta que en caso de que la autoridad competente del país en que, o conforme a cuya ley, ha sido dictado el laudo arbitral (sentencia arbitral) dicte una resolución de anulación o suspensión, deja de ser aplicable el artículo VI y pasa a serlo el artículo V.1. (e), porque ya existe una decisión que anula o suspende los efectos del laudo y, en consecuencia, nos encontramos ante la causa de denegación prevista por el Convenio para el caso de que la sentencia «ha sido anulada o suspendida» por la autoridad competente prevista en dicho artículo.

5.3. Auto resolutorio y ejecución posterior de los laudos extranjeros

El procedimiento de *exequatur* finalizará con un auto que resolverá en el sentido de estimar o no la demanda de reconocimiento, y, en consecuencia, respectivamente, de acordar o denegar el reconocimiento del laudo arbitral extranjero.

Contra este no cabrá recurso alguno. Si acuerda el reconocimiento, el laudo arbitral extranjero tendrá fuerza ejecutiva en España.

Auto resolutorio

El art. 54.7 de la LCJI dispone que una vez se haya formulado la oposición, o bien haya transcurrido el plazo para formularla sin que se haya hecho, **el órgano jurisdiccional deberá resolver por medio de auto**.

CUESTIÓN

¿Cuál es el plazo en el que debe dictarse el auto resolutorio del proceso de *exequatur*?

Según establece el art. 54.7 de la LCJI el plazo será de 10 días.

No se prevé la práctica de prueba, por lo que el tribunal resolverá a la vista de los documentos aportados por las partes.

El auto resolverá, según lo pretendido, en el sentido de estimar o no la demanda de reconocimiento, y, en consecuencia, respectivamente, de acordar o denegar el reconocimiento del laudo arbitral extranjero.

En lo relativo al pronunciamiento en costas se aplica el artículo 394 de la LEC.

CUESTIÓN

¿Cabe la posibilidad de un *exequatur* parcial?

Sí, y así se desprende del art. V.1.c) del Convenio de Nueva York, en el que al regular los motivos de denegación del *exequatur*, se recoge que en el caso de que existiera una diferencia no prevista en el compromiso o no comprendida en las disposiciones de la cláusula compromisoria, o el laudo contuviera decisiones que excediesen de los términos del compromiso o de la cláusula compromisoria, si las disposiciones de la sentencia que se refieren a las cuestiones sometidas al arbitraje pueden separarse de las que no han sido sometidas al arbitraje, se podría dar reconocimiento y ejecución a las primeras.

En ese sentido, también podemos citar el **auto del Tribunal Supremo rec. 350/2001, de 16 de mayo, ECLI:ES:TS:2001:2190A**, en el que se establece que:

«(...) La posibilidad del reconocimiento parcial de la resolución —posibilidad prevista en otros instrumentos internacionales sobre la materia, y que la Sala viene admitiendo también desde el régimen general de la LEC— se contempla en el Convenio de Nueva York en su artículo V.1-c). El exequatur parcial obliga, sin embargo, a delimitar claramente el alcance de la declaración homologadora en evitación de futuras situaciones claudicantes: se han de reconocer, pues, los efectos de la decisión en todo lo relativo a las obligaciones derivadas del indicado contrato 1053 que sean susceptibles de determinarse individualizadamente con relación a dicho contrato, según lo recogido en los resultandos de la resolución arbitral, con exclusión, por tanto, de aquellos otros en los que no quepa hacer esa diferenciación o individualización».

Impugnabilidad de los autos resolutorios del *exequatur*

Siendo competentes para el reconocimiento de los laudos extranjeros las salas de lo civil y penal de los tribunales superiores de justicia contra la resolución que, eventualmente, otorgue o deniegue el *exequatur* solicitado **no cabe ningún recurso**. El art. 55 de la LCJI, en cuanto determina que contra el auto de *exequatur* solo cabe interponer recurso de apelación, debe entenderse solo el referido al reconocimiento de resoluciones judiciales extranjeras, pero no al reconocimiento de laudos arbitrales extranjeros.

Así lo explica el **ATSJ de Cataluña n.º 71/2016, de 19 de mayo, ECLI:ES:TSJCAT:2016:192A:**

> «En efecto, este precepto se refiere propiamente solo al reconocimiento de resoluciones judiciales extranjeras y, en su caso, a la autorización de su ejecución, para las que se declara competentes, según los casos, a los Juzgados de Primera Instancia o de lo Mercantil (arts. 44 y 52 LCJI), previendo entonces que contra la resolución dictada por ellos pueda interponerse recurso de apelación ante la Audiencia Provincial correspondiente, y contra las resoluciones dictadas por la Audiencia Provincial "en segunda instancia", puedan interponerse los recursos extraordinario por infracción procesal o de casación ante la Excma. Sala Primera del Tribunal Supremo, si bien, en ambos casos, ' de acuerdo con las previsiones de la LEC" (art. 55 LCJI).
>
> Pues bien, conforme a esta remisión a la LEC, no serían procedentes ninguno de estos recursos frente al auto de exequatur dictado por la Sala Civil y Penal de un Tribunal Superior de Justicia: el de apelación, porque aun tratándose de un auto definitivo formalmente susceptible de dicho recurso (art. 455.1 LEC), no está prevista la competencia correspondiente para la Sala Primera del Tribunal Supremo (art. 56 LOPJ y art. 455.2 LEC), que es la única ante la que, en su caso, podría plantearse por razón de su superioridad funcional (arts. 53 y 70 LOPJ), excluidas, por razones evidentes, tanto la Audiencia Nacional, dada su peculiar configuración y la carencia de competencias civiles (art. 64 LOPJ), como las Audiencias Provinciales (art. 82.2 y 3 LOPJ); y el recurso extraordinario por infracción procesal y el de casación, por no tratarse de una resolución recurrible conforme al art. 468 LEC -que además se halla suspendido por la DF 16.ª.2 LEC - en el primer caso, y al art. 477.2 LEC, en el segundo, al no tratarse de una resolución dictada en segunda instancia».

Ejecución posterior de los laudos extranjeros

Respecto de la ejecución de laudos extranjeros, el artículo 50.1 de la Ley de Cooperación Jurídica Internacional **establece que las resoluciones judiciales extranjeras que tengan fuerza ejecutiva en el Estado de origen serán ejecutables en España una vez se haya obtenido el** *exequatur* **de acuerdo con lo previsto en el título V de la mentada LCJI.**

‖ Competencia objetiva y territorial

La determinación de la competencia objetiva y territorial para la ejecución de los laudos extranjeros, la encontramos en el art. 8.6 de la Ley de Arbitraje, que dispone que, para la ejecución de laudos o resoluciones arbitrales extranjeras, **será competente el juzgado de primera instancia del domicilio o lugar de residencia de la parte frente a la que se solicita el reconocimiento o del domicilio o lugar de residencia de la persona a quien se refieren los efectos de aquellos.** Subsidiariamente, podría determinarse la competencia territorial atendiendo al lugar de ejecución o al lugar donde aquellos laudos o resoluciones arbitrales deban producir sus efectos.

Debemos entender que la competencia es exclusiva de los juzgados de primera instancia. El artículo 85.5 de la LOPJ atribuye a estos la competencia de la ejecución de laudos o resoluciones arbitrales extranjeros, a no ser que, con arreglo a lo acordado en los tratados y otras normas internacionales, corresponda su conocimiento a otro juzgado o tribunal. Por su parte, el artículo 86 ter de la LOPJ no contempla la ejecución de laudos o resoluciones arbitrales extranjeras entre las competencias que atribuye a los juzgados de lo mercantil, si bien el art. 86 quáter atribuye la competencia a los juzgados de los mercantil para el reconocimiento y ejecución de sentencias y demás resoluciones judiciales extranjeras cuando éstas versen sobre cualquiera de las materias a que se refieren los dos artículos anteriores, salvo que, según los tratados y otras normas internacionales, el conocimiento de esa materia corresponda a otro juzgado o tribunal.

> **A TENER EN CUENTA**. El art. 86 quáter ha sido añadido por la Ley Orgánica 7/2022, de 27 de julio, y se encuentra en vigor desde el 28 de julio de 2022.

‖ Procedimiento

La Ley de Cooperación Jurídica Internacional recoge en su art. 50.2 que el **procedimiento de ejecución en España de las resoluciones extranjeras se regirá por las disposiciones de la Ley de Enjuiciamiento Civil,** incluyendo la caducidad de la acción ejecutiva.

Por lo tanto, también será aplicable, respecto de la caducidad de la acción de ejecución de laudos extranjeros, lo dispuesto en el artículo 518 de la LEC, a cuyo tenor la acción ejecutiva fundada en resolución arbitral caducará si no se interpone la correspondiente demanda ejecutiva dentro de los **cinco años siguientes a la firmeza** de la sentencia o resolución.

Con relación al *dies a quo* en el que debe de comenzar a contarse dicho plazo existen distintas posturas:

– Por un lado, podemos citar, por ejemplo, el **auto de la Audiencia Provincial de Barcelona n.º 38/2019, de 7 de febrero, ECLI:ES:APB:2019:366A,** que indica que el laudo cuya ejecución se solicita debía de cumplirse desde el momento en que es declarado firme y ejecutable, y que el auto del TSJ otorgando el *exequatur*, no susceptible de recurso, no supone una postergación de la firmeza del laudo.

- En sentido contrario se pronuncia, por ejemplo, el **auto de la Audiencia Provincial de Zamora n.º 89/2009, de 27 de noviembre, ECLI:ES:APZA:2009:231A**, en el que se indica que el *dies a quo* para el plazo de caducidad de la acción ejecutiva lo será la fecha de firmeza de la resolución en que se obtiene el *exequatur*.

A la demanda deberán acompañarse los documentos que establece el art. 550.1 de la LEC, pudiendo destacar que deberán adjuntarse el laudo y el convenio arbitrales, debidamente legalizados y, en su caso, con la requerida traducción, en conformidad al art. IV del Convenio de Nueva York.

El art. 550.1. 1.º, párrafo 2.º de la LEC exige, de modo específico para la ejecución de laudo arbitral, que se acompañen los **documentos acreditativos de la notificación** de aquel a las partes. Estos documentos habrán sido valorados en el previo proceso de homologación para comprobar que el laudo reúne todos los requisitos para su ejecución, pero la demanda ejecutiva se presenta ante otro órgano judicial; de ahí que deba entenderse que han de acompañarse también con la demanda ejecutiva.

Deberá acompañarse el **auto por el que se acuerda la homologación del laudo arbitral extranjero** a fin constatar que ha adquirido fuerza ejecutiva en España.

‖ Suspensión de la ejecución del laudo arbitral extranjero

En el art. VI del Convenio de Nueva York de 1958 se prevé que:

> «Si se ha pedido a la autoridad competente, prevista en el artículo V, párrafo 1 e), la anulación o la suspensión de la sentencia, la autoridad ante la cual se invoca dicha sentencia podrá, si lo considera procedente, aplazar la decisión sobre la ejecución de la sentencia y, a instancia de la parte que pida la ejecución, podrá también ordenar a la otra parte que dé garantías apropiadas».

En cuanto al órgano competente para decidir sobre la suspensión de la ejecución del laudo arbitral —entre tanto no se resuelva la demanda de nulidad del laudo cuyo reconocimiento y ejecución se ha instado en el orden jurisdiccional del Estado en que se dictó el laudo— se ha pronunciado el **ATSJ de Andalucía n.º 29/2015, 29 de julio, ECLI:ES:TSJAND:2015:174A**, en el sentido de considerar que lo es el juzgado de primera instancia:

> «Al respecto no es pacífica la doctrina sobre si la facultad de suspensión que se prevé en el artículo VI del Convenio de Nueva York corresponde, en Derecho español, al órgano judicial competente para el reconocimiento (esta Sala) o al órgano competente para su ejecución (el Juzgado de Primera Instancia). En favor de atribuir dicha competencia al órgano encargado de la ejecución pueden esgrimirse tres argumentos:
> a) En primer lugar, que el artículo VI del Convenio alude a la posibilidad de aplazamiento de la decisión "sobre la ejecución" del laudo, y no, como en todos los demás preceptos, a la decisión sobre "reconocimiento y ejecución", de lo que parece deducirse que el reconocimiento ha de concederse o denegarse con independencia de la interposición de una de-

manda de nulidad en el país de origen, y en atención exclusivamente a la concurrencia de los presupuestos para el mismo; dicho de otro modo, el Convenio estaría previendo la posibilidad de suspender la ejecución de un laudo ya reconocido;

b) En segundo lugar, que en nuestro Derecho interno está expresamente contemplada la posibilidad de solicitar del Juzgado de Primera Instancia la suspensión de la ejecución de un laudo firme cuando éste haya sido impugnado ante una autoridad judicial diferente (la competente para la acción de nulidad del laudo): así, el artículo 45 de la Ley de Arbitraje ha sido uniformemente interpretado en el sentido de que el "tribunal competente" para la suspensión o prosecución del laudo contra el que se ha ejercitado una acción de anulación es el Juzgado de Primera Instancia.

c) En tercer lugar, que la decisión sobre la suspensión ha de valorar circunstancias más propias de la ejecución misma que de su reconocimiento, como son particularmente si, en función del contenido ejecutable, el perjuicio de ejecutar un laudo que eventualmente puede ser anulado es mayor o menor que el perjuicio que se derivaría de la suspensión, así como la determinación y exigencia de garantías suficientes y apropiadas a las que se refiere el propio artículo VI del Convenio».

ANEXO I.
CASOS PRÁCTICOS

Caso práctico | Tengo que solicitar la ejecución de un laudo arbitral, ¿qué cantidad será por la que se despache ejecución?

PLANTEAMIENTO

Se dicta laudo arbitral por el que:

1.º Se condena a las arrendatarias por impago de rentas y, dada la imposibilidad de enervar la acción de desahucio, a que ponga a disposición del demandante la posesión del inmueble arrendado, dejándolo libre, vacuo y expedito en un plazo de 20 días.

2.º Se les condena a abonar a la arrendadora la suma de 3.777,42 euros por rentas vencidas.

3.º Así como al pago de las costas que ascienden a 141,74 euros (honorarios de gestión y administración de la administradora del arbitraje 60 euros, honorarios del árbitro 30 euros y gastos de notificaciones 51,74 euros).

¿Cuáles son las cantidades por las que se puede solicitar que se despache ejecución? ¿Qué documentos deben de acompañar a la demanda?

¿Qué medidas ejecutivas se deben solicitar?

RESPUESTA

La cantidad por la que se solicitará la ejecución será por un principal de 3.919,16 euros (3.777,42 euros de rentas impagadas y 141,74 euros de costas del arbitraje).

Hay que tener en cuenta que el art. 575.1 de la LEC establece que la cantidad reclamada en concepto de principal e intereses ordinarios y moratorios vencidos podrá incrementarse por la cantidad que se prevea para intereses y costas de la ejecución, que podrá fijarse provisionalmente en una cantidad que no supere el 30 % de la cantidad que se reclame en la demanda ejecutiva, limitándose este porcentaje al 5% en el supuesto de ejecuciones de vivienda habitual (art. 575.1 bis de la LEC).

Debe acompañarse la siguiente documentación:

- El laudo arbitral, y, además, el convenio arbitral y los documentos acreditativos de la notificación de aquel a las partes.

- La certificación del registro electrónico de apoderamientos judiciales o referencia al número asignado por dicho registro.

- Los demás documentos legalmente exigidos para el despacho de la ejecución.

Transcurridos 20 días desde la notificación puede presentarse la demanda ejecutiva.

Este plazo coincide con el concedido para el desalojo de la vivienda y, si el inmueble arrendado es vivienda habitual del ejecutado, se puede solicitar que se ordene al ejecutado y, a las personas que de él dependan, que entreguen la vivienda otorgándoles un plazo de un mes para que la desaloje, con expresa indicación del día y hora exacta para la ejecución forzosa (artículo 704.1 de la LEC).

Puede solicitarse que, sin necesidad de requerimiento personal, se proceda al embargo de bienes del deudor en cantidad suficiente para cubrir las cantidades expresadas o, en caso de no conocer bienes del deudor, que se proceda a la correspondiente investigación judicial de su patrimonio.

Caso práctico | ¿Cuál es el plazo de anulación de un laudo arbitral?

PLANTEAMIENTO

Un laudo arbitral se notifica el 5 de noviembre de 2022, y la demanda de anulación se presenta el 18 de diciembre de 2022 ante el juzgado de primera instancia del lugar en que se dictó el laudo. El juzgado se declara incompetente por auto de 9 de enero de 2023 en el que se indica que la competencia le corresponde a la sala civil y penal del tribunal superior de justicia conforme al art. 8.5 de la Ley de Arbitraje. Este auto se notificó a la demandante el 11 de enero de 2023.

¿Es viable la acción de anulación a fecha 11 de enero de 2023?

RESPUESTA

No, la acción ha caducado al haber transcurrido el plazo de dos meses establecido en el art. 41.4 de la Ley de Arbitraje:

> «4. La acción de anulación del laudo habrá de ejercitarse dentro de los dos meses siguientes a su notificación o, en caso de que se haya solicitado corrección, aclaración o complemento del laudo, desde la notificación de la resolución sobre esta solicitud, o desde la expiración del plazo para adoptarla»

Debe tenerse presente que el plazo que se establece en el art. 41.1 de la Ley de Arbitraje es un plazo de caducidad, de naturaleza civil, y no un plazo de prescripción. En consecuencia, dicho plazo **debe computarse de fecha a fecha**, conforme establece el art. 5 del Código Civil, sin excluir el mes de agosto ni los días festivos, que solo son inhábiles a efectos procesales. Este cómputo debe iniciarse el día siguiente de la notificación del laudo (art. 5.b) de la Ley de Arbitraje), y puede prorrogarse hasta el primer día laborable siguiente, si el último fuera festivo en el lugar de recepción de la notificación o comunicación (art. 5.b) de la Ley de Arbitraje).

Además, siendo un plazo de caducidad, **no es susceptible de interrupción o suspensión**, por lo que el haber interpuesto la demanda ante un órgano que no era el competente no supone la interrupción del plazo.

Sobre esta naturaleza del plazo para el ejercicio de la acción de anulación se ha pronunciado la **STSJ de Madrid n.º 34/2023, de 3 de octubre, ECLI:ES:TSJM:2023:10776**, en la que se establece:

> «Según vienen entendiendo los diversos tribunales que actualmente ostentan competencias en la materia y que han resuelto cuestiones similares (Vid. ATSJ Navarra 12/2011 de 12 de diciembre; AATSJ Comunidad Valenciana 18/2011 de 6 de octubre, 22/2011 de 10 de noviembre y 6/2012 de 6 de marzo; y STSJ Comunidad Valenciana 16/2012 de 18 de mayo), el mencionado plazo de dos meses desde la notificación del laudo para la interposición de la demanda de anulación es -al igual que los previstos para el ejercicio de las acciones de revisión de sentencias judiciales firmes (art. 512 LEC) o de reclamación de indemnización por error judicial (art. 293.1.a LOPJ), entre otras- **es un plazo de caducidad (no de prescripción) de naturaleza civil o sustantiva (no procesal)**.
> Por su condición de tal, y al hallarse fijado por meses, dicho plazo debe computarse de fecha a fecha, según lo previsto en el art. 5 CC, debiendo iniciarse su cómputo el día siguiente al de la recepción de la notificación o comunicación del laudo (art. 5.b) LA), sin excluir el mes de agosto -a este respecto véanse, entre otras menos recientes, las SSTS 1.ª 171/2010 de 15 de marzo,

FJ 2, 645/2010 de 21 de octubre, FJ 3, 837/2010 de 9 de diciembre, FJ 1 y 233/2011 de 29 de marzo, FJ 2, así como el ATS 1.ª de 15 febrero de 2011, que únicamente es inhábil a efectos procesales (art. 183 LOPJ), como tampoco los días festivos, sin perjuicio de considerar prorrogado el plazo hasta el primer día laborable siguiente, si el último fuera festivo en el lugar de recepción de la notificación o comunicación (art. 5.b) LA), incumbiendo a la parte que demanda la anulación del laudo la alegación y la acreditación de la observancia del plazo en el ejercicio de dicha acción y, en especial, la del dies a quo (ATS 1.ª 4 de diciembre de 2012 y STS 1.ª 43/2013 de 6 de febrero, FJ 3).

Además, como tal de plazo de caducidad, **no es susceptible de interrupción o suspensión**, ni siquiera por el ejercicio de la propia acción ante órgano jurisdiccional incompetente (SSTS 1.ª 23 de septiembre de 2004, 11 de abril de 2005, 30 de abril de 2007, 20 de diciembre de 2010 y 21 de septiembre de 2011) o por error judicial (SSTS 1.ª de 11 de mayo de 2001, 4 de noviembre de 2002 y 11 de abril de 2005)».

Caso práctico | ¿Cuál es el órgano competente para reconocer en España un laudo extranjero?

PLANTEAMIENTO

Se ha dictado un laudo en Londres de fecha de 18 de abril de 2023, en un procedimiento arbitral sobre arrendamiento, seguido entre una entidad belga (arrendadora) y una entidad noruega domiciliada en Vigo (arrendataria), por el que se declara que la arrendataria incumplió el contrato de arrendamiento a casco desnudo de un buque suscrito entre ambas por impago del alquiler.

Tras concluir el plazo para que la arrendataria se pusiera al corriente de los pagos, sin haberlo hecho, se declara que la entidad belga tiene derecho a la restitución inmediata de la posesión del buque, atracado actualmente en el Vigo, y se declara resuelto legalmente el contrato de arrendamiento a casco desnudo sobre el buque.

¿Ante qué órgano jurisdiccional debe presentarse la demanda de reconocimiento del laudo arbitral? ¿Qué normativa debe aplicarse para reconocer en España el laudo extranjero?

RESPUESTA

La demanda para el reconocimiento del laudo arbitral (procedimiento de *exequatur*) deberá presentarse ante la Sala de lo Civil y de lo Penal del Tribunal Superior de Justicia de Galicia, conforme al art. 8.6 de la Ley de Arbitraje:

> «6. Para el reconocimiento de laudos o resoluciones arbitrales extranjeros será competente la Sala de lo Civil y de lo Penal del Tribunal Superior de Justicia de la Comunidad Autónoma del domicilio o lugar de residencia de la parte frente a la que se solicita el reconocimiento o del domicilio o lugar de residencia de la persona a quien se refieren los efectos de aquellos, determinándose subsidiariamente la competencia territorial por el lugar de ejecución o donde aquellos laudos o resoluciones arbitrales deban producir sus efectos.
>
> Para la ejecución de laudos o resoluciones arbitrales extranjeros será competente el Juzgado de Primera Instancia con arreglo a los mismos criterios».

En cuanto a la normativa aplicable, la Ley de Arbitraje en su art. 46.2 establece que:

> «El exequatur de laudos extranjeros se regirá por el Convenio sobre reconocimiento y ejecución de las sentencias arbitrales extranjeras, hecho en Nueva York, el 10 de junio de 1958, sin perjuicio de lo dispuesto en otros convenios internacionales más favorables a su concesión; y se sustanciará según el procedimiento establecido en el ordenamiento procesal civil para el de sentencias dictadas por tribunales extranjeros».

Por tanto, el tribunal debe estar a lo dispuesto en el Instrumento de Adhesión de España al Convenio sobre reconocimiento y ejecución de sentencias arbitrales extranjeras, hecho en Nueva York el 10 de junio de 1958.

Con relación a la normativa aplicable podemos citar, por ejemplo, el **auto del Tribunal Superior de Justicia de Madrid n.º 17/2023, de 31 de octubre, ECLI:ES:TSJM:2023:165A**, en el que podemos leer lo siguiente:

> «En la resolución del presente exequátur ha de estarse a los términos del Convenio de Nueva York (CNY) de 1958 sobre reconocimiento y ejecución de sentencias arbitrales, que resulta aplicable por razón de la materia (arts. 46.2

LA y 523.1 LEC). Convenio que para España presenta un carácter universal, ya que, como recuerda reiteradamente el Tribunal Supremo (AATS de 1 y 8 de febrero de 2000, 11 de abril de 2000 y 4 de marzo de 2003), no realizó reserva alguna a lo dispuesto en su artículo 1.º al adherirse al mismo por Instrumento de 12 de mayo de 1977. Dicho Convenio pretende establecer normas legislativas comunes para el reconocimiento de los acuerdos o pactos de arbitraje y el reconocimiento y la ejecución de las sentencias o laudos arbitrales extranjeros y no nacionales, figurando como su finalidad principal evitar que las sentencias arbitrales, tanto extranjeras como no nacionales, sean objeto de discriminación, por lo que obliga a los Estados parte a velar por que dichas sentencias sean reconocidas en su jurisdicción y puedan ejecutarse en ella, en general, de la misma manera que las sentencias o laudos arbitrales nacionales».

Caso práctico | Ante una declinatoria de jurisdicción por convenio arbitral, ¿puede el juzgado comprobar la competencia de los árbitros?

PLANTEAMIENTO

Ante un juzgado se ha iniciado un procedimiento. El demandado interpone declinatoria de jurisdicción por sumisión a arbitraje. El juzgado rechaza la declinatoria al entender que la materia que es objeto de la controversia no queda sometida al arbitraje. En este caso, ¿el juzgado actúa correctamente o debería haber estimado la declinatoria?

RESPUESTA

Para dar respuesta a esta cuestión debemos tener presente que existen dos tesis:

- **Tesis fuerte.** Entiende que la actuación del órgano judicial en caso de declinatoria debe **limitarse a realizar un análisis superficial**. Esto supone que únicamente debe comprobar la existencia del convenio arbitral y que, en caso de que exista, estimar la declinatoria, siendo los árbitros quienes deben decidir sobre su propia competencia para conocer de la materia.

- **Tesis débil.** Conforme a esta tesis el órgano judicial ha de realizar el **enjuiciamiento completo** sobre la validez, eficacia y aplicabilidad del convenio arbitral. De tal forma que si considera que el mismo no es válido, no es eficaz o no es aplicable a las cuestiones objeto de la demanda, rechazará la declinatoria y continuará conociendo del litigio.

El Tribunal Supremo en la **sentencia n.º 409/2017, de 27 de junio, ECLI:ES:TS:2017:2500** considera que **no existen razones para sostener la «tesis fuerte»** y limitar el ámbito de conocimiento del juez cuando resuelve la declinatoria de jurisdicción por sumisión a arbitraje; justifica esta decisión señalando:

> «Cuando la Ley de Arbitraje ha querido limitar el alcance de la intervención del juez en el enjuiciamiento del convenio arbitral, lo ha hecho expresamente. Así, en el art. 15.5, al regular la formalización judicial del arbitraje, ha establecido un enjuiciamiento muy limitado al prever que "el tribunal únicamente podrá rechazar la petición formulada cuando aprecie que, de los documentos aportados, no resulta la existencia de un convenio arbitral" (…).
>
> Al regular cómo puede alegarse la existencia de un convenio arbitral en un litigio judicial ya iniciado, el art. 11 de la Ley de Arbitraje y los arts. 39 y 63.1 de la Ley de Enjuiciamiento Civil prevén que tal cuestión se decida mediante declinatoria jurisdicción. Estos preceptos no establecen limitación alguna del ámbito de enjuiciamiento por el juez de su propia jurisdicción y competencia que lo diferencie de otros supuestos en que ha de realizar tal enjuiciamiento en una declinatoria, como son los de falta de competencia internacional, falta de jurisdicción por causa distinta de la existencia de un convenio arbitral y falta de competencia objetiva o territorial».

Así mismo señala que los instrumentos jurídicos internacionales que abordan, directa o indirectamente, el arbitraje respetan este criterio.

Por tanto, si se ha iniciado un litigio en el que se ha planteado declinatoria de jurisdicción por existencia de convenio arbitral, el enjuiciamiento que ha de realizar el órgano judicial sobre la validez y eficacia del convenio arbitral y sobre la inclusión de las cuestiones objeto de la demanda en el ámbito de la materia arbitrable, no está sometido a restricciones y **no debe limitarse a una comprobación superficial de la existencia de convenio arbitral** para, en caso de que exista, declinar su jurisdicción sin examinar si el convenio es válido, eficaz y aplicable a la materia objeto del litigio.

Caso práctico | Si la persona que ha sido designada árbitro no acepta, ¿debe nombrarse árbitro al sustituto?

PLANTEAMIENTO

María ha sido nombrada árbitra por las partes y como sustituto se ha propuesto a Pepe. Pasados más de 15 días desde que se le comunicó a María su nombramiento la misma no lo ha aceptado. Pepe se plantea si, al no haber aceptado el encargo María, debe ocupar el puesto de árbitro en su calidad de sustituto.

RESPUESTA

Tal como señala el art. 16 de la Ley de Arbitraje, quien ha sido nombrado árbitro dispone de 15 días para aceptar el cargo, en caso de que no comunique la aceptación en este plazo se entenderá que no acepta.

Por su parte el art. 20.1 de la Ley de Arbitraje señala:

> «Cualquiera que sea la causa por la que haya que designar un nuevo árbitro, se hará según las normas reguladoras del procedimiento de designación del sustituido».

Sin embargo, no podemos entender que la no aceptación del nombramiento suponga designar como árbitro al sustituto, y ello porque el nombramiento de árbitro se consuma y surte efectos desde la aceptación y la sustitución conlleva necesariamente la existencia de un árbitro al que sustituir.

En este sentido se ha pronunciado el TSJ de Madrid en la **sentencia n.º 85/2013, de 11 de noviembre, ECLI:ES:TSJM:2013:15978** la cual señala:

> «En consecuencia, constituye requisito esencial del nombramiento la aceptación de cargo, por lo que no produciéndose éste, no cabe hablar de nombramiento, pues la designación inicial, de acuerdo con el procedimiento establecido, no causa estado ni surte efecto alguno que no sea la obligación del designado a aceptar el nombramiento, a partir de la obligada manifestación expresa que recoge el citado precepto, subrayando la presunción de no aceptación en los supuestos de silencio del árbitro, de acuerdo con el inciso segundo del referido artículo 16, cuando dice que, si en el plazo establecido no comunica la aceptación, se entenderá que no acepta su nombramiento; por otra parte, la sustitución de árbitro conlleva necesariamente su existencia, esto es, que el nombramiento se haya consumado, por su aceptación, entrando entonces en juego los supuestos del artículo 20 del mismo Cuerpo legal (...)».

En la misma línea la Audiencia Provincial de Sevilla en el **auto n.º 96/2010, de 22 de junio, ECLI:ES:APSE:2010:2176A**:

> «(...) En efecto el árbitro no aceptó el encargo, lo cual es requisito previo para el inicio del procedimiento arbitral, y así lo dispone el art. 16 de la ley 60/2003 de 23 de diciembre; lo que sucede es que el propio precepto establece que dentro del plazo de 15 dias a contar desde el siguiente a la comunicación del nombramiento, deberá comunicar su aceptación a quien lo designó, y añade que " si en el plazo establecido no comunica la aceptación, se entenderá que no acepta su nombramiento" y tal es lo sucedido, porque de las respuestas diversas dadas por el árbitro, las partes están conformes en que de ellos no se puede inferir la aceptación, y comoquiera que por las fechas expuestas el plazo de 15 días había transcurrido en exceso, es clara la no aceptación presunta a

que se refiere el precepto, y aunque tal presunción legal fuese iuris tantum, es lo cierto que ninguna de las partes alega o se funda en hechos que se oponen a la misma. Sin aceptación no puede iniciarse el procedimiento arbitral, y como-quiera que la sumisión y nombramiento fue nominativa, intuitu personae, por lo que no resultaba posible su sustitución prevista en el art. 20 de la referida ley arbitral (...)».

Caso práctico | ¿Cuándo la traducción de un laudo tiene carácter oficial?

PLANTEAMIENTO

Para poder solicitar el *exequatur* de un laudo extranjero uno de los requisitos que se exigen en el art. IV del Convenio de Nueva York de 1958 es que si la sentencia (laudo), o el compromiso arbitral, no estuvieran en un idioma oficial del país en que se invoca la sentencia, la parte que pida el reconocimiento y la ejecución de esta última deberá presentar una traducción a ese idioma de dichos documentos, exigiendo que la dicha traducción esté certificada por un traductor oficial o un traductor jurado, o por un agente diplomático o consular. ¿Cuándo se entiende que la traducción de un laudo es oficial?

RESPUESTA

Para saber cuándo una traducción tiene carácter oficial hay que atender a lo dispuesto en la D.A. 16.ª de la Ley 2/2014, de 25 de marzo, de la Acción y del Servicio Exterior del Estado, que con relación a las traducciones e interpretaciones de carácter oficial recoge:

«Reglamentariamente se determinarán los requisitos para que las traducciones e interpretaciones de una lengua extranjera al castellano y viceversa tengan carácter oficial. En todo caso, tendrán este carácter las certificadas por la Oficina de Interpretación de Lenguas del Ministerio de Asuntos Exteriores y de Cooperación, así como las realizadas por quien se encuentre en posesión del título de traductor-intérprete jurado que otorga el Ministerio de Asuntos Exteriores y de Cooperación. Los requisitos para el otorgamiento de este título, así como el resto de elementos que conforman su régimen jurídico, se desarrollarán reglamentariamente. El traductor-intérprete jurado certificará con su firma y sello la fidelidad y exactitud de la traducción e interpretación.

También tendrán carácter oficial:

a) Las realizadas o asumidas como propias por una representación diplomática u oficina consular de España en el extranjero, siempre que se refieran a un documento público extranjero que se incorpora a un expediente o procedimiento iniciado o presentado ante dicha unidad administrativa y que deba resolver la Administración española.

b) Las realizadas por una representación diplomática u oficina consular de carrera extranjera en España, siempre que se refieran al texto de una ley de su país o a un documento público del mismo.

El carácter oficial de una traducción o interpretación implica que ésta pueda ser aportada ante órganos judiciales y administrativos en los términos que se determine reglamentariamente.

La traducción e interpretación que realice un traductor-intérprete jurado o una representación diplomática u oficina consular, podrá ser revisada por la Oficina de Interpretación de Lenguas del Ministerio de Asuntos Exteriores y de Cooperación a solicitud del titular del órgano administrativo, judicial, registro o autoridad competente ante quien se presente».

Además, también cabe destacar aquí el art. 17 del Real Decreto 724/2020, de 4 de agosto, por el que se aprueba el Reglamento de la Oficina de Interpretación de Lenguas del Ministerio de Asuntos Exteriores, Unión Europea y Cooperación, que establece que:

«1. Tendrán carácter oficial las siguientes traducciones o interpretaciones de una lengua extranjera al castellano y viceversa:

a) Las certificadas por la Oficina de Interpretación de Lenguas del Ministerio de Asuntos Exteriores, Unión Europea y Cooperación.

b) Las realizadas por quien se encuentre en posesión del título de Traductor Jurado o de Intérprete Jurado que otorga el Ministerio de Asuntos Exteriores, Unión Europea y Cooperación. Para que estas traducciones e interpretaciones tengan tal carácter oficial deberán cumplir las condiciones referentes a sello, certificación y comprobación de la autenticidad del original que se recogen en el artículo siguiente. Los Traductores Jurados y los Intérpretes Jurados desempeñarán su labor de acuerdo con las orientaciones que, en su caso, pueda dictar la Oficina de Interpretación de Lenguas en desarrollo de este reglamento.

c) Las realizadas o asumidas como propias por una representación diplomática u oficina consular de España en el extranjero, siempre que se refieran a un documento público extranjero que se incorpora a un expediente o procedimiento iniciado o presentado ante dicha unidad administrativa y que deba resolver la Administración española. Para que tengan tal carácter oficial estas traducciones e interpretaciones deberán venir acompañadas de un certificado en el que conste que han sido realizadas o asumidas por la correspondiente representación diplomática u oficina consular.

d) Las realizadas por una representación diplomática u oficina consular de carrera extranjera en España, siempre que se refieran al texto de una ley de su país o a un documento público del mismo. Para que tengan carácter oficial estas traducciones e interpretaciones deberá constar fehacientemente que han sido realizadas por dicha representación diplomática u oficina consular.

2. También tendrán carácter oficial aquellas traducciones o interpretaciones de una lengua extranjera al castellano, y viceversa, a las que reconozca tal condición la normativa vigente del Derecho de la Unión Europea».

Caso práctico | ¿Cuál es el órgano competente para conocer las medidas cautelares solicitadas durante la tramitación del *exequatur* de un laudo?

PLANTEAMIENTO

Tras obtener un laudo arbitral favorable en el extranjero, una parte ha solicitado su reconocimiento en España mediante un proceso de *exequatur*, y quiere solicitar medidas cautelares para garantizar su efectivo cumplimiento. ¿Cuál será el órgano judicial competente para conocer de dichas medidas cautelares? ¿El TSJ que esté conociendo del procedimiento de *exequatur* o el juzgado de primera instancia que deberá ejecutar el laudo?

RESPUESTA

La competencia correspondería al juzgado de primera instancia al que le correspondería la posterior ejecución del laudo, ya que, en lo relacionado con el arbitraje, los tribunales superiores de justicia solamente conocen del nombramiento y remoción judicial de árbitros, de la acción de anulación del laudo y del reconocimiento de laudos o resoluciones arbitrales extranjeros.

Si bien la competencia para conocer de las medidas cautelares viene asociada habitualmente al órgano que está conociendo del proceso principal, existen excepciones, y una de ellas sería precisamente la tutela cautelar en procedimientos arbitrales extranjeros.

En este sentido se ha pronunciado el **auto del Tribunal Superior de Justicia de la Comunidad Valenciana, rec. 19/2021, de 5 de agosto, ECLI:ES:TSJCV:2021:163A:**

> «Ciertamente, la determinación de la competencia funcional para conocer de las medidas cautelares viene asociada, como regla general, al órgano que está conociendo del proceso principal. El artículo 723 de la LEC es buena muestra de ello. Sin embargo, existen excepciones y lo dispuesto en el precepto anterior, justamente al hilo de la admisibilidad de peticiones de tutela cautelar en procedimientos arbitrales y litigios extranjeros, y siguiente, en casos especiales y entre ellos la formalización judicial del arbitraje, serviría de ejemplo. Tanto que en este último supuesto el artículo 724 de la LEC determina que, estando pendiente ante esta Sala un proceso para el nombramiento de árbitros, el órgano competente para resolver las medidas cautelares que se soliciten será tribunal competente el del lugar donde el laudo deba ser ejecutado y éste, de conformidad con el artículo 8.3 y 4 de la LA, es el Juzgado de Primera Instancia. (…) Y ello no porque exista una disposición que expresamente determine el órgano competente en estos supuestos -ni el artículo 8 de la LA ni los artículos 722 a 724 de la LEC contemplan el caso sometido a consideración-, sino porque **la interpretación sistemática conduce a colmar esta laguna normativa en el sentido de otorgar competencia al Juzgado de Primera Instancia y no a los Tribunales Superiores de Justicia** cuyas atribuciones se limitan al nombramiento y remoción judicial de árbitros, al conocimiento de la acción de anulación del laudo y al reconocimiento de laudos o resoluciones arbitrales extranjeros (art. 8 LA). En este sentido informó el Ministerio fiscal y han venido pronunciándose los Tribunales Superiores de Justicia, por todos AATSJ de Cataluña, de 30 de julio de 2014, y de la Comunidad Valenciana, de 19 de julio de 2019, señalándose en el primero de ellos —y hacemos nuestros sus razonamientos— que el desenlace expuesto vendría dado: "a) Por el **carácter y la naturaleza de las funciones** encomendadas a las Salas de lo Civil de

los **Tribunales Superiores**, que, en general podría definirse como órgano de última instancia quedando fuera de sus funciones ordinarias la de dictar resoluciones de carácter urgente que requieren una estructura y funcionamiento distinto como por ejemplo un servicio de guardia permanente. b) Porque se **sitúa la competencia en quien finalmente se encargará de la ejecución de la decisión extranjera**, lo que ha de redundar en una mayor eficacia y en una mayor economía procesal. c) Por cuanto se **abren al solicitante los medios de recurso contra la resolución que decida sobre las medidas pretendidas** lo cual supone adoptar una interpretación de la legalidad favorable a la mayor efectividad de la tutela judicial y, en particular, al derecho a acceder al sistema de recursos legalmente establecido, por lo que, en consecuencia, resulta más adecuada en términos de garantías constitucionales. d) En aras a evitar la adopción de una solución diferente a la que corresponde en los casos en que se encuentra pendiente un proceso en el extranjero, o, que, habiendo recaído sentencia en éste, no se ha instado aun el reconocimiento en España de sus efectos, tratándose de supuestos que presentan una notoria similitud con la solicitud de medidas en el procedimiento de exequátur. No obsta a lo anterior —aunque sin duda es su principal inconveniente— la disociación entre el órgano decisor del exequátur y el que ha de adoptar las medidas cautelares, que deberá efectuar un juicio de valor sobre la apariencia de buen derecho que lógicamente habrá de proyectarse sobre la procedencia de la homologación, pues el mismo inconveniente se advierte también en otros supuestos, como por ejemplo la decisión sobre la adopción de las medidas cuando son pedidas a la jurisdicción siendo competente para resolver del fondo el árbitro, ex artículo 11,3 y 23 de la ley de Arbitraje de 2003, o el supuesto contemplado en el art. 724 in fine. La propia modificación legislativa introducida por la ley 11/2011 no altera la competencia objetiva en cuanto a las medidas cautelares tal y como se infiere del contenido del artículo 8 en su nueva redacción y de su Exposición de motivos en la que claramente se especifica que la elevación de determinadas funciones a los Tribunales Superiores se realiza en aras a dar una mayor uniformidad al sistema, manteniendo no obstante aquellas otras, donde no cabe apreciar tales razones, en los Juzgados unipersonales. Tampoco es óbice a lo expuesto, el contenido del párrafo 2.º del artículo 725 de la LEC 1/200 toda vez que el mismo se refiere, como es lógico, a la competencia territorial, de ordinario disponible (si el tribunal se considerara territorialmente incompetente...) pero no opera cuando la abstención viene fundada en la falta de competencia objetiva". Ello hace que, **en procedimientos de exequatur de laudos arbitrales competencia de las Salas de lo Civil y Penal —como Salas de los Civil— de los Tribunales Superiores de Justicia, la competencia para la adopción de las medidas cautelares instrumentales del fallo condenatorio y dirigidas a asegurar su ejecución corresponde los Juzgados de Primera Instancia a quien se atribuye el conocimiento, caso de estimarse la solicitud de reconocimiento, del proceso de ejecución ulterior**».

ANEXO II.
FORMULARIOS

Demanda de revisión de laudo arbitral

A LA SALA DE LO CIVIL DEL TRIBUNAL SUPREMO (1)

Don/Doña [NOMBRE_PROCURADOR_CLIENTE], procurador/a de los tribunales y de don/doña [NOMBRE_CLIENTE] con domicilio en [DOMICILIO_CLIENTE] y DNI [NIF_CIF_DNI_CLIENTE], tal y como acredito con la copia adjunta de poder general para pleitos que se aporta como documento n.º [DOCUMENTO] y bajo la dirección del/de la letrado/a don/doña [NOMBRE_ABOGADO_CLIENTE] colegiado en el Ilustre Colegio de Abogados de [LOCALIDAD], ante el tribunal comparezco y como mejor proceda en Derecho,

DIGO

Que mediante este escrito se presenta DEMANDA DE REVISIÓN DE LAUDO ARBITRAL dictado en [FECHA] por el (ARBITRO/COLEGIO ARBITRAL), y notificado a esta parte en [FECHA], por el motivo previsto en el art. 510.1.4.º de la LEC (2) y ello en base a los siguientes:

HECHOS

PRIMERO.- Con fecha [FECHA DEL LAUDO] se ha dictado laudo arbitral por el (ARBITRO/COLEGIO ARBITRAL).

Se adjunta copia del laudo arbitral como documento n.º [NUMERO] y copia del contrato [DESCRIPCION] suscrito por las partes y cuya cláusula [DESCRIPCION] contiene convenio arbitral como documento n.º [NUMERO]

SEGUNDO.- Mi mandante ha sido notificado del laudo arbitral en fecha [FECHA], conforme resulta del documento n.º [NUMERO]. Por lo tanto, no ha transcurrido aún el plazo de cinco años desde su notificación.

TERCERO.- En fecha [FECHA], mi mandante tiene conocimiento de que [ESPECIFICAR] (3).

A los anteriores hechos son de aplicación los siguientes,

FUNDAMENTOS DE DERECHO

I.- COMPETENCIA

Es competente la Sala a la que se dirige la presente demanda, por aplicación de lo previsto en los **artículos 509** de la Ley de Enjuiciamiento Civil, en relación con los **artículos. 56 y 73.1.b)** de la LOPJ, en tanto que no concurre ninguna de las circunstancias que se expresan en el **artículo 73.1.b)** que determinarían, en su caso, la competencia de la Sala de lo Civil del Tribunal Superior de Justicia (1).

II.- LEGITIMACIÓN

LEGITIMACIÓN ACTIVA: Mi representado tiene legitimación actica para presentar la demanda, puesto que, en atención a lo establecido en el párrafo primero del **artículo 511** de la Ley de Enjuiciamiento Civil, se entiende que podrá solicitar la revisión quien hubiere sido parte perjudicada por el laudo arbitral firme impugnado (4).

LEGITIMACION PASIVA: En atención a lo establecido en el párrafo segundo del **artículo 514.1** de la Ley de Enjuiciamiento Civil, se entiende que serán parte demandada quienes hubieren sido parte en el procedimiento arbitral, o a sus causahabientes.

III.- PLAZO DE INTERPOSICIÓN

Se interpone la presente demanda dentro del plazo de los cinco años establecido en el **artículo 512** de la Ley de Enjuiciamiento Civil, desde la fecha de notificación del laudo arbitral, y dentro del plazo de tres meses desde el descubrimiento de la actuación fraudulenta que motiva la demanda (5).

IV.- PROCEDIMIENTO

Conforme señala el art. 43 de la Ley de Arbitraje la solicitud de revisión seguirá el procedimiento previsto en la LEC para la revisión de sentencias firmes.

La sustanciación del procedimiento se encuentra regulada en el **artículo 514** de la LEC:

«1. Presentada y admitida la demanda de revisión, el Letrado de la Administración de Justicia solicitará que se remitan al tribunal todas las actuaciones del pleito cuya sentencia se impugne, y emplazará a cuantos en él hubieren litigado, o a sus causahabientes, para que dentro del plazo de veinte días contesten a la demanda, sosteniendo lo que convenga a su derecho.

2. Contestada la demanda de revisión o transcurrido el plazo anterior sin haberlo hecho, el Letrado de la Administración de Justicia convocará a las partes a una vista que se sustanciará con arreglo a lo dispuesto en los artículos 440 y siguientes.

3. En todo caso, el Ministerio Fiscal deberá informar sobre la revisión antes de que se dicte sentencia sobre si ha o no lugar a la estimación de la demanda.

4. Si se suscitaren cuestiones prejudiciales penales durante la tramitación de la revisión, se aplicarán las normas generales establecidas en el artículo 40 de la presente Ley, sin que opere ya el plazo absoluto de caducidad a que se refiere el apartado 1 del artículo 512.

5. Salvo en aquellos procedimientos en que alguna de las partes esté representada y defendida por el abogado del Estado, el letrado o letrada de la Administración de Justicia dará traslado a la Abogacía General del Estado de la presentación de la demanda de revisión, así como de la decisión sobre su admisión, en los supuestos del apartado 2 del artículo 510. En tales supuestos la Abogacía del Estado podrá intervenir, sin tener la condición de parte, por propia iniciativa o a instancia del órgano judicial, mediante la aportación de información o presentación de observaciones escritas sobre cuestiones relativas a la ejecución de la Sentencia del Tribunal Europeo de Derechos Humanos» (6).

V.- DEPÓSITO PREVIO (7):

Artículo 513.1 de la LEC: «1. Para poder interponer la demanda de revisión será indispensable que a ella se acompañe documento justificativo de haberse depositado en el establecimiento destinado al efecto la cantidad de 300 euros. Esta cantidad será devuelta si el tribunal estimare la demanda de revisión».

VI.- SOBRE EL FONDO

El Tribunal Supremo, en la **sentencia n.° 788/2012, de 14 de diciembre,** ECLI:ES:TS:2012:9035, ha señalado respecto al procedimiento de revisión:

«Mediante la demanda de revisión se intentan conjugar dos principios básicos de nuestro ordenamiento jurídico, como son el principio de seguridad jurídica y el principio de justicia. En algunos casos excepcionales pueden producirse una colisión de ambos principios, en los supuestos de sentencias firmes manifiestamente injustas.

Ante la aparición de estos supuestos excepcionales el legislador debe optar por la decisión de dar prevalencia al principio de seguridad jurídica y no permitir la posibilidad de revocación de la sentencia, o dar prevalencia al principio de justicia y admitir, que en determinados casos excepcionales los efectos derivados de la cosa juzgada puedan quedar sin efecto.

En este sentido es primordial la STC de 18 de diciembre de 1984, que en relación con el supuesto de revisión de sentencias firmes señala que aquella significa "una derogación del principio preclusivo de la cosa juzgada" y "su existencia se presenta esencialmente como un imperativo de la justicia, configurada por el artículo 1.1, de la Constitución junto con la libertad, la igualdad y el pluralismo político, como uno de los valores superiores que propugna el Estado social y democrático de Derecho en el que España, en su virtud, se constituye". Otras son las STC de 31 de enero de 1986 y la STS de 20 de octubre de 1980.

De todo lo dicho, se extrae el carácter subsidiario de la revisión; pues solo es admisible cuando el proceso ha terminado definitivamente, sin que quepa la posibilidad de ulteriores recursos. De esta forma no es admisible la revisión respecto de los juicios sumarios establecidos en el artículo 447 de la LEC, porque no producen el efecto de cosa juzgada y pueden volverse a discutir en otro proceso sobre el mismo objeto.

La revisión comprende un doble enjuiciamiento: el iudicium rescindens y el iudicium rescisorium . Mediante el primero el tribunal decide acerca de la existencia del vicio producido por el hecho nuevo con carácter puramente negativo. Mediante el segundo, se dicta una nueva sentencia.

En nuestro ordenamiento jurídico la revisión de sentencias firmes se encuentra en nuestra Ley de Enjuiciamiento Civil en el último título, el VI, que cierra el Libro II, titulado "de la revisión de sentencias firmes", abarcando los artículos 509 a 516, configurándola como un verdadero proceso.

La revisión procede en cuatro supuestos, esencialmente idénticos a los previstos en la derogada Ley de Enjuiciamiento Civil de 1881 —vid artículo 1796—. Estos motivos de revisión se encuentran taxativamente interpretados por la jurisprudencia del Tribunal Supremo. En esencia, la jurisprudencia anterior a la LEC vigente, mantiene todo su vigor. En este sentido puede verse las STS de 28 de noviembre de 1986, de 28 de septiembre de 1987, de 8 de noviembre de 1987 y 29 de mayo, 24 de julio y de 4 y 11 de octubre de 1993. En síntesis, todos estos motivos se producen por haberse conocido hechos que pueden tener un carácter decisivo para la sentencia firme y resulten suficientemente probados en el proceso de revisión».

VII.- SOBRE EL CONCRETO MOTIVO DE REVISIÓN

Con relación a la maquinación fraudulenta esta consiste en una actuación maliciosa que comporte el aprovechamiento deliberado de determinada situación, llevada a cabo por el litigante vencedor, mediante actos procesales voluntarios que ocasionan una grave irregularidad procesal y originan indefensión, tal y como ha señalado el Tribunal Supremo en la **sentencia n.° 130/2019, de 5 de marzo, ECLI:ES:TS:2019:684**.

Una de las manifestaciones de la maquinación fraudulenta que permite la revisión es aquella en que incurre quien ejercita una acción judicial cuando oculta el domicilio de la persona contra la que va dirigida a fin de que se le emplace o cite por edictos y se sustancie el procedimiento en rebeldía. Esta concurre no solo cuando se acredita la intención torticera en quien lo ocultó, sino también cuando consta que tal ocultación se produjo por causa imputable al demandante y no al demandado. En el sentido expuesto se ha pronunciado el Tribunal Supremo en la **sentencia n.° 1822/2023, de 21 de diciembre, ECLI:ES:TS:2023:5598**, en la que razona:

«(...) Esta causa de revisión ha sido relacionada por la jurisprudencia con el derecho a la tutela judicial efectiva y con el carácter subsidiario que, según la jurisprudencia constitucional, debe tener el emplazamiento o citación por edictos, de tal manera que solo cabe acudir a él como última solución cuando no se conoce el domicilio de la persona que deba ser notificada o se ignora su paradero por haber cambiado de domicilio.

En estos casos, la revisión tiene su fundamento en que no cabe prescindir de la llamada a juicio en forma personal cuando existe una posibilidad directa o indirecta de localizar al interesado y hacerle llegar el contenido del acto de comunicación. El demandante tiene la carga procesal de promover que se intente el emplazamiento en cuantos lugares exista base racional suficiente para estimar que pueda hallarse la persona contra la que se dirige la demanda y debe desplegar la diligencia adecuada en orden a adquirir el conocimiento correspondiente, aunque no cabe exigirle una diligencia extraordinaria».

VIII.- COSTAS

En cuanto a las costas, ha de estarse, a *sensu contrario*, a lo establecido en el **artículo 516.2** de la LEC, debiendo imponer las costas a la parte contraria.

Por lo expuesto,

SUPLICO A LA SALA:

Que tenga por presentado este escrito, junto con sus copias y documentos adjuntos en representación de don/doña [NOMBRE_CLIENTE], los admita, les de la tramitación legal oportuna, y, en su virtud, declare procedente la revisión solicitada, y, en consecuencia, se rescinda el laudo impugnado, y se ordene la devolución del depósito realizado a esta representación, con imposición de costas a la contraparte.

Es justicia que pido en [LOCALIDAD] a [FECHA].

[FIRMA_ABOGADO] [FIRMA_PROCURADOR]

PRIMER OTROSÍ DIGO: siendo intención de esta parte cumplir con todos los requisitos legales, a tenor de lo previsto en el **artículo 231** de la Ley de Enjuiciamiento Civil, se solicita se le diere traslado de cualquier defecto que adoleciere la presente demanda, para la inmediata subsanación de la misma.

En su virtud,

SUPLICO AL JUZGADO:

Que tenga por efectuada la anterior manifestación a los efectos oportunos.

SEGUNDO OTROSÍ DIGO: esta parte ha depositado la cantidad de 300 euros de conformidad con el **artículo 513.1** LEC. Se acompaña a los efectos acreditativos oportunos copia bancaria justificativa del ingreso como documento n .º [NUMERO].

Por ello,

SUPLICO AL JUZGADO:

Tenga por efectuada la anterior manifestación a los efectos oportunos.

Por ser justicia, fecha y lugar *ut supra*.

[FIRMA_ABOGADO] [FIRMA_PROCURADOR]

---

(1) El artículo 509 de la Ley de Enjuiciamiento Civil establece que la revisión de sentencias firmes se solicitará a la Sala de lo Civil del Tribunal Supremo o a las Salas de lo Civil y Penal de los Tribunales Superiores de Justicia, conforme a lo dispuesto en la Ley Orgánica del Poder Judicial: El artículo 56 de la LOPJ establece que la Sala de lo Civil del Tribunal Supremo conocerá: 1.º. De los recursos de casación, revisión y otros extraordinarios en materia civil que establezca la Ley.

El artículo 73.1 de la LOPJ establece que la Sala de lo Civil y Penal del Tribunal Superior de Justicia conocerá, como Sala de lo Civil: (...) b) Del recurso extraordinario de revisión que establezca la ley contra sentencias dictadas por órganos jurisdiccionales del orden civil con sede en la comunidad autónoma, en materia de derecho civil, foral o especial, propio de la comunidad autónoma, si el correspondiente Estatuto de Autonomía ha previsto esta atribución.

(2) En este formulario se tomará de referencia el motivo de revisión del art. 510.1.4.º de la LEC, pudiendo adaptarse el mismo al resto de supuestos que establece el art. 510 de la LEC:

«1. Habrá lugar a la revisión de una sentencia firme:

1.º Si después de pronunciada, se recobraren u obtuvieren documentos decisivos, de los que no se hubiere podido disponer por fuerza mayor o por obra de la parte en cuyo favor se hubiere dictado.

2.º Si hubiere recaído en virtud de documentos que al tiempo de dictarse ignoraba una de las partes haber sido declarados falsos en un proceso penal, o cuya falsedad declarare después penalmente.

3.º Si hubiere recaído en virtud de prueba testifical o pericial, y los testigos o los peritos hubieren sido condenados por falso testimonio dado en las declaraciones que sirvieron de fundamento a la sentencia.

4.º Si se hubiere ganado injustamente en virtud de cohecho, violencia o maquinación fraudulenta.

2. Asimismo se podrá interponer recurso de revisión contra una resolución judicial firme cuando el Tribunal Europeo de Derechos Humanos haya declarado que dicha resolución ha sido dictada en violación de alguno de los derechos reconocidos en el Convenio Europeo para la Protección de los Derechos Humanos y Libertades Fundamentales y sus Protocolos, siempre que la violación, por su naturaleza y gravedad, entrañe efectos que persistan y no puedan cesar de ningún otro modo que no sea mediante esta revisión, sin que la misma pueda perjudicar los derechos adquiridos de buena fe por terceras personas».

(3) Por ejemplo: «que debido a la maquinación fraudulenta llevada a cabo por la contraparte del laudo arbitral se impidió que pudiera personarse en el procedimiento y formular oposición al mismo, y que se le notificara personalmente el laudo, no siendo hasta la ejecución del mismo cuando se le notificó personalmente, cuando ya se habían practicado medidas ejecutivas, sin darle la posibilidad de oponerse a la misma. Se expresará en este caso porqué la contraparte no podía desconocer el domicilio del demandante en revisión [ESPECIFICAR]».

(4) En el supuesto del artículo 510.2 de la LEC, la revisión sólo podrá ser solicitada por quien hubiera sido demandante ante el Tribunal Europeo de Derechos Humanos.

(5) El artículo 512 de la LEC:

«1. En ningún caso podrá solicitarse la revisión después de transcurridos cinco años desde la fecha de la publicación de la sentencia que se pretende impugnar. Se rechazará toda solicitud de revisión que se presente pasado este plazo.

Lo dispuesto en el párrafo anterior no será aplicable cuando la revisión esté motivada en una Sentencia del Tribunal Europeo de Derechos Humanos. En este caso la solicitud deberá formularse en el plazo de un año desde que adquiera firmeza la sentencia del referido Tribunal.

2. Dentro del plazo señalado en el apartado anterior, se podrá solicitar la revisión siempre que no hayan transcurrido tres meses desde el día en que se descubrieren los documentos decisivos, el cohecho, la violencia o el fraude, o en que se hubiere reconocido o declarado la falsedad».

La carga de la prueba de la fecha en que tuvieron conocimiento de los hechos en que fundan la demanda de revisión corresponde a los demandantes.

(6) El RD-ley 6/2023, de 19 de diciembre, añade el punto 5 del artículo 514 de la LEC con entrada en vigor el 20/03/2024

(7) El artículo 513.1 de la LEC: «Para poder interponer la demanda de revisión será indispensable que a ella se acompañe documento justificativo de haberse depositado en el establecimiento destinado al efecto la cantidad de 300 euros. Esta cantidad será devuelta si el tribunal estimare la demanda de revisión».

La obtención del beneficio de justicia gratuita solicitada para promover la revisión eximirá del pago del depósito, conforme a lo establecido en el artículo 6.5 de la Ley 1/1996, de 10 de enero, de Asistencia Jurídica Gratuita.

Demanda de anulación de laudo arbitral

A LA SALA DE LO CIVIL Y LO PENAL DEL TRIBUNAL SUPERIOR DE JUSTICIA DE [COMUNIDAD_AUTÓNOMA]

Don/Doña [NOMBRE_PROCURADOR_CLIENTE] procurador/a de don/doña [NOMBRE_CLIENTE] con domicilio en [DOMICILIO_CLIENTE] y DNI [NIF_CIF_DNI_CLIENTE], tal y como acredito con la copia adjunta de poder general para pleitos que se aporta como documento n.º [NUMERO] y bajo la dirección del/de la letrado/a don/doña [NOMBRE_ABOGADO_CLIENTE] colegiado en el Ilustre Colegio de Abogados de [LOCALIDAD], ante el tribunal comparezco y como mejor proceda en Derecho,

DIGO

En la invocada representación y por medio del presente escrito vengo a interponer **demanda de anulación de laudo arbitral** dictado en [FECHA] **(1)** y notificado a esta parte en [FECHA], por el motivo previsto en [ESPECIFICAR] **(2)** y ello en base a los siguientes:

HECHOS

PRIMERO.- En la localidad de [LOCALIDAD], y con fecha [FECHA] se dictó laudo arbitral, en materia [ESPECIFICAR], dictado por el árbitro don/doña [NOMBRE], que declaraba [DESCRIPCION]. Se adjunta copia protocolizada notarialmente del laudo arbitral como documento n.º [NUMERO] y copia del contrato [DESCRIPCION] suscrito por las partes y cuya cláusula [DESCRIPCION] contiene convenio arbitral como documento n.º [NUMERO].

SEGUNDO.- Mi mandante ha sido notificado del laudo arbitral dictado con fecha [FECHA].

TERCERO.- [ESPECIFICAR_MOTIVOS].

En el convenio arbitral suscrito por las partes controvertidas, se estableció [DESCRIPCION]. Se acompaña a este recurso el contrato arbitral y el laudo y la notificación practicada a mi mandante. [ESPECIFICAR_DAÑO_CAUSADO].

A los anteriores hechos son de aplicación los siguientes,

FUNDAMENTOS DE DERECHO

I.- COMPETENCIA

Es competente la sala a la que se dirige la presente demanda, por aplicación de lo previsto en el apartado 5 del artículo 8 de la Ley de Arbitraje, conforme al cual se interpondrá ante la sala de lo civil y de lo penal del tribunal superior de justicia de la comunidad autónoma donde aquél se hubiere dictado.

II.- LEGITIMACIÓN

Está activamente legitimado/a mi patrocinado/a como [ESPECIFICAR_MOTIVOS].

Está pasivamente legitimada la parte demandada como [ESPECIFICAR_MOTIVOS].

III.- REPRESENTACIÓN

Mi mandante está debidamente representado/a por el/la procurador/a que suscribe, al amparo de lo dispuesto en el artículo 23.1 de la Ley de Enjuiciamiento Civil y dirigido/a por abogado/a habilitado para el ejercicio de su profesión en cumplimiento de lo dispuesto en el artículo 31.1 de la Ley de Enjuiciamiento Civil.

IV.- FONDO

La acción de anulación de laudo arbitral sólo puede articularse a través de una serie de motivos tasados que enumera el artículo 41.1 de la Ley de Arbitraje, que, conforme se expone en la propia exposición de motivos, tienen la finalidad de no permitir que la acción de anulación de laudo arbitral se convierta en una revisión de fondo de la decisión de los árbitros pero permiten un control de la validez del acuerdo de arbitraje, de regularidad del procedimiento arbitral, y el cumplimiento de sus garantías.

La circunstancia que se describe en el hecho tercero, supone una circunstancia que resta toda validez al laudo y permite su anulación tal y como establece el artículo 41.1 d) de la Ley 60/2003, de 23 de diciembre, de Arbitraje: (3)

> «Que la designación de los árbitros o el procedimiento arbitral no se han ajustado al acuerdo entre las partes, salvo que dicho acuerdo fuera contrario a una norma imperativa de esta Ley, o, a falta de dicho acuerdo, que no se han ajustado a esta ley».

Según el art. 15.2 Ley de Arbitraje: *«Las partes podrán acordar libremente el procedimiento para la designación de los árbitros, siempre que no se vulnere el principio de igualdad».*

Según señala la **STSJ Canarias n.º 1/2016, de 3 de marzo, ECLI:ES:TSJICAN:2016:31**: *«Este acuerdo solo podía alcanzarse entre las partes en trámite anterior a la designación del árbitro o árbitros. No hacerlo significa contravenir las previsiones legales a la que las partes se habían sometido, y supuso una decisión de la Cámara contraviniendo las previsiones legales al imponer a las partes, sin su consentimiento, un árbitro único y además designándolo expresamente. Esta decisión debió tomarse previa audiencia de las partes, a fin de que decidieran acerca del número de árbitros y el nombre de o de los mismos, sujetándose al principio de audiencia consagrado en el art. 24 de la Constitución Española, que fue vulnerado al no haberse hecho así, con la consecuencia de anular el laudo en aplicación bien del apartado 1,b) del art. 41 de la LA que ha sido alegado, en tanto que la parte no puedo hacer valer sus derechos, bien, más propiamente del apartado d), del artículo 41 que contempla como causa de anulación, que la designación de los árbitros no se ha ajustado a la Ley».*

V.- PROCEDIMIENTO

El presente procedimiento se adecuará a lo establecido para la acción ejecutiva, en los artículos 42 y siguientes de la Ley de Arbitraje, a cuyo tenor, la acción de nulidad se sustanciará por los cauces del juicio verbal, sin perjuicio de las siguientes especialidades:

a) La demanda deberá presentarse conforme a lo establecido en el artículo 399 de la Ley 1/2000, de 7 de enero, de Enjuiciamiento Civil, (4) acompañada de los documentos justificativos de su pretensión, del convenio arbitral y del laudo, y, en su caso, contendrá la proposición de los medios de prueba cuya práctica interese el actor.

b) El letrado de la Administración de Justicia dará traslado de la demanda al demandado, para que conteste en el plazo de veinte días. En la contestación, acompañada de los documentos justificativos de su oposición, deberá proponer todos los medios de prueba de que intente valerse. De este escrito, y de los documentos que lo acompañan, se dará traslado al actor para que pueda presentar documentos adicionales o proponer la práctica de prueba.

c) Contestada la demanda o transcurrido el correspondiente plazo, el letrado de la Administración de Justicia citará a la vista, si así lo solicitan las partes en sus escritos de demanda y contestación. Si en sus escritos no hubieren solicitado la celebración de vista, o cuando la única prueba propuesta sea la de documentos, y éstos ya se hubieran aportado al proceso sin resultar impugnados, o en el caso de los informes periciales no sea necesaria la ratificación, el tribunal dictará sentencia, sin más trámite.

V.- TRAMITACIÓN

Se tramita la presente acción de anulación por los cauces del juicio verbal que se regula en los artículos 437 y siguientes de la Ley de Enjuiciamiento Civil **(5)**.

Por lo expuesto,

SUPLICO A LA SALA:

Que tenga por presentado este escrito, junto con sus copias y documentos adjuntos en representación de don/ doña [NOMBRE_CLIENTE], los admita, les de la tramitación legal oportuna, y, convoque a las partes a una vista donde alegarán lo que a su derecho convenga y en el momento de resolver, se acoja la pretensión de mi parte, y en consecuencia se anule el laudo arbitral de fecha [FECHA] con imposición de costas a la contraparte.

Es justicia que pido en [LOCALIDAD] a [FECHA]

[FIRMA_ABOGADO] [FIRMA_PROCURADOR]

---

(1) La acción de anulación del laudo habrá de ejercitarse dentro de los dos meses siguientes a su notificación o, en caso de que se haya solicitado corrección, aclaración o complemento del laudo, desde la notificación de la resolución sobre esta solicitud, o desde la expiración del plazo para adoptarla.

(2) Los motivos de anulación se encuentran previstos en el art. 41 de la Ley de Arbitraje.

(3) Ejemplo de un caso en que la causa de nulidad que se alega se basa en que no se siguieron los tramites previstos para la designación de árbitro en el reglamento al que las partes se sometieron según el cual, con carácter previo al nombramiento que efectuara la Junta Arbitral, fueran las propias partes las que intenten nombrarlo ellas de común acuerdo.

(4) El RD-ley 6/2023, de 19 de diciembre, modificó el 399 de la LEC con entrada en vigor el 20/03/2024.

Escrito genérico de laudo arbitral en reclamación electoral

Procedimiento Arbitral n.º [NUMERO]

Empresa [NOMBRE_EMPRESA]

En [PROVINCIA], a [FECHA]

Don/Doña [NOMBRE] **(1)**, árbitro designado/a por la Autoridad Laboral, de acuerdo con lo establecido en el apartado 3 del art. 76 del Real Decreto Legislativo 2/2015, de 23 de octubre, por el que se aprueba el texto refundido de la Ley del Estatuto de los Trabajadores y 31 del Real Decreto 1844/1994, de 9 de septiembre, por el que se aprueba el Reglamento de elecciones a órganos de representación de los trabajadores en la empresa, en relación con el expediente de arbitraje, iniciado por impugnación de don/doña [NOMBRE], en nombre y representación de [NOMBRE_SINDICATO], de [FECHA], contra el proceso electoral celebrado en la empresa [NOMBRE_EMPRESA], el pasado [FECHA].

HECHOS

PRIMERO.- Citados para el día [FECHA] a las [HORA] horas, comparece don/doña [NOMBRE], con DNI [NUMERO] —en nombre y representación de [NOMBRE_SINDI-CATO]— y don/doña [NOMBRE], con DNI [NUMERO] —en nombre y representación de [NOMBRE_SINDICATO]— y don/doña [NOMBRE], con DNI [NUMERO] —en nombre y representación de [NOMBRE_EMPRESA] **(2)**.

SEGUNDO.- Por [NOMBRE_SINDICATO] se promovieron elecciones sindicales en la empresa [NOMBRE_EMPRESA], el pasado [FECHA], mediante preaviso, registrado el día [FECHA].

TERCERO.- Constituidas las mesas electorales, por acuerdo de [FECHA], se determinó en [NUMERO] el número de representantes a elegir en el correspondiente proceso electoral.

CUARTO.- Por [NOMBRE_SINDICATO] se impugnó la decisión de la mesa electoral el día [FECHA] siendo desestimada por la misma con fecha [FECHA].

QUINTO.- Por [NOMBRE_SINDICATO] el día [FECHA] se presentó en la Oficina pública de elecciones sindicales solicitud de inicio de procedimiento arbitral (expediente arbitral [NUMERO]) que fue turnado a este árbitro.

SEXTO.- En la fecha de inicio del proceso electoral, con la constitución de la mesa electoral el día [FECHA], la empresa contaba con una plantilla de [NUMERO] trabajadores fijos, [NUMERO] y [NUMERO] trabajadores temporales.

SÉPTIMO.- Se han seguido los trámites procedimentales prescritos legalmente.

FUNDAMENTOS DE DERECHO

PRIMERO.- Don/Doña [NOMBRE], como representación del sindicato [NOM-BRE_SINDICATO], ratificándose en su escrito de impugnación, aclara que: [DES-CRIPCION], tal y como manifiesta el art. 72.2, Real Decreto Legislativo 2/2015, de 23 de octubre, por el que se aprueba el texto refundido de la Ley del Estatuto de los Trabajadores **(3)**.

SEGUNDO.- Don/Doña [NOMBRE], como representación del sindicato [NOMBRE_SINDICATO], oponiéndose a la impugnación manifiesta que: [DESCRIPCION] de conformidad con el art. 9.4 del RD 1844/1994 por el que se aprueba el Reglamento de elecciones a órganos de representación de los trabajadores en la empresa **(4)**.

TERCERO.- La cuestión que se suscita consistente en determinar si la base de cálculo de los días trabajados en el año anterior que debe ser dividida entre 200, corresponde a los trabajadores temporales que se encuentran vinculados a la empresa al inicio del proceso electoral o, por el contrario, corresponde a todos los trabajadores que hubiesen estado vinculados a la empresa con un contrato temporal durante ese período, con independencia de que ya no lo estuvieran en el momento del inicio de las elecciones ha sido resulta por la **STSJ Comunidad Valenciana, n.° 3527/2009, de 27 de noviembre de 2009, ECLI:ES:TSJCV:2009:8598**, donde tomando como punto de partida para resolver esta cuestión el artículo 72.2 del Estatuto de los Trabajadores, se aclara:

> «(...) a efectos de determinar el número de representantes, se estará a lo siguiente: a) Quienes presten servicios en trabajos fijos discontinuos y los trabajadores vinculados por contrato de duración determinada Superior a un año se computarán como trabajadores fijos de plantilla. b) Los contratados por término de hasta un año se computarán según el número de días trabajadores en el período de un año anterior a la convocatoria de la elección. Cada dos días trabajados o fracción se computará como un trabajador más". Por su parte el reglamento de Elecciones a órganos de representación de los trabajadores en la empresa, aprobado por R.D. 1844/1994, de 9 de septiembre, en su artículo 9.4 párrafos segundo y tercero viene a establecer respectivamente lo siguiente: "El cómputo de los trabajadores fijos y no fijos previstos en el artículo 72 del Estatuto de los Trabajadores se tomará igualmente en consideración a efectos de determinar la superación del mínimo de 50 trabajadores para la elección de un Comité de Empresa y de 6 trabajadores para la elección de un Delegado de Personal en los términos del artículo 62.1 del Estatuto de los Trabajadores . Cuando el cociente que resulta de dividir por 20 el número de días trabajados, en el período de un año anterior a la iniciación del proceso electoral, sea Superior al número de trabajadores que se computan, se tendrá en cuenta, como máximo, el total de dichos trabajadores que presten servicios en la empresa en la fecha de iniciación del proceso electoral, a efectos de determinar el número de representantes».

CUARTO.- Considerando la resolución citada aplicable al caso planteado a procedimiento arbitral, la decisión de la mesa electoral de [FECHA] es [DESCRIPCION].

Por todo ello,

Vistos y examinados por mí, el/la árbitro designado/a, los hechos enumerados y los preceptos legales y jurisprudenciales citados y demás de general aplicación, vengo en dictar la siguiente.

DECISIÓN ARBITRAL

Que debo (estimar/desestimar) la impugnación de [FECHA] promovida por don/doña [NOMBRE], en nombre y representación de [FECHA], declarando (nula/acorde a derecho) la decisión de la mesa electoral de [FECHA] y [DESCRIPCON] **(5)**.

[FIRMA]

El/La árbitro

Se notificará una copia de este laudo a las partes interesadas y a la oficina pública dependiente de la Autoridad Laboral de esta provincia competente en materia electoral, con la advertencia de que contra el mismo se podrá interponer recurso ante el Orden Jurisdiccional Social, en el plazo de tres días, contados desde que tuvieron conocimiento del laudo, de acuerdo con lo dispuesto en el artículo 76.6

ET, artículo 42.4 del Real Decreto 1844/1994, de 9 de septiembre y artículo 127 y siguientes de la Ley 36/2011, Reguladora de la Jurisdicción Social.

(1) Atender a lo establecido en el artículo 31 del Real Decreto 1844/1994, de 9 de septiembre, en relación a la designación de árbitros.

(2) En caso de ausencia de una parte indicar: «No comparece [ESPECIFICAR], citado/a en tiempo y forma».

(3) A modo de ejemplo: Según el art. 72.2 del ET, a efectos de determinar el número de representantes, se estará a lo siguiente: a) Quienes presten servicios en trabajos fijos-discontinuos y los trabajadores vinculados por contrato de duración determinada superior a un año se computarán como trabajadores fijos de plantilla. b) Los contratados por término de hasta un año se computarán según el número de días trabajados en el periodo de un año anterior a la convocatoria de la elección. Cada doscientos días trabajados o fracción se computará como un trabajador más.

(4) A modo de ejemplo: Según el art. 9.4, Real Decreto 1844/1994, de 9 de septiembre, establece: «A los efectos del cómputo de los doscientos días trabajados previstos en el artículo 72.2 b) del Estatuto de los Trabajadores, se contabilizarán tanto los días efectivamente trabajados como los días de descanso, incluyendo descanso semanal, festivos y vacaciones anuales. El cómputo de los trabajadores fijos y no fijos previstos en el artículo 72 del Estatuto de los Trabajadores se tomará igualmente en consideración a efectos de determinar la superación del mínimo de 50 trabajadores para la elección de un Comité de Empresa y de 6 trabajadores para la elección de un delegado de Personal en los términos del artículo 62.1 del Estatuto de los Trabajadores. Cuando el cociente que resulta de dividir por 200 el número de días trabajados, en el período de un año anterior a la iniciación del proceso electoral, sea superior al número de trabajadores que se computan, se tendrá en cuenta, como máximo, el total de dichos trabajadores que presten servicio en la empresa en la fecha de iniciación del proceso electoral, a efectos de determinar el número de representantes».

(5) A modo de ejemplo: «retrotraer el proceso electoral al momento de determinación del número de representantes a elegir para que la misma acuerde el número de representantes a elegir en los términos señalados en el presente laudo».

Contestación a demanda de anulación de laudo arbitral

Procedimiento: Anulación laudo arbitral

Procedimiento núm. [NÚMERO][AÑO]

A LA SALA DE LO CIVIL Y LO PENAL DEL TRIBUNAL SUPERIOR DE JUSTICIA DE [COMUNIDAD_AUTONOMA]

Don/Doña [NOMBRE_PROCURADOR/A], procurador/a de los tribunales, colegiado/a núm. [NUMEROCOLEGIADO_PROCURADOR_CLIENTE] en nombre y representación de **don/doña** [NOMBRE], mayor de edad, con DNI [NUMERO] y domicilio en [ESPECIFICAR] según consta acreditado por medio de poder [ESPECIFICAR], copia que del mismo acompañamos como documento n.º [NUMERO], bajo la dirección letrada de **don/doña** [NOMBRE], colegiado/a número [NUMERO] por el ICA [LOCALIDAD], ante este juzgado comparezco y, como mejor proceda en Derecho,

DIGO

En [FECHA], se nos ha dado traslado de la demanda de anulación presentada por don/doña [NOMBRE DEMANDANTE] frente a laudo arbitral dictado por el árbitro [NOMBRE ARBITRO O COLEGIO ARBITRAL] en [LUGAR] a [FECHA], a los efectos de que en el plazo de 20 días se presente ante este Tribunal escrito de contestación, de conformidad con lo estipulado en el art. 42.1.b) de la Ley de Arbitraje, por medio del presente escrito y en atención al trámite conferido, interpongo CONSTESTACIÓN A LA DEMANDA DE ANULACIÓN OPONIÉNDOME A LA MISMA, en tiempo y forma.

Todo ello con base en las siguientes,

ALEGACIONES

PRIMERA: Conforme/Disconforme con el correlativo de la demanda (1).

SEGUNDA: Disconforme con lo expresado de adverso en el correlativo [ESPECIFICAR] (2).

TERCERA: Entiende esta parte que [ESPECIFICAR] (3).

CUARTA: Se impugna la documental presentada de adverso con el numeral [DESCRIPCION] en tanto en cuanto [ESPECIFICAR].

A los anteriores hechos les son de aplicación los siguientes,

FUNDAMENTOS DE DERECHO

PRIMERO.- COMPETENCIA

Conforme con el correlativo, al ser competente la Sala a la que me dirijo de conformidad con lo dispuesto en el artículo 8.5 de la Ley de Arbitraje.

SEGUNDO.- CAPACIDAD Y LEGITIMACIÓN

Las demandantes y el demandado gozan de plena capacidad para ser parte y capacidad procesal, de acuerdo con los artículos 6 y 7 LEC. La legitimación se determina de conformidad con el artículo 10 LEC, al haber sido, las partes, respectivamente, demandante y demandada, en el procedimiento arbitral.

TERCERO.- REPRESENTACIÓN

Conforme con el correlativo, esta parte comparece por medio de procurador y asistidas de letrado, respectivamente, de conformidad a los arts. 23.1 y 31.1 de la Ley de Enjuiciamiento Civil.

CUARTO.- ESCRITO DE CONTESTACIÓN

El presente escrito de contestación a la demanda de anulación se presenta de acuerdo con el art. 42.1.b) de la Ley de Arbitraje: *«El letrado de la Administración de Justicia dará traslado de la demanda al demandado, para que conteste en el plazo de veinte días. En la contestación, acompañada de los documentos justificativos de su oposición, deberá proponer todos los medios de prueba de que intente valerse».*

QUINTO.- CELEBRACIÓN DE VISTA

Esta parte no entiende necesaria la celebración de la vista al entender que la cuestión planteada, no existiendo más prueba que la documental aportada a autos (4).

SEXTO.- FONDO DEL ASUNTO

[ESPECIFICAR] (5).

SÉPTIMO.- COSTAS

Conforme al art. 394 de la LEC deben ser impuestas a la parte adversa.

En atención a lo expuesto,

SUPLICO AL JUZGADO:

Que, teniendo por presentado este escrito en tiempo y forma, y los documentos que se acompañan, se sirva admitirlo y tener por deducida CONTESTACIÓN a la DEMANDA DE ANULACIÓN formulada frente al laudo arbitral referenciado, y previos los trámites oportunos (6), dicte sentencia por la que desestime en su integridad la demanda de anulación, y ello con expresa condena en costas a la parte demandante.

Por ser Justicia que pido en [LOCALIDAD] a [FECHA].

[FIRMA_ABOGADO] [FIRMA_PROCURADOR]

PRIMER OTROSÍ DIGO: Esta parte solicita expresamente la celebración de vista, y que sean practicadas antes del acto del juicio oral los siguientes medios de prueba:

- a) Interrogatorio de la parte [DEMANDADA/DEMANDANTE] con advertencia de que en caso de incomparecencia se la podrá tener por confesa de las posiciones planteadas por esta parte.

- b) Interrogatorio de testigos. Que se tome declaración testifical a don/doña [NOMBRE_TESTIGO], que puede ser citado en [DIRECCION_TESTIGO].

SUPLICO AL JUZGADO:

Que teniendo por solicitada la celebración de vista para la práctica de las pruebas propuestas, se sirva admitirlas acordando y cite a las partes a la vista para la práctica de prueba.

SEGUNDO OTROSÍ DIGO: Siendo intención de esta parte cumplir con todos los requisitos legales, a tenor de lo previsto en el artículo 231 de la Ley de Enjuiciamiento Civil, se solicita se le diere traslado de cualquier defecto que adoleciere la presente contestación, para la inmediata subsanación de la misma.

SUPLICO AL JUZGADO:

Que tenga por efectuada la anterior manifestación a los efectos oportunos.

Por ser Justicia que pido en jugar y fecha *ut supra*.

[FIRMA_ABOGADO] [FIRMA_PROCURADOR]

---

(1) Exponer si existe conformidad o disconformidad con lo que se expone en la demanda. Es recomendable que se vaya exponiendo de acuerdo al orden que se sigue en la demanda.

(2) En caso de disconformidad con la demanda, exponer la versión de la demanda. Como se invocará en la demanda una causa de anulación, habrá de exponerse las razones por las que se considera que, en el concreto supuesto, no concurren os supuestos de concurrencia de la causa de anulación.

(3) Exponemos nuestra versión, como se indica en el punto anterior, indicando, en su caso, que adjuntamos la totalidad de la prueba de la que intentamos valernos.

(4) De conformidad al artículo 42.c) de la Ley de Arbitraje se podrá solicitar en el escrito de contestación la celebración de vista: *«Contestada la demanda o transcurrido el correspondiente plazo, el letrado de la Administración de Justicia citará a la vista, si así lo solicitan las partes en sus escritos de demanda y contestación. Si en sus escritos no hubieren solicitado la celebración de vista, o cuando la única prueba propuesta sea la de documentos, y éstos ya se hubieran aportado al proceso sin resultar impugnados, o en el caso de los informes periciales no sea necesaria la ratificación, el Tribunal dictará sentencia, sin más trámite».*

(5) En este apartado, debemos indicar la jurisprudencia que pueda resultar de aplicación, tanto en relación a los requisitos que con carácter general requiera la apreciación de la causa de anulación que se invoca, y que la parte demanda considera que no concurren en este caso, como aquellas resoluciones en que se desestime que concurra esa concreta causa en supuestos similares.

(6) En caso de que se solicite la celebración de vista para la práctica de prueba incluiremos: «entre los que se interesa la celebración de vista para la práctica de prueba».

Formulario solicitando la suspensión de la ejecución de laudo arbitral

Procedimiento: [ESPECIFICAR]

Autos: [AUTOS_NUMERO]

AL JUZGADO DE PRIMERA INSTANCIA N.º [NÚMERO] **DE** [LUGAR]

Don/Doña [NOMBRE_PROCURADOR_CLIENTE], procurador/a de los tribunales, colegiado/a n.º [NUMEROCOLEGIADO_PROCURADOR_CLIENTE] en nombre y representación de **don/doña** [NOMBRE_CLIENTE], y bajo la dirección letrada de **don/doña** [NOMBRE_ABOGADO_CLIENTE], colegiado/a n.º [NUMEROCOLEGIADO_ABOGADO_CLIENTE], ante el juzgado comparezco y como mejor proceda en derecho,

DIGO

PRIMERO.- Me ha sido notificado el auto de fecha [FECHA] por el que se despacha ejecución del laudo arbitral de fecha [FECHA] en la que se condenaba a mi mandante al pago de la cantidad de [CANTIDAD] euros, y a la suma de [CANTIDAD] euros, fijada provisionalmente como intereses y costas de esta ejecución, alcanzando un total de [CANTIDAD] euros.

SEGUNDO.- Por esta parte se ha presentado en fecha]FECHA] demanda de anulación ante la Sala de lo Civil del TSJ de [LUGAR] que fundamenta en el motivo [ESPECIFICAR] del art. 41.1 de la Ley de Arbitraje. Se acompaña como documento n.º [NÚMERO] copia de la demanda.

TERCERO.- Con el presente escrito, esta parte aporta resguardo de caución en forma de fianza en metálico que queda consignada en la cuenta de depósitos y consignaciones del juzgado por el importe de [CANTIDAD] euros correspondiente a la cantidad objeto de la condena referenciada y [CANTIDAD] euros por los daños y perjuicios que pudieran derivarse de la demora en la ejecución.

Por todo lo expuesto,

SUPLICO AL JUZGADO:

Que teniendo por presentado este escrito junto con el justificante de la caución, previo traslado al procurador de la parte contraria, se sirva admitirlo y aceptando la caución, se acuerde la SUSPENSIÓN de la presente ejecución del laudo arbitral de fecha [FECHA] al amparo de lo que establece el artículo 45.1 de la Ley de Arbitraje, y, en consecuencia, se alce el embargo y medidas realizadas sobre los bienes de mi representado **(1)**, dejando las resoluciones acordadas sin efecto.

Por ser Justicia que pido en [LOCALIDAD] a [FECHA]

[FIRMA_ABOGADO] [FIRMA_PROCURADOR]

---

(1) En caso de que se haya acordado el embargo o alguna otra medida ejecutiva.

Demanda ejecutiva de laudo arbitral extranjero

AL JUZGADO DE PRIMERA INSTANCIA DE [LUGAR]

Don/Doña [NOMBRE], procurador/a de los tribunales, en nombre y representación de don/doña [NOMBRE], con domicilio en [DIRECCIÓN] y provisto de DNI [NÚMERO] tal y como se acredita por medio de escritura de poder que se acompaña como documento n.º [NÚMERO], y bajo la dirección letrada de don/doña [NOMBRE], colegiado/a número [NÚMERO], ICA [LOCALIDAD], ante el juzgado comparezco y como mejor proceda en Derecho,

DIGO

Que, siguiendo instrucciones de mi mandante, por medio del presente escrito vengo a formular **DEMANDA EJECUTIVA DE LAUDO ARBITRAL EXTRANJERO** contra la entidad mercantil [NOMBRE_EMPRESA], con domicilio social en [DOMICILIO_SOCIAL], y todo ello con base en los siguientes:

HECHOS

PRIMERO.- Con fecha [FECHA] ambas partes acuerdan por escrito someter su conflicto sobre [DESCRIPCIÓN] a la resolución arbitral de la Corte de Arbitraje de [CIUDAD].

Se acompaña copia del escrito que contiene el acuerdo de las partes como documento n.º [NÚMERO] debidamente apostillado y traducción [oficial/traductor jurado/agente diplomático o consular].

SEGUNDO.- Con fecha [FECHA] la Corte de Arbitraje de [CIUDAD] dicta laudo ejecutivo y firme en virtud del cual se condena a la entidad demandada a satisfacer a mi representado el importe total de [CANTIDAD] € como consecuencia del conflicto referente a [DESCRIPCIÓN] que existía entre las partes.

Se acompaña como documento n.º [NÚMERO] copia del laudo arbitral debidamente apostillada y traducción [oficial/traductor jurado/agente diplomático o consular].

TERCERO.- Con fecha [FECHA AUTO RECONOCIMIENTO] se dictó auto por la Sala de lo Civil y Penal del Tribunal Superior de Justicia de [COMUNIDAD_AUTÓNOMA], en virtud del cual se otorga el *exequatur* de dicho laudo arbitral extranjero solicitado por mi mandante.

Se acompaña como documento n.º [NÚMERO] testimonio del auto de reconocimiento del laudo arbitral extranjero.

CUARTO.- Transcurrido el plazo conferido al efecto, la entidad mercantil demandada no ha procedido a abonar la cantidad debida a mi mandante, por lo que esta parte se ve obligada a formular la presente demanda ejecutiva por un importe de [CANTIDAD] € más un [PORCENTAJE] % del mismo en concepto de intereses y costas, sin perjuicio de su ulterior liquidación.

A los anteriores hechos resultan de aplicación los siguientes,

FUNDAMENTOS DE DERECHO

PRIMERO. COMPETENCIA

Resulta competente el juzgado al que me dirijo en virtud de lo dispuesto en el art. 8.6 de la Ley de Arbitraje y en los artículos 523 y 545.2 de la Ley de Enjuiciamiento Civil.

SEGUNDO. CAPACIDAD

Las partes están capacitadas para entablar la presente relación jurídico-procesal, conforme a los artículos 6 y siguientes de la Ley de Enjuiciamiento Civil.

TERCERO. LEGITIMACIÓN

La legitimación activa corresponde a mi mandante como acreedor y ejecutante en la relación jurídica- procesal que nos ocupa, correspondiendo la legitimación pasiva al demandado de acuerdo con lo dispuesto en el art. 538.1 de la Ley de Enjuiciamiento Civil

CUARTO. TÍTULO EJECUTIVO

Cumpliendo con lo estipulado en los artículos 517.2.2.° y 550.1.1.°, ambos de la Ley de Enjuiciamiento Civil, el título que se acompaña es el laudo arbitral de fecha de [FECHA](documento n.° [NÚMERO]) en unión del convenio arbitral suscrito entre las partes (documento n.° [NÚMERO]) y los documentos acreditativos de la notificación del laudo (documento n.° [NÚMERO]).

En el artículo 50.1 de la Ley de Cooperación Jurídica Internacional, establece que las resoluciones judiciales extranjeras que tengan fuerza ejecutiva en el Estado de origen serán ejecutables en España una vez se haya obtenido el *exequatur* de acuerdo con lo previsto en este título. El auto de fecha [FECHA] de la Sala de lo Civil del TSJ de [COMUNIDAD_AUTÓNOMA] que se acompaña como documento n.° [NÚMERO] otorga el reconocimiento en España del laudo arbitral extranjero cuya ejecución se solicita.

QUINTO. REQUISITOS FORMALES

La presente demanda contiene todos los requisitos enumerados en el art. 549 de la LEC, ya que se ha indicado cual es el título en que se funda, la tutela ejecutiva que se pretende y las persona frente a la que se interesa el despacho de la ejecución, así como los bienes del ejecutado susceptibles de embargo conocidos por mi poderdante, adjuntándose a la demanda ejecutiva la documentación necesaria, el convenio arbitral, el laudo que es título ejecutivo por haberse otorgado el reconocimiento en España por Auto de fecha (documento n.° [NÚMERO]), y el documento acreditativo de la notificación de aquél a las partes (documento n.° [NÚMERO]), según contempla el art. 550.1.1.°, párrafo 2.° de la LEC.

SEXTO. PROCEDIMIENTO

Conforme señala el art. 44 de la Ley de Arbitraje el procedimiento a seguir es el establecido en los arts. 538 y siguientes de la LEC que se encargan de regular el procedimiento de ejecución.

SÉPTIMO. FONDO DEL ASUNTO

Establece el artículo 523 de la Ley de Enjuiciamiento Civil que, para que las sentencias firmes y demás títulos ejecutivos extranjeros lleven aparejada ejecución en España se estará a lo dispuesto en los tratados internacionales y a las disposiciones legales sobre cooperación jurídica internacional. Asimismo, continúa diciendo el mismo precepto en su párrafo segundo que, en cualquier caso, la ejecución de sentencias y títulos ejecutivos extranjeros se llevará a cabo en España conforme a las disposiciones de la LEC, salvo que se dispusiere otra cosa en los tratados internacionales vigentes en España.

De conformidad con el artículo 46.2 de la Ley 60/2003, de 23 de diciembre, de Arbitraje, el *exequatur* de laudos extranjeros se regirá por el Convenio sobre reconocimiento y ejecución de las sentencias arbitrales extranjeras, hecho en Nueva York, el 10 de junio de 1958, sin perjuicio de lo dispuesto en otros convenios internacionales más favorables a su concesión, y se sustanciará según el procedimiento establecido en el ordenamiento procesal civil para el de sentencias dictadas por tribunales extranjeros.

OCTAVO. COSTAS

Según lo dispuesto en el artículo 539.2 de la Ley de Enjuiciamiento Civil, las costas deberán ser impuestas a la parte demandada.

Por lo expuesto,

SUPLICO AL JUZGADO:

Que tenga por presentado este escrito, con sus copias y documentos que lo acompañan, se sirva admitirlo y en su virtud tenga por formulada DEMANDA EJECUTIVA DE LAUDO ARBITRAL EXTRANJERO contra la mercantil [NOMBRE_EMPRESA] y, previos los trámites legales oportunos, se proceda a:

– Despachar ejecución contra el deudor y ejecutado [NOMBRE_EMPRESA] en importe suficiente para cubrir [CANTIDAD] € en concepto de principal más un [PORCENTAJE] % para intereses y costas que prudencialmente se fijan en la cantidad de [CANTIDAD] €, sin perjuicio de su ulterior liquidación, lo que hace un total reclamado de [CANTIDAD] € (1)(2).

– Sin que sea necesario requerimiento personal al respecto (3), se proceda al embargo de los bienes del deudor que a continuación se detallan en cantidad suficiente para cubrir el importe reclamado:

– [DESCRIPCIÓN]

– [DESCRIPCIÓN]

– [DESCRIPCIÓN]

– Que, una vez practicadas las correspondientes diligencias se proceda a satisfacer el pago de las cantidades reclamadas

Y todo ello con expresa condena en costas a la parte demandada.

Es Justicia que pido en [LOCALIDAD] a [FECHA]

[FIRMA_ABOGADO] [FIRMA_PROCURADOR]

PRIMER OTROSÍ DIGO: No teniendo esta parte constancia alguna de patrimonio de la ejecutada, susceptible de embargo, de conformidad con el artículo 590 de la Ley de Enjuiciamiento Civil, solicitamos del juzgado se sirva librar oficio a la oficina de averiguación patrimonial para poder llevar a buen fin la ejecución.

SUPLICO AL JUZGADO:

Que tenga por efectuadas las manifestaciones precedentes y en su virtud acordar lo solicitado.

SEGUNDO OTROSÍ DIGO: Siendo intención de esta parte cumplir con todos los requisitos legales, a tenor de lo previsto en el artículo 231 de la Ley de Enjuiciamiento Civil, se solicita se le diere traslado de cualquier defecto que adoleciere la presente demanda, para la inmediata subsanación de la misma.

SUPLICO AL JUZGADO:

Que tenga por efectuada la anterior manifestación a los efectos oportunos.

Por de Justicia que pido en lugar y fecha *ut supra.*

[FIRMA_ABOGADO] [FIRMA_PROCURADOR]

---

(1) En su caso, debe tenerse en cuenta que el art. 577 LEC se refiere a la deuda en moneda extranjera:

«1. Si el título fijase la cantidad de dinero en moneda extranjera, se despachará la ejecución para obtenerla y entregarla. Las costas y gastos, así como los intereses de demora procesal, se abonarán en la moneda nacional.

2. Para el cálculo de los bienes que han de ser embargados, la cantidad de moneda extranjera se computará según el cambio oficial al día del despacho de la ejecución.

En el caso de que se trate de una moneda extranjera sin cotización oficial, el cómputo se hará aplicando el cambio que, a la vista de las alegaciones y documentos que aporte el ejecutante en la demanda, el tribunal considere adecuado, sin perjuicio de la ulterior liquidación de la condena, que se efectuará conforme a lo dispuesto en los artículos 714 a 716 de esta Ley».

(2) La cantidad solicitada como principal se verá incrementada por la que se prevea para hacer frente a los intereses que, en su caso, puedan devengarse durante la ejecución y las costas de ésta. Dispone el art. 575.1 LEC que esta cantidad que se fijará provisionalmente no podrá superar el 30% de la que se reclame en la demanda ejecutiva, sin perjuicio de posterior liquidación.

(3) El art. 580 de la LEC establece que: «*Cuando el título ejecutivo consista en resoluciones del Letrado de la Administración de Justicia, resoluciones judiciales o arbitrales o que aprueben transacciones o convenios alcanzados dentro del proceso, o acuerdos de mediación, que obliguen a entregar cantidades determinadas de dinero, no será necesario requerir de pago al ejecutado para proceder al embargo de sus bienes*».

Solicitud de corrección o aclaraciones de laudo arbitral

AL TRIBUNAL DE ARBITRAJE

Don/Doña [NOMBRE_PROCURADOR_CLIENTE], procurador/a de los tribunales, en nombre y representación de **don/doña** [NOMBRE_CLIENTE] en el procedimiento de referencia, ante este tribunal comparezco y,

DIGO

PRIMERO.- Por medio del presente escrito solicito la [ESPECIFICAR] **(1)** del laudo dictado en el procedimiento de referencia el [FECHA].

SEGUNDO.- El presente escrito se formula, una vez notificado el laudo, dentro del plazo de los 10 días siguientes a la notificación del mismo, cumpliendo con lo previsto en el apartado 1 del artículo 39 de la Ley 60/2003, de 23 de diciembre, de Arbitraje.

TERCERO.- En el laudo dictado se establece que: [ESPECIFICAR] cuando debería haberse establecido que [ESPECIFICAR].

CUARTO.- En virtud del art. 39.2 de la Ley de Arbitraje debe procederse a dar audiencia a las partes.

En virtud de lo expuesto,

SOLICITO:

Que se tenga por presentado este escrito en tiempo y forma, y que dentro del plazo de [NUMERO] días **(2)**, tras dar audiencia a las partes, se dicte auto por el que se proceda a [ESPECIFICAR] el laudo dictado.

Por ser Justicia que se pide en [CIUDAD], a [DIA] de [MES] de [AÑO]

Firma procurador/a [FIRMA]

---

(1) Se podrá solicitar a los árbitros:
    a) La corrección de cualquier error de cálculo, de copia, tipográfico o de naturaleza similar.
    b) La aclaración de un punto o de una parte concreta del laudo.
    c) El complemento del laudo respecto de peticiones formuladas y no resueltas en él.
    d) La rectificación de la extralimitación parcial del laudo, cuando se haya resuelto sobre cuestiones no sometidas a su decisión o sobre cuestiones no susceptibles de arbitraje
(2) Los árbitros resolverán sobre las solicitudes de corrección de errores y de aclaración en el plazo de diez días, y sobre la solicitud de complemento y la rectificación de la extralimitación, en el plazo de veinte días.

Oposición a reconocimiento de laudo civil extranjero

Procedimiento: [DESCRIPCIÓN]

Autos: [NÚMERO]/[NÚMERO]

A LA SALA DE LO CIVIL Y PENAL DEL TSJ DE [LUGAR]

Don/Doña [NOMBRE_PROCURADOR_CLIENTE], procurador/a de los tribunales, colegiado/a número [NUMERO] por el ICP de [LUGAR], en nombre y representación de don/doña [NOMBRE_CLIENTE], según acredito mediante poder otorgado *apud acta*/poder notarial [DESCRIPCION], el cual solicito me sea devuelto una vez testimoniado en las actuaciones, bajo la dirección letrada de [NOMBRE_ABOGADO_CLIENTE], colegiado/a número [NUMERO] por el ICA de [LUGAR], ante la sala comparezco y, como mejor proceda en Derecho,

DIGO

Que con fecha [FECHA] ha sido notificado a mi principal decreto de admisión de demanda de reconocimiento de laudo arbitral extranjero presentada contra esta parte, con traslado de la misma y emplazamiento para que pueda oponerme por escrito, y mediante el presente escrito, al amparo de lo previsto en el artículo 54.5 de la Ley 29/2015 de cooperación jurídica internacional en materia civil, y dentro del plazo de 30 días allí previsto, mediante el presente escrito y en la indicada representación procedo a **OPONERME AL RECONOCIMIENTO DEL LAUDO ARBITRAL EXTRANJERO** en base a los siguientes,

HECHOS

PRIMERO.- Alegamos como hechos en los que fundamentamos esta oposición que (1) el laudo arbitral que se acompaña con la demanda dictado en fecha [FECHA] por la Corte Arbitral de [ESPECIFICAR] se dicta en procedimiento arbitral en el que esta parte no fue notificada de las actuaciones, no habiendo podido presentar alegaciones.

Se acompaña como documento n.º [NÚMERO] (documento que pueda poner de manifiesto que no fue notificada debidamente y que no pudo hacer valer sus derechos).

SEGUNDO.- Esta parte formuló frente a dicho laudo arbitral demanda de anulación ante el tribunal [ESPECIFICAR], estando pendiente de resolverse.

Se acompaña como documento n.º [NÚMERO] copia de (documento acreditativo de la solicitud de anulación y/o admisión a trámite /o cualquier otro documento relativo al procedimiento que pueda ser de interés).

TERCERO.- . [DESCRIPCION]

A tales hechos son de aplicación los siguientes,

FUNDAMENTOS DE DERECHO

I. CAPACIDAD PROCESAL Y LEGITIMACION

Mi representado/a y la demandante tienen capacidad para ser parte en el presente procedimiento conforme a los arts. 6 y siguientes de la LEC, así como ostentan legitimación, de conformidad art. 54.3 de la Ley 29/2015, de 30 de julio.

II. REPRESENTACIÓN

Está representado el demandado por el procurador que suscribe, habilitado para ejercer en el territorio del juzgado al que nos dirigimos, y asimismo asistido del letrado/a del Ilustre Colegio de Abogados de [LUGAR].

III, IV, y V. JURISDICCIÓN, COMPETENCIA Y PROCEDIMIENTO

Conforme con los relativos a la jurisdicción, competencia y procedimiento a seguir.

VI. FONDO DEL ASUNTO

De conformidad a lo establecido en el art. 46.2 de la Ley de Arbitraje: «*El exequátur de laudos extranjeros se regirá por el Convenio sobre reconocimiento y ejecución de las sentencias arbitrales extranjeras, hecho en Nueva York, el 10 de junio de 1958, sin perjuicio de lo dispuesto en otros convenios internacionales más favorables a su concesión, y se sustanciará según el procedimiento establecido en el ordenamiento procesal civil para el de sentencias dictadas por tribunales extranjeros*».

Es motivo de denegación del reconocimiento de la sentencia arbitral conforme con lo establecido en el artículo V.1.b) del CNY que la parte contra la cual se invoca la sentencia arbitral no ha sido debidamente notificada de la designación del árbitro o del procedimiento de arbitraje o no ha podido, por cualquier otra razón, hacer valer sus medios de defensa. (2)

Esta falta de notificación ha producido indefensión a mi mandante, ya que [ESPE-CIFICAR].

En este sentido cabe recordar lo recogido en el **ATSJ de Cataluña, rec. 195/2011, de 29 de marzo de 2012, ECLI:ES:TSJCAT:2012:103A**, que señala:

> «*A estos efectos no cabe desconocer que en el motivo de oposición al reconocimiento que esgrime la demandada, si bien se dirige a preservar la regularidad de la actuación en el procedimiento de designación del árbitro o árbitros del colegio arbitral, subyace la evidente finalidad de evitar la lesión de las garantías y derechos de defensa del demandado, que pasan por el necesario conocimiento del inicio del arbitraje y la posibilidad de nombramiento de otro árbitro. Pero tampoco puede olvidarse que* **la indefensión que se alegue ha de tener un contenido material o efectivo,** *con independencia de cuál haya debido ser el procedimiento para llevar a cabo dichas notificaciones, que deben avenirse con la rapidez y agilidad que exige el tráfico mercantil (Auto TS de 13-3-2001 y Auto TS 3-2-2004)*».

Por otra parte, también es motivo de denegación del reconocimiento de la sentencia arbitral, conforme con lo establecido en el artículo V.2.b) del CNY, que el reconocimiento o la ejecución de la sentencia serian contrarios al orden público de ese país.

En este sentido resulta relevante el **auto del Tribunal Superior de Justicia de Madrid n.º 19/2023, de 21 de diciembre, ECLI:ES:TSJM:2023:191A**, en el que realiza un análisis de la doctrina constitucional sobre el orden público, a los efectos del arbitraje.

El art. VI del CNY establece que, si se ha pedido a la autoridad competente prevista en el artículo V, párrafo 1, e), la anulación o la suspensión de la sentencia, la autoridad ante la cual se invoca dicha sentencia podrá, si lo considera procedente, aplazar la decisión sobre la ejecución de la sentencia y, a instancia de la parte que pida la ejecución, podrá también ordenar a la otra parte que dé garantías apropiadas.

El Tribunal Constitucional ha declarado reiteradamente que el derecho a la tutela judicial efectiva que se reconoce en el art. 24 de la CE garantiza el derecho a acceder al proceso y a los recursos legalmente establecidos en condiciones de poder ser oído y ejercitar la defensa de los derechos e intereses legítimos en un procedimiento en el que se respeten los principios de bilateralidad, contradicción e igualdad de armas procesales. En la **STC n.° 67/1999, de 1 de junio, ECLI:ES:TC:1999:67,** se indica: «(...) *En concreto, este Tribunal ha concedido el amparo en aquellos casos en los que, habiéndose producido la personación ante el órgano ad quem, por falta de diligencia o error del órgano judicial o por deficiencias en el funcionamiento de la Administración de Justicia no se tuvo por parte al comparecido y se dictó la resolución que decidió el recurso de apelación sin haberle citado para la vista del recurso, pues la falta de citación para este trámite tan trascendental, cuando no sea imputable a la propia desidia, inactividad o falta de diligencia procesal de la parte afectada, entraña la privación de un acto esencial para la efectividad del principio de contradicción procesal en la fase de recurso, lo que impide el ejercicio del derecho de defensa y da lugar a una situación de indefensión contraria al art. 24.1 CE (SSTC 114/1986, 112/1987, 151/1987, 211/1989, 212/1989, 213/1989, 196/1992, 202/1993, 316/1993, 317/1993 y 61/1994)*».

Entendiendo que, por tanto, la solicitud de reconocimiento debe ser rechazada, toda vez que concurren los motivos de oposición de los arts. V.1.b) y V.2.b) del Convenio de Nueva York de aplicación.

VII. COSTAS

Las costas deberán imponerse a la parte demandante, en virtud del artículo 394 de la Ley de Enjuiciamiento Civil 1/2000, de 7 de enero.

Por lo expuesto,

SUPLICO AL JUZGADO, que tenga por presentado este escrito, con sus copias y documentos adjuntos, los admita, y previos los trámites de rigor dicte resolución por la que se desestime la demanda de reconocimiento de laudo extranjero formulada frente a esta parte, y **DECLARE NO HABER LUGAR AL RECONOCIMIENTO DE EFECTOS DEL LAUDO ARBITRAL DICTADO** en [LUGAR] por [TRIBUNAL ARBITRAL], con imposición de costas a la demandante.

Por ser de Justicia que se pide en [LOCALIDAD], a [DIA] de [MES] de [AÑO].

Fdo. Lic. (Nombre Abogado Cliente)

Col. n.°

Fdo. Proc. (Nombre Procurador Cliente)

Col. n.°

PRIMER OTROSÍ DIGO: Que en virtud de los artículos 276 de la LOPJ y 9 y siguientes de la Ley 29/2015, de 30 de julio, se solicite la cooperación y auxilio judicial de [DESCRIPCION] de [LUGAR]

SUPLICO AL JUZGADO, que tenga por realizada la anterior manifestación, recabando la cooperación y el auxilio del organismo descrito.

SEGUNDO OTROSI DIGO: Que en virtud de lo establecido en el art. VI del CNY interesa a esta parte que el tribunal aplace la decisión sobre el reconocimiento de la sentencia.

SUPLICO AL JUZGADO, que tenga por realizada la anterior manifestación, y se acuerde el aplazamiento de la decisión sobre reconocimiento de la sentencia.

TERCER OTROSI DIGO: Siendo intención de esta parte cumplir con todos los requisitos legales, a tenor de lo previsto en el artículo 231 de la Ley de Enjuiciamiento Civil, se solicita se nos diere traslado de cualquier defecto que adoleciere la presente, para la inmediata subsanación de la misma.

SUPLICO AL JUZGADO, que tenga por efectuada la anterior manifestación a los efectos oportunos.

Por ser de Justicia, fecha y lugar *ut supra*

Fdo. Lic. (Nombre Abogado Cliente)

Col. n.º

Fdo. Proc. (Nombre Procurador Cliente)

Col. n.º

---

(1) Establece el art. 54.5 de la LCJI que el demandado podrá oponerse en el referido plazo de treinta días acompañando a su escrito de oposición los documentos, entre otros, que permitan impugnar la autenticidad de la resolución extranjera, la corrección del emplazamiento al demandado, la firmeza y fuerza ejecutiva de la resolución extranjera.

(2) El art. V.1 del Convenio de Nueva York desplaza hacia la parte frente a la que se pretende hacer valer la eficacia del laudo la carga de justificar la concurrencia del motivo o motivos que lo pudieran impedir, disponiendo que:

«1. Sólo se podrá denegar el reconocimiento y la ejecución de la sentencia, a instancia de la parte contra la cual es invocada, si esta parte prueba ante la autoridad competente del país en que se pide el reconocimiento y la ejecución:

a) Que las partes en el acuerdo a que se refiere el artículo II estaban sujetas a alguna incapacidad, en virtud de la Ley que le es aplicable o que dicho acuerdo no es válido en virtud de la Ley a que las partes lo han sometido, o si nada se hubiera indicado a este respecto, en virtud de la Ley del país en que se haya dictado la sentencia; o

b) Que la parte contra la cual se invoca la sentencia arbitral no ha sido debidamente notificada de la designación del árbitro o del procedimiento de arbitraje o no ha podido, por cualquier otra razón, hacer valer sus medios de defensa; o

c) Que la sentencia se refiere a una diferencia no prevista en el compromiso o no comprendida en las disposiciones de la cláusula compromisoria, o contiene decisiones que exceden de los términos del compromiso o de la cláusula compromisoria; no obstante, si las disposiciones de la sentencia que se refieren a las cuestiones sometidas al arbitraje pueden separarse de las que no han sido sometidas al arbitraje, se podrá dar reconocimiento y ejecución a las primeras; o

d) Que la constitución del Tribunal arbitral o el procedimiento arbitral no se han ajustado al acuerdo celebrado entre las partes o, en defecto de tal acuerdo, que la constitución del Tribunal arbitral o el procedimiento arbitral no se han ajustado a la Ley del país donde se ha efectuado el arbitraje; o

e) Que la sentencia no es aún obligatoria para las partes o ha sido anulada o suspendida por una autoridad competente del país en que, o conforme a cuya Ley, ha sido dictada esa sentencia».

Demanda de reconocimiento de laudo extranjero

A LA SALA DE LO CIVIL Y PENAL DEL TSJ DE [LUGAR] (1)

Don/Doña [NOMBRE_PROCURADOR_CLIENTE] procurador/a de los tribunales, en nombre y representación de **don/doña** [NOMBRE_CLIENTE] según acredito mediante poder otorgado *apud acta*/poder notarial, el cual acompaño como documento n.º [NÚMERO], bajo la dirección letrada de **don/doña** [NOMBRE_ABOGADO_CLIENTE], **colegiado/a** n.º [NUMERO] por el ICA de [LUGAR], ante la sala comparezco y, como mejor proceda en Derecho,

DIGO

Que mediante el presente escrito y en la indicada representación, vengo a solicitar el **RECONOCIMIENTO EN ESPAÑA DE LOS EFECTOS DE LAUDO ARBITRAL** dictado en [LUGAR] por [TRIBUNAL ARBITRAL] en [LUGAR] contra don/doña [NOMBRE_PARTE_CONTRARIA] con DNI/NIF/ NIE [NUMERO] y domicilio en [DESCRIPCIÓN]

Todo ello con base en los siguientes,

HECHOS (2)(3)(4)

PRIMERO.- Con fecha [FECHA] ambas partes acuerdan por escrito someter su conflicto sobre [ESPECIFICAR] a la resolución arbitral de la Corte de Arbitraje de [LUGAR].

Se acompaña como documento n.º [NÚMERO] copia auténtica del contrato en el que las partes se someten a arbitraje, según se desprende de su cláusula n.º [NÚMERO], debidamente apostillado, así como el documento traducido por [traductor oficial/traductor jurado/agente diplomático o consular].

SEGUNDO.- Con fecha [FECHA] la Corte de Arbitraje de [LUGAR] dicta laudo ejecutivo en virtud del cual se condena a la entidad demandada a satisfacer a mi representado el importe total de [CANTIDAD] euros como consecuencia del conflicto referente a [MATERIA] que existía entre las partes.

Se acompaña como documento n.º [NÚMERO] copia auténtica del laudo arbitral, y apostilla, así como documento de traducción [oficial/de traductor jurado/ de agente diplomático o consular].

TERCERO.- Interesando el reconocimiento de la resolución arbitral meritada, es por lo que se insta el presente procedimiento en aras de obtener una resolución estimatoria de tal pretensión, de conformidad con lo dispuesto en Ley 60/2003, de 23 de diciembre, de Arbitraje, el Convenio de Nueva York de 10 de junio de 1958 y, en cuanto al procedimiento, a la Ley 29/2015, de 30 de julio, de cooperación jurídica internacional en materia civil.

A tales hechos son de aplicación los siguientes,

FUNDAMENTOS DE DERECHO

PRIMERO.- JURISDICCIÓN Y COMPETENCIA

Es competente para conocer de la presente demanda, la jurisdicción civil conforme a los artículos 22.e) de la Ley Orgánica del Poder Judicial, y, en concreto, de conformidad a los arts. 73.1. c) de la Ley Orgánica del Poder Judicial, y art. 8.6 de la Ley de Arbitraje, la Sala de lo Civil y Penal del Tribunal Superior de Justicia de [LUGAR] al ser el [DESCRIPCION] (1).

SEGUNDO.- CAPACIDAD Y LEGITIMACIÓN

Las partes poseen capacidad para ser parte, de conformidad con lo dispuesto en el art. 6 de la LEC, así como ostentan legitimación, de conformidad con el art. 10 de la misma ley, con relación al art. 54 en sus apartados 1 y 3 de la Ley 29/2015, de 30 de julio, al ser las partes intervinientes en la resolución cuyo reconocimiento se solicita.

TERCERO.- PROCEDIMIENTO

A la presente demanda le son de aplicación lo preceptuado en la Ley 29/2015 de cooperación jurídica internacional en materia civil, concretamente lo dispuesto en sus Título V, artículo 54, sobre el procedimiento, puesto que en el artículo 46.2 de la Ley de Arbitraje establece que el *exequatur* de laudos extranjeros se sustanciará según el ordenamiento procesal civil para el de sentencias dictadas por tribunales extranjeros.

En relación a los documentos que han de presentarse con la demanda, es de aplicación el Artículo IV del Convenio de Nueva York de 1958 y el apartado 4 del art. 54 de la Ley 29/2015, de 30 de julio.

CUARTO.- POSTULACIÓN PROCESAL

Es preceptiva la intervención de Abogado y Procurador, a tenor de lo dispuesto en el artículo 54 de la Ley 29/2015, de 30 de julio.

QUINTO.- INTERVENCIÓN DEL MINISTERIO FISCAL

En el presente procedimiento, y en virtud de lo dispuesto en el artículo 54.8 de la Ley de cooperación jurídica internacional en materia civil, es preceptiva la intervención del Ministerio Fiscal al que se le deberá dar traslado de todas las actuaciones.

SEXTO.- FONDO DEL ASUNTO

De conformidad a lo establecido en el art. 46.2 de La Ley de Arbitraje *«El exequátur de laudos extranjeros se regirá por el Convenio sobre reconocimiento y ejecución de las sentencias arbitrales extranjeras, hecho en Nueva York, el 10 de junio de 1958, sin perjuicio de lo dispuesto en otros convenios internacionales más favorables a su concesión, y se sustanciará según el procedimiento establecido en el ordenamiento procesal civil para el de sentencias dictadas por tribunales extranjeros».*

Dicho Convenio fue ratificado por España por Instrumento de Adhesión de 29 de abril de 1977 (publicado en el BOE de 11 de julio de 1977), sin haber formulado ninguna de las reservas a que se refiere el Artículo I, por lo que resulta aplicable con independencia de la naturaleza comercial o no de la controversia, y de si el laudo ha sido o no dictado en el territorio de otro Estado Contratante. Se entiende que al no haber hecho uso de esta reserva España el Convenio de Nueva York constituye la norma general sobre reconocimiento de laudos extranjeros:

No concurre ninguna de las causas de denegación de reconocimiento de laudo arbitral del Artículo V del Convenio de Nueva York:

«1. Sólo se podrá denegar el reconocimiento y la ejecución de la sentencia, a instancia de la parte contra la cual es invocada, si esta parte prueba ante la autoridad competente del país en que se pide el reconocimiento y la ejecución:
  a) Que las partes en el acuerdo a que se refiere el artículo II estaban sujetas a alguna incapacidad en virtud de la ley que les es aplicable o que dicho acuerdo no es válido en virtud de la ley a que las partes lo han sometido, o si nada se hubiera indicado a este respecto, en virtud de la ley del país en que se haya dictado la sentencia; o
  b) Que la parte contra la cual se invoca la sentencia arbitral no ha sido debidamente notificada de la designación del árbitro o del procedimiento de arbitraje o no ha podido, por cualquier otra razón, hacer valer sus medios de defensa; o

c) Que la sentencia se refiere a una diferencia no prevista en el compromiso o no comprendida en las disposiciones de la cláusula compromisoria, o contiene decisiones que exceden de los términos del compromiso o de la cláusula compromisoria; no obstante, si las disposiciones de la sentencia que se refieren a las cuestiones sometidas al arbitraje pueden separarse de las que no han sido sometidas al arbitraje, se podrá dar reconocimiento y ejecución a las primeras; o

d) Que la constitución del tribunal arbitral o el procedimiento arbitral no se han ajustado al acuerdo celebrado entre las partes o, en defecto de tal acuerdo, que la constitución del tribunal arbitral o el procedimiento arbitral no se han ajustado a la ley del país donde se ha efectuado el arbitraje; o

e) Que la sentencia no es aún obligatoria para las partes o ha sido anulada o suspendida por una autoridad competente del país en que, o conforme a cuya ley, ha sido dictada esa sentencia.

2. También se podrá denegar el reconocimiento y la ejecución de una sentencia arbitral si la autoridad competente del país en que se pide el reconocimiento y la ejecución, comprueba:

a) Que, según la ley de ese país, el objeto de la diferencia no es susceptible de solución por vía de arbitraje; o

b) Que el reconocimiento o la ejecución de la sentencia serían contrarios al orden público de ese país».

Entendiendo que, por tanto, la solicitud de reconocimiento debe ser estimada, toda vez que se cumplen los requisitos establecidos en la norma de aplicación.

SÉPTIMO.- COSTAS

Las costas deberán imponerse a la parte demandada, en virtud del artículo 394 de la Ley de Enjuiciamiento Civil.

OCTAVO.- *IURA NOVIT CURIA*

En todo lo no invocado resulta de aplicación el principio *iura novit curia*, plasmado en el párrafo segundo del punto primero del artículo 218 de la Ley de Enjuiciamiento Civil, en virtud del cual serán aplicables las demás normas que sean de pertinente, especial o general aplicación, y que el juzgador podrá tener en cuenta de oficio sin necesidad de que hayan sido previamente alegados o invocados por alguna de las partes intervinientes.

Por lo expuesto,

SUPLICO AL JUZGADO:

Que tenga por presentado este escrito, con sus copias y documentos adjuntos, los admita, y previo los trámites de rigor dicte resolución por la que se declare haber lugar al RECONOCIMIENTO DE EFECTOS DEL LAUDO ARBITRAL DICTADO en [LUGAR] por [TRIBUNAL ARBITRAL], con imposición de costas a la parte contraria si se opusiese a la pretensión.

Por ser Justicia que pido en [LUGAR] a [FECHA].

[FIRMA_ABOGADO] [FIRMA_PROCURADOR]

OTROSÍ DIGO: siendo intención de esta parte cumplir con todos los requisitos legales, a tenor de lo previsto en el artículo 231 de la Ley de Enjuiciamiento Civil, se solicita se nos diere traslado de cualquier defecto que adoleciere la presente, para la inmediata subsanación de la misma.

SUPLICO AL JUZGADO:

Que tenga por efectuada la anterior manifestación a los efectos oportunos.

Por ser Justicia que pido en fecha y lugar *ut supra*

[FIRMA_ABOGADO]   [FIRMA_PROCURADOR]

---

(1) La competencia para conocer de las solicitudes de *exequatur* corresponde a la sala de lo civil y de lo penal del tribunal superior de justicia de la comunidad autónoma del domicilio o lugar de residencia de la parte frente a la que se solicita el reconocimiento o del domicilio o lugar de residencia de la persona a quien se refieren los efectos de aquellos, determinándose subsidiariamente la competencia territorial por el lugar de ejecución o donde aquellos laudos o resoluciones arbitrales deban producir sus efectos (art. 8.6 de la Ley de Arbitraje).

(2) El Artículo IV del Convenio de Nueva York de 1958 (aplicable por expresa referencia del art. 46.2 de la Ley de Arbitraje, determina los documentos que la parte que pida el reconocimiento ha de presentar con la demanda:

a) El original debidamente autenticado de la sentencia (laudo) o una copia de ese original que reúna las condiciones requeridas para su autenticidad.

b) El original del acuerdo a que se refiere el artículo II, o una copia que reúna las condiciones requeridas para su autenticidad.

(3) Si esa sentencia arbitral (laudo) o ese acuerdo no estuvieran en castellano, la parte que pida el reconocimiento y la ejecución de esta última deberá presentar una traducción a ese idioma o lengua oficial en la Comunidad Autónoma en que se presente de dichos documentos. La traducción deberá ser certificada por un traductor oficial o un traductor jurado, o por un agente diplomático o consular.

Disposición adicional décima sexta de la Ley de Cooperación Jurídica Internacional sobre Traducciones e interpretaciones de carácter oficial.

(4) El laudo arbitral y el acuerdo debe ser el original o copia auténtica, debidamente legalizados o apostillados.

Solicitud de protocolización de laudo arbitral

Procedimiento: [ESPECIFICAR]

AL TRIBUNAL DE ARBITRAJE

Don/Doña [NOMBRE_PROCURADOR_CLIENTE], procurador/a de los tribunales, en nombre y representación de **don/doña** [NOMBRE_CLIENTE], en el procedimiento de referencia, ante este tribunal comparezco y digo:

PRIMERO.- Por medio del presente escrito solicitamos que se proceda a la protocolización del laudo, dictado en el procedimiento de referencia, de acuerdo con lo previsto en el artículo 37 apartado 8 de la Ley de Arbitraje.

SEGUNDO.- Mi representado y yo, solicitamos a los árbitros, antes de la notificación, cumpliendo con lo previsto en el citado artículo.

TERCERO.- Mi representado correrá con los gastos de protocolización que se generen de esta solicitud.

En virtud de lo expuesto,

SOLICITO:

Tengan por presentado este escrito en tiempo y forma, y se proceda a acordar la **protocolización del laudo** dictado, de acuerdo con lo establecido en el apartado 8 del artículo 37 de la Ley de Arbitraje.

Por ser Justicia que se pide en [CIUDAD], a [DIA] de [MES] de [AÑO]

Firma procurador/a [FIRMA]